KB041901

문화과학과 자연과학

KULTURWISSENSCHAFT UND NATURWISSENSCHAFT

문화과학과 자연과학
KULTURWISSENSCHAFT UND NATURWISSENSCHAFT

하인리히 리케르트 지음

·

이상엽 옮김

책세상

일러두기

1. 이 책은 하인리히 리케르트Heinrich Rickert의 《문화과학과 자연과학*Kulturwissenschaft und Naturwissenschaft*》 6·7판(Tübingen: J. C. B. Mohr, 1926)을 완역한 것이다.
2. 원서에서 자간을 벌려 강조된 부분은 이탤릭체로 표시했다.
3. 저자의 주는 저자주로, 옮긴이의 주는 옮긴이주로 표시했으며, 모두 후주로 처리했다. 해제의 주는 모두 옮긴이의 주이다.
4. 주요 인명과 책명은 최초 1회에 한해 원어를 병기했다.
5. 단행본과 잡지는 《 》로, 논문이나 소론은 〈 〉로 표시했다.

문화과학과 자연과학 | 차례

이번에 완역해 소개하는 하인리히 리케르트Heinrich Rickert
의《문화과학과 자연과학*Kulturwissenschaft und Naturwissenschaft*》
(1926, 6·7판)은 적어도 두 가지 측면에서 읽을 만한 가치가
있다.

첫째, 이 책은 고전적인 과학론 입문서로서 과학론의 기
초를 배우는 데 도움을 준다. 리케르트는 이 책을 "주로 자기
자신의 활동의 본질에 대해 알고 싶은 욕구를 가지고 있으면
서도 광범위한 논리학 저작들을 공부할 생각이 없거나 또는
생각은 있어도 시간이 없는 개별 과학의 연구자들에게"[1] 권
하고 있다. 그리고 그는 "다만 과학을 분류하는 문제가 얼마
나 복잡하게 얽혀 있는지를, 피상적으로는 간단하게 보이는
관습적인 여러 도식이 이 문제를 해결하는 데 얼마나 불충분
한지를 보여주려 한다"[2]고 덧붙이고 있다. 리케르트의 제자
인 글로크너Hermann Glockner는 리케르트의 저작이 "적어도
자신의 방법에 대해 알기를 원하는 사람에게는 위대한 저작

보다도 더 교훈적"이라고 말했다. 또한 1904년에 독일의 철학자이자 종교역사학인 트뢸치Ernst Troeltsch[3]는 리케르트 과학론의 논리를 "하나의 구원이자 해방"[4]으로 표현했다.

리케르트의 과학론은 오늘날의 과학론에 대한 논의에서도 중요한 핵심으로 간주되고 있다. 특히 그의 과학론에서 돋보이는 대목은 '가치 연관'의 개념이다. 대상을 연구할 때 인식 방식에 대한 결정 여부는 그 대상 자체에 달려 있는 것이 아니라 그 대상에 대한 연구자의 가치 태도(인식 관심)에 달려 있다. 리케르트에 따르면, 가치와의 연관 속에서 개성적 대상이 선택되고, 이런 가치 연관을 통해 대상은 문화과학적 대상이 된다. 자연은 몰가치적인 법칙과 연관된 객체의 총체로서, 대상을 일반화하는 연구 방법을 통해 자연과학이 형성된다. 이에 비해 문화는 가치와 연관된 객체의 총체로서, 대상을 개성화하는 역사적 연구 방법을 통해 역사적 문화과학이 형성된다. 따라서 문화과학은 자연과학의 일반화의 개념 구성과는 본질적으로 다른 개성화의 개념 구성의 방식을 취하면서 대상을 연구하게 된다. 문화과학의 본질을 파악하기 위해서는 리케르트의 '가치 연관' 개념을 반드시 이해할 필요가 있다.

요즘 한국에서도 인문학의 위기가 논의되고 있고, 동시에 우리의 생활 세계와 유리된 인문학의 여러 문제들을 극복하고자 여러 대안이 제시되고 있다. 그 대안 가운데 하나가 문화과학의 모색이다. 인간은 자신의 사유와 행위의 틀을 문화 속에서 획득한다. 따라서 인간이 자신을 이해하는 것은 인간이 어떤 문화 속에 놓여 있는지를 이해하는 것과 같다고 말할 수 있다. 문화적 존재로서 인간의 자기 이해는 단지 문화에 대한 이해를 통해서만 가능하다. 문화과학은 과학문화, 자연문화, 기술, 매체 등의 문화 기제를 연구함으로써 인간의 자기 이해를 돕는, 인문학의 새로운 대안으로 모색되고 있다. 이런 문화과학을 고안하는 데 가장 기초적인 방법론적 반성의 도움을 줄 수 있는 책이 바로 리케르트의 《문화과학과 자연과학》이다.

둘째, 이 책은 리케르트 연구 입문서로서 그의 과학론과 문화철학을 간략하게 파악할 수 있는 기회를 제공해준다. 리케르트는 그의 인식론[5], 과학론[6], 가치론[7]을 통해서 후세에 많은 영향을 끼친 신新칸트주의Neukantianismus[8] 철학자다. 신칸트주의는 상이한 철학적 성격을 지닌 '마르부르크학파'와 '서남학파'(바덴학파)의 양대 산맥을 형성하면서 19세기 중반부터 1930년대까지 서구 철학에 지대한 영향을 끼친 철학사조다. "칸트로 돌아가자"[9]고 주장한 신칸트주의는 "칸트를 이해하는 것은 칸트를 넘어서는 것을 의미한다"는 빈델반트Wilhelm Windelband의 말처럼 그 사조 내부에 다양한 사유의 스펙트럼을 지니고 있었다. 그럼에도 불구하고 신칸트주의의 내적 통일성은 아마도 문화철학을 초월 철학적으로 고안하는 것으로 규정될 수 있을 것이다. 문화철학의 중요한 개념들인 '타당성', '의미', '가치' 같은 개념을 주제로 삼고 있는 신칸트주의는 의미와 가치의 상실로 대변되던 당시의 '허무주의적 문화 상황'을 극복하려는 일련의 철학적 노력으로 이해된다. 리케르트는 형이상학이 몰락한 탈脫형이상학의 시대에 어떻게 삶과 세계 속에서 의미의 객관성과 가치의 타당성을 마련할 수 있는지, 즉 어떻게 문화의 통일성을 구현할 수 있는지에 대한 문제를 심도 있게 다룬 전형적인 신칸트주의자다. 물론《문화과학과 자연과학》은 '경험적인' 학문 분과들에 대해 체계적인 과학론을 구성하는 것을 중심 과제로 하여, 자연과학과 문화과학의 논리적 구분의 정당성을 논하면서 문화과학을 방법론적으로 정초하는 것이다. 따라서 이 책은 리케르트의 문화철학적 사유 전반을 들여다볼 수 있는 책은 아니다. 하지만 이 책은, 리케르트가 주창한 문화철학으로서의 가치철학을 상세히 논의하고 있지는 않더라도 기본적 관점과 방향에 대한 윤곽을 파악하는 데는 도움이 될 것이다.

한국에서는 헤겔Georg Wilhelm Friedrich Hegel 철학 이후 20세기 초까지의 기간 동안에 존재했던 철학 운동들에 대해 연구가 거의 진행되지 않았다고 해도 과언이 아니다. 19세기 후반부터 당대의 철학을 대표했던 신칸트주의는 칸트Immanuel Kant의 인식론을 비판적으로 발전시킨 측면뿐만 아니라 문화에 대한 철학적 사유라는 측면에서도 연구할 만한 가치가 있다. 최근 칸트의 철학을 상징 형식의 이론을 통해 문화에 적용하려 했던 유명한 독일의 신칸트주의 철학자 카시러Ernst Cassirer에 대한 연구가 시작되고 있는데 이는 매우 고무적인 일이다. 하지만 리케르트에 대한 연구나 신칸트주의에 대한 연구는 여전히 거의 찾아보기 힘든 실정이다. 이 책이 리케르트와 신칸트주의의 연구를 독려하는 작은 자극제가 될 수 있기를 바란다.

옮긴이 이상엽

서문

제2판 서문

나는 이 책에 서술된 시론의 근본 사상을 1898년 제1회 '문화과학 학회' 모임에서 발표한 뒤 그 내용을 강연문으로 발간했었다. 그 소책자는 서점에서 다 팔린 지 오래되었다. 나는 그 책을 새로 인쇄할 것인지 말 것인지를 망설이고 있었다. 왜냐하면 그 소책자의 최초 형식은 자연과학적 개념 구성의 한계에 대해 내가 집필한 책(1896~1902)이 완성된 뒤로는 더 이상 만족스럽지 못한 것으로 여겨졌기 때문이다. 그 강연문에는 아주 중요한 부분인, 문화과학에서 가치가 갖는 의의가 충분히 명확하게 드러나지 못했다. 그뿐만 아니라 그 강연문에서 다룬 일부 문제를 놓고 나의 방법론적 서술과 관련해 활발하게 일어난 논쟁도 새로운 판에서는 고려하지 않을 수 없었다.

이제 나는 그 시론을 현저하게 수정한 뒤 증보된 형태로 다시 한번 출간한다. 물론 이 시론이 내가 다른 여러 곳에서 해명하거나 근거를 제시했던 것보다 더 상세하고 철저한 어떤 것을 포함하고 있지는 않다. 하지만 이 시론의 새로운 형식은 시론이 최초로 출간되었을 때 내가 생각했던 목적을 달성하는 데 한결 적합한 것이 되었다. 이 시론은 주로 자기 자신의 활동의 본질에 대해 알고 싶은 욕구를 가지고 있으면서도 광범위한 논리학 저작들을 공부할 생각이 없거나 또는 생각은 있어도 시간이 없는 개별 과학의 연구자들에게 도움이 될 것이다. 그리고 아마 이 작은 책자는 내가 자연과학적 개념 구성의 한계에 대해 집필한 책을 위한 입문서로도 사용될 수 있을 것이다. 그러나 첫 번째 입문서 이상의 역할은 하지 못할 것이다. 이 책은 다만 과학을 분류하는 문제가 얼마나 복잡하게 얽혀 있는지를, 피상적으로는 간단하게 보이는 관습적인 여러 도식이 이 문제를 해결하는 데 얼마나 불충분한지를 보여주려 한다. 그럼으로써 이 책은 이런 영역에 대한 더욱 상세한 연구를 자극하길 바랄 뿐이다.

나는 최근 10년 동안 급격히 증가한 방법론에 관한 문헌들을 주의 깊게 참작했다. 그러나 그중 아주 일부분에 대해서만 분명하게 언급할 수 있었다. 그렇다고 내가 내 저술들에 가해진 수많은 적합한 비판에 감사하지 않는다고 결론을 내리는 사람은 없을 것이다. 특히 아주 최근에 나온 몇몇 저작들, 예컨대 딜타이Wilhelm Dilthey, 뮌스터베르크Hugo Münsterberg,

라바Adolfo Ravà, 크세노폴Alexandru Dimitru Xénopol 등의 최근 저서를 명확하게 검토하고 싶었다. 하지만 가능한 한 요점만을 간결하게 서술하려는 이 저서의 목적이 그러한 논쟁 방식에 따른 서술을 허락하지 않았다. 1907년까지 출간된 매우 중요한 문헌들의 목록은 쿠노 피셔Kuno Fischer의 기념 논문집인 《20세기 초의 철학Die Philosophie im Beginn des 20. Jahrhunderts》(1905, 2판 1907)에 수록된 역사철학에 관한 내 논문의 끝부분에 있다.

그리고 이 자리를 빌려 존경하는 발행인 파울 지베크Paul Siebeck 박사에게, 이 책을 새로 편집할 때 보여준 친절한 호의에 대해 정중한 감사를 표함으로써 내 즐거운 의무를 다하고 싶다.

1910년 3월 프라이부르크

제6·7판 서문

본서의 새로운 판을 만들면서 3판(1915)과 4·5판(1921) 때와 마찬가지로 세심하게 교열했으며 약간의 내용을 보충했다. 그러나 근본적으로 내용과 범위는 변함이 없다. 러시아어, 스페인어, 일본어로도 번역되어 나온 이 작은 책이 입문서의 성격을 갖고 있어야 하기 때문에 어쩔 수 없는 일이었다. 지난 판이 몇 년 사이에 또다시 품절되었다. 그러나 내가 이 책에 담긴 사상을 다른 곳에서 상세하게 전개했다 할지라도 이 짧은 개괄적 서술이 여전히 존재 이유를 갖는다고 생각하는 것이 잘못된 것은 아닐 것이다.

2판 서문에 제시된 몇 가지 이유로 인하여 나는 이번에도 비평가들과 좀 더 상세한 토론을 벌이는 것을 단념할 수밖에 없었다. 여러 가지 비판적 이의에 대해서는 사안에 따라 필요하다고 판단될 경우 《자연과학적 개념 구성의 한계*Die Grenzen der naturwissenschaftlichen Begriffsbildung*》 3·4판(1921)에서 논의했다. 따라서 내 사상을 좀 더 정확히 살펴보기를 원하는 사람이 있다면, 특히 내 사상에 대해 비판적 입장을 취하려는 사람이 있다면, 나는 이 책보다 두꺼운 책을 참조하라고 말할 것이다. 이 짧은 책은 이미 말한 바와 같이 본질적인 것을 결코 모두 포함하고 있지 않다.

본문에서는 논쟁적인 내용의 보충을 가능한 한 피했다. 따라서 나는 최소한 서문에서만큼은, 항상 반복하여 마주치게 되는 오해들을 미연에 방지하기 위해 몇 가지 주석을 달고자 한다.

나는 때때로 자연과학이 오직 법칙과 관련이 있는 데 반해 역사과학은 오직 *완전히* 일회적인 것에만, 즉 합법칙적인 것에 최대한 대립되는 것에만 관련이 있다는 것이 내 견해라고 말하는 글들을 읽어야만 했다. 그러나 나는 결코 이러한 주장을 한 일이 없다. 이러한 오해는 내 저작 때문이 아니라 기껏해야 빈델반트가 총장 취임식 때 한 〈역사와 자연과학Geschichte und Naturwissenschaft〉(1894)이라는 그 유명한 연설 때문에 생기는 것이다. 이 연설에서 빈델반트는 자연과학의 방법으로서의 '법칙 정립적' 방법과 역사과학의 방법으로서의 '개성 기술적' 방법을 서로 대립시키고 있다. 나는 결코 이 용어를 조건 없이 사용한 적이 없다. 왜냐하면 실제로는 이 용어에 의해 과학의 한쪽은 완전히 보편적인 것을, 다른 한쪽은 완전히 특수한 것을 다룬다는 허상이 생겨날 수 있기 때문이다. 오히려 나는 일반화의 방법과 개성화의 방법을 말하고 있다. 또한 이 경우에는 어떠한 절대적 대립이 아니라 *상대적* 차이가 중요하다는 점을 언제나 강조하면서 주의를 환기시켜왔다. *거의 대부분의 과학적 연구 활동은 양쪽 극단의 중간*에서 이루어지고 있는데 나는 1899년에 이미 이 책의 서두에서 거의 양쪽의 극단에 대해서만 서술하려 할 뿐이라고 쓴 바 있다. 이 점에 주의하지 않는 사람은 결코 내 의도를 이해하지 못할 것이다.

책이 나온 뒤에 나는 자연과학과 역사가 갖는 논리적 차이는 필연적으로 상대적이라는 점을《자연과학적 개념 구성의 한계》에서 자세히 서술했고, 특히 〈자연과학의 역사적 요소 die historischen Bestandteile in den Naturwissenschaften〉 및 〈역사과학의 자연과학적 요소die naturwissenschaftlichen Bestandteile in den historischen Wissenschaften〉라는 장에서 이 점을 다룬 바 있다. 그러므로 자연과학도 개성적인 것을 고려하고 또한 역으로 역사과학도 보편적 개념을 구성한다고 말하는 모든 주장은 *내* 이론에 대한 이의 제기가 될 수 없다. 더군다나 나로 인해 과학의 '통일성'이 지탱될 수 없을 정도로 '파괴되었다'는 말은 정당하지 못하다. 나는 오히려 이와 반대로, 어떻게 많은 개별 분과 학문이 과학적 개념의 구성상 논리적으로 매우 상이한 경향을 띠고 있음에도 방법론적으로 통일성 있게 분류된 *전체*에 결합될 수 있는지, 동시에 왜 이러한 방법만이 과학적 삶을 연관되지 않는 각 부분으로 와해시켜 '파괴하지' 않으면서도 그 *다양성*을 공평하게 취급할 수 있는지를 제시했다.

당연히 과학의 통일성은 결코 과학의 모든 분과의 동형성을 의미해서는 안 된다. 왜냐하면 세계가 다양한 것과 마찬가지로 과학도 다양한 목표를 세우고 거기에 도달할 다양한 방법을 형성할 때에야 비로소 이 세계의 각 부분을 전부 포함할 수 있기 때문이다. 통일성과 다양성을 옳게 이해한다면 이 둘이 방법론상 서로 배척할 만한 대립의 성격을 갖지 않는다는 것을 알 수 있다. 과학에서 나타날 수 있는 최선의 통일성은 오히려 수많은 다양한 분과를 결합해 스스로 꽉 짜인 하나의 '유기체'가 되게 하는 것이다. 이 책의 취지도 이런 방향으로 나아가고 있으며, 이 책은 이런 의도에서 이해되어야 만 할 것이다.

나아가 나는 특히 최근에, 내 과학론이 오직 '형식적'일 뿐 이라는 이의 제기와, 비록 내가 말한 것이 틀린 것은 아닐지 라도 형식주의 때문에 내 과학론에 만족할 수 없다는 이의 제기를 반복해서 받았다. 고백하건대 나는 이러한 우려가 갖 는 의미를 완전히 이해하지는 못하겠다. 모든 보편적 방법 론은 일정한 의미에서 '형식적인' 형태를 취하지 않을 수 없 다. 왜냐하면 방법론은 개별 학문 분과의 특수한 내용은 취 급하지 않기 때문이다. 기껏해야 방법론은 특수한 내용을 설 명의 실례로 끌어들일 수 있을 뿐이다. 그럼에도 불구하고 만약 사람들이, 내 방법이 보편적인 것과 특수한 것의 구별 과 같은 순수하게 논리적인 구별만을 고려하기 때문에 상이 한 과학이 지닌 내용의 고유한 특성을 무시함으로써 형식과 내용의 *연관*을 통찰하는 데는 이르지 못하고 있다는 의미에 서, 내 방법이 *일면적*이고 형식적이라고 말한다면, 나는 바 로 이 소책자야말로 내용적 구별을 앞에 놓기 때문에 오히 려 그러한 형식주의가 내 경우에는 언급될 수 없음을 보여 주게 될 것이다. 나는 이 책에서는 일반화 방법과 개성화 방 법을 구별하는 데 그다지 큰 비중을 두지 않았다. 이러한 구 별은 역사의 특성을 나타내기 위해 이미 쇼펜하우어Arthur Schopenhauer 등에 의해 자주 강조되었다. 오히려 나는, 만약 과학이 문화적 삶의 내용을 모든 측면에서 정당하게 다루길 원한다면, 문화적 삶은 그 *내용적* 특수성 때문에 *단순히* 일반화되기만 해서는 안 되고 *또한* 개성화되면서, 즉 역사적으로 서술되어야 한다는 이유를 제시하려고 한다. 이 점을 명확히 하는 데 결정적인 것은, 모든 문화가 그 *가치*를 구현하고 있다는 상황이다. 바로 여기서 개성화 방법과 가치 연관적 방법이 필연적으로 결합한다는 통찰이 가능해진다. 순수하게 논리적이지도 형식적이지도 않은 이러한 맥락을 이해하지 못하는 한 내가 진정으로 말하려는 것의 핵심에서 여전히 멀리 떨어져 있게 될 것이다. 그러나 이러한 내용을 서문에서 더 이상 상세히 서술할 필요는 없을 것이다. 왜냐하면 나는 내 이론의 이러한 측면을 본문에서 충분히 상세하게 논했기 때문이다. 나는 단지 독자들이 처음부터 이러한 점에 주의하기를 원하며, 일면적인 형식주의라는 비난이 들리지 않기를 바란다.

그 밖에, 이 책에서는 아주 간단하게 다루어졌으나 《자연과학적 개념 구성의 한계》에서는 상세히 논의된 문제들에 대해 몇 가지 덧붙일 것이 있다. 《자연과학적 개념 구성의 한계》의 최근 판에서 〈비실재적 의미 형상과 역사적 이해die irrealen Sinngebilde und das historische Verstehen〉라는 장(3·4판, 404~465쪽)을 삽입함으로써 보충되거나 확대된 바 있고,《역사철학의 문제들*Probleme der Geschichtsphilosophie*》3판

(1924)에서도 보충되거나 확대된 바 있는 나의 사상에 대해 이 책에서는 다만 몇 마디만(제4장, 64쪽 이하) 언급할 수 있었다. 그러나 이 책에서 서술한 것만으로도 다음의 논지를 보여주기에는 충분할 것이다. 즉 역사적 문화과학에 대한 내 이론은 '정신과학'의 방법을 규정하기 위해 '이해'의 개념이나 이해 가능한 '의미'의 개념에서 출발하려는 노력들을 받아들일 여지가 있을 뿐만 아니라, *최근에* 다시 '자연'과 '정신'이라는 기존의 명칭으로 지칭되는 구별과 적어도 본질적인 점에서는 실질적으로 동일하다. 하지만 이때 자연을 오직 물체계物體界의 의미로서 이해하거나, 정신을 오직 개인의 심리적 삶의 의미로서만 이해해서는 안 된다. 오히려 정신은 단순히 심리적인 모든 존재와는 원리적으로 구별되는, 말하자면 이러한 존재에서 고차원적으로 독립된 형상을 의미하는 것으로서 '주관 정신'에 대립되는 '객관 정신'——이 용어는 요즘에 다시 차용되고 있다——이라는 술어에 해당하여 헤겔이 지칭한 것과 유사한 것이다. 그래서 사람들은 단순하며 여전히 '비정신적인' 심리적 삶을 자연으로 간주할 수 있을 것이다.

만약 정신과 심리를 엄격히 구별하는 이러한 술어가 관철될 수만 있다면 '정신과학'이라는 표현——우선 밀John Stuart Mill(도덕과학)이나 딜타이의 경우에 '정신과학'은 전혀 다른 심리학적 의미를 지니고 있다——은 아무 문제가 없을 것이다.[10] 이런 경우라면 '정신'을 다루는 과학이 모든 물리적 및 *심리적* 현상의 총체로서의 감성계에만 제한을 두는 과학은 아닐 것이다. '정신'을 다루는 과학은 '의의'나 '의미'를 가진 것, 즉 '외적' 감성 지각이나 '내적' 감성 지각에 의해서는 파악되지 않고 오직 비감성적으로만 '이해'될 수 있는 것을 세계 안에서 고려하는 과학일 것이다. 예전에는 예지계叡智界나 사유계思惟界로서 지칭되던, (물리적이지도 심리적이지도 않은) 이해 가능한 이런 세계를 단순히 심리적인 모든 것에 대립시켜 '정신'이라고 부르길 원한다면, 그렇게 해도 무방하다. 용어 때문에 논쟁할 필요는 없다. *만약 그렇다면* 정신과학이나 문화과학 중에서 어떤 것으로 말하는 것이 좋은지의 문제는 더 이상 중요한 의미를 갖지 않게 된다. 왜냐하면 이러한 전제에서 문화를 일체의 자연과 구별 짓는 것은 문화의 심리적 내용이 아니라 바로 문화의 객관적인 '정신적' 내용이기 때문이다. 다시 말해 문화의 정신적 내용은 감성적으로 지각될 수 있는 것이 아니라 오직 비감성적으로 이해될 수 있는 것의 총체이며, 삶에 의의나 의미를 주는 것의 총체이기 때문이다.

하지만 사람들은 아직도 '정신'이라는 말을 들을 때 일반적으로 먼저 심리적인 존재를 떠올린다. 사람들이 계속 이렇게 생각한다면 정신과학이라는 용어는 방법론적으로 불명료함과 혼란만을 일으킬 뿐이다. 어떤 과학은 물체를 탐구하고 다른 어떤 과학은 심리를 탐구한다는 사실이 중요한 것은 아니기 때문이다. 오히려 방법론이 주의를 기울여야 할 사실은, 어떤 학문 분과는 가치나 의미와 상관없는 자연을 대상으로 삼고 자연을 보편적 개념 아래로 끌어들이는 반면, 또 어떤 학문 분과는 의미로 가득한 가치 연관적인 문화를 서술하기 때문에 자연과학의 일반화 방법으로는 만족할 수 없다는 것이다. 후자의 학문 분과가 연구 대상―― 이 대상은 보편적 개념의 단순한 사례 이상의 것이다―― 의 실제적인 특색이나 특수성을 올바로 다루기 위해서는 개성화하는 고찰이 필요하다. 이러한 상황은 정신과학이라는 다의적이고 공허한 말보다는 역사적 문화과학이라는 명칭으로 훨씬 더 적절히 표현된다. 그렇기 때문에 나는 책 제목에 쓰인 용어를 포기할 이유를 아직 찾지 못하고 있다.

그렇지만 용어의 문제보다 중요한 것은 말할 것도 없이 다음과 같은 *상황*이다. 즉 나의 여러 가지 방법론적 작업이 담긴 책이 판을 거듭해 출간되면서 대립된 의견들을 화해시키고 중재시킬 수 있는 가능성이 예전보다 매우 커지게 되었음을 기쁘게 확인할 수 있게 된 상황이다. 우선 소극적인 면에서 본다면, 예전에는 일반적으로 받아들여지던 물리적이니 심리적이니 하는 구별이 어떤 *결정적인* 방법론적 의의를 갖고 있지는 않다는 점이 더 빈번히 인정되고 있다. 나아가 일반화의 방법과 개성화의 방법이라는 순수한 논리적·형식적 구별이 불가피한 것으로 인정되고 있다. 이뿐만 아니라 개별 과학의 방법이 지닌 가장 큰 실제적·내용적인 차이는, 한쪽의 과학이 가치나 의미와는 상관없는 것을 연구 대상으로 삼고 있고 다른 쪽의 과학은 가치와 의미가 충만하거나 적어도 가치와 연관된 것을 연구 대상으로 삼고 있다는 사실과 관련 있다는 통찰도 서서히 늘어가고 있다. 그리고 이러한 통찰과 연관되는 것은, 자연과학의 방법이라는 말을 가능한 한 넓은 의미로 해석한다 하더라도 자연과학의 방법이 가치와 연관된 실재를 다루기에는 불충분하다는 인식이다.

약 30년 전에 《자연과학적 개념 구성의 한계》 1부가 출간되었을 때, *가치의 문제*가 방법론에서도 결정적인 역할을 한다는 나의 견해는 당시 사람들에게는 역설逆說로 간주되었다. 다시 말해 사람들은 나를 두고 '역설의 광신자'라고 불렀다. 그러나 세월이 지나면서 상황이 달라졌다. 오늘날에는 문화과학의 토대가 가치라는 것이 '자명한 것'으로 받아들여지고 있다.

이 서문에서 최근의 방법론적인 문헌에 깊이 들어가 이를 증명하는 것은 적절치 않다. 그러나 지금 적어도 두 명의 저자에 대해 말하고 싶다. 본문에서는 이들의 저작을 살펴볼 기회가 없기 때문이다. 두 사람 모두 딜타이의 철학에서 출발했고 그의 영향을 강하게 받고 있는 만큼, 이들이 이 책이 주장하는 입장에 명백하게 접근하고 있다는 사실은 나에게 더욱 의미 있는 일이다. 물론 나는 이 위대한 *역사가*에 대한 모든 감탄에도 불구하고 *체계적* 관점에서는 언제나 그와 대립되어 있다고 느낀다. 딜타이는 소수의 사람들처럼 창시자로서 활동했다. 그의 저작에서 방법론에 대해 배울 만한 것은 최근에 아르투르 슈타인Arthur Stein이 내용을 근본적으로 확대해 출간한《딜타이의 이해의 개념*Der Begriff des Verstehens bei Dilthey*》2판에 설득력 있게 교훈적으로 서술돼 있다. 여하튼 딜타이의 역사적 '추체험'과 '감정 이입'의 재능—— 여기서는 '이해'라는 말을 피하고자 한다—— 은 탁월했고, 아마도 당대에는 그러한 유례가 없었을 것이다. 반면에 이 뛰어난 인물에게서도 엄밀한 개념적 사유 능력은 추체험과 감정이입의 재능만큼 훌륭하지 않았다. 그래서 사람들은 서서히 그가 정식화한 개념을 극복하지 않을 수 없었고, 이러한 극복은 본래 그와 가까운 입장에 서 있던 사람들에 의해 이루어졌다.

이들 중에서 우선 *에두아르트 슈프랑거*Eduard Spranger를 들 수 있다. 그는 정신적인 것과 심리적인 것을 엄격히 구별한다. 그리고 단순히 심리적인 것 자체 속에 이미 심리적인 것에 대한 자연과학적 탐구를 불가능하게 하는 '통일성'이 들어 있는 것이 아니라, 어떤 심리적인 것 이상의 것과의 관계 속에서만 비로소 우리가 이해하는 독특한 심리적 연관이 드러난다고 명확하게 가르친다. 동시에 슈프랑거는 그가 '정신'이라고 부르는 이해 가능한 이런 것 속에서 가치의 계기 또한 명백히 인식하고 그 의의를 날카롭게 강조한다. 그의 저작《삶의 형식*Lebensformen*》(1921)은 실제로는 가치의 철학이다. 따라서 단순히 심리적인 존재에 관한 이론과 구별되는 이러한 이론이 '정신과학'의 '정초'로 간주되어야만 한다. 이와 같은 견해는 용어상의 모든 차이에도 불구하고 원리적으로 볼 때 이 책에서 주장하는 입장과 매우 유사하다. 또한 반갑게도 슈프랑거는《삶의 형식》3판 서문에서 내 입장과의 실제적 유사성을 강조했다.

최근에 출간된 매우 해박하고 유익한 저서인 *에리히 로타커*Erich Rothacker의 《정신과학의 논리와 체계*Logik und Systematik der Geisteswissenschaften*》에서 심리학은 더욱더 힘을 잃고 있다. 따라서 나는 여러 점에서 슈프랑거보다 로타커의 이 책이 나의 입장과 더 많은 점에서 일치하는 것을 확인할 수 있다. 물론 나는 로타커가 제시하는 이른바 '상대주의'에는 동의할 수 없다. 딜타이와 밀접한 관련을 가지면서 세워진 세계관의 세 가지 유형 모두 *이론적*으로 똑같이 정당하다든지 또는 적어도 똑같이 '가능하다'는 주장은 내가 볼 때 잘못된 주장이다. '자연주의'가 관철될 수 없다는 것은 순수한 과학적 근거에 의해 증명될 수 있다. 왜냐하면 결코 자연으로 파악될 수 없는 비감성적 형상들이 의심의 여지 없이 존재하고 있기 때문이다. 그러나 이러한 문제들이 방법론이나 특히 *개별 과학*의 구조에서 결정적으로 중요한 문제는 아니다. 중요한 것은 로타커도 정신과학의 심리학적 정초를 거부하고 내가 전개한 형식적·논리적 장치를 '대부분 수정 없이 받아들이'길 원하고 있을 뿐만 아니라 가치의 전제前提가 비非자연과학적 학문 분과의 토대라는 점을 분명히 인정하고 있다는 사실이다. 따라서 로타커는 나와 세부적으로는 많은 차이가 있음에도 불구하고 내가 수십 년 동안 심리주의와 싸워온 것을 지지하고 있다.

지난 25년 동안 반복해서 논의된 나의 견해는 지금까지는 주로 개별 과학 연구자들, 특히 역사학의 대표자들의 동의를 얻었다. 하지만 위와 같은 의견 표명들을 대하고 보니, 이제는 나의 견해가 철학자들 사이에서도 서서히 동의를 얻을 수 있으리라는 기대를 이 책의 이전 판 서문에서보다 더 강하게 표현해도 되리라 생각된다.

1926년 10월 하이델베르크
하인리히 리케르트

제1장

과제

전문 과학이 두 개의 주요 그룹으로 나누어진다는 것에 대해서, 그리고 물리학자와 화학자, 해부학자와 생리학자, 생물학자와 지질학자가 공통된 관심으로 서로 결합되어 있는 것과 같은 방식으로 신학자와 법학자, 역사학자와 문헌학자도 서로 결합되어 있다는 것에 대해서는 오늘날 개별 과학뿐만 아니라 철학에서도 의견이 일치될 것이다. 그러나 자연과학자는 여러 분야의 자연과학을 한데 묶는 끈을 무엇으로 부를 것인지에 대해 전혀 당혹스러워하지 않는 데 반해, 다른 쪽 그룹의 경우에는 적어도 개별 연구자의 의견에 관해서만 보더라도 공통의 활동에 대한 *명칭*을 마련하는 데 어려움을 겪고 있다.

이렇게 일반적으로 통용되고 인정받은 *명칭*이 없다는 것은 혹시 명확히 규정된 *개념*이 없기 때문이 아닌가 하는 질문을 암시한다. 따라서 나는 비자연과학적인 경험적 학문 분과들이 공히 갖는 관심, 과제, 방법을 규정할 수 있으며 동시에 자연 연구자가 공히 갖는 관심, 과제, 방법과 확연히 구분해줄 수 있는 개념을 발전시키는 것을 앞으로의 서술의 목표로 정했다. 나는 *문화과학*이라는 말이 이런 개념을 가장 잘 나타낸다고 믿고 있다. 따라서 다음의 물음을 제기하려고 한다. 문화과학은 무엇이고 이것은 자연 연구와 어떤 관계가 있는가?

하지만 이 물음에 답하기 전에 도대체 이러한 시도가 어떠한 *의미*를 지닐 수 있는지에 대해 몇 가지 주석을 달 필요가 있을 것이다. 중요한 문제는 *논리학*의 한 부분, 좀 더 정확히 말하면 과학론 또는 방법론의 한 부분이다. 따라서 여기서는 자연과학과 문화과학의 여러 학문 분과에서 나타나는 *특수한 내용*을 다루지는 *않는다*. 그런 것은 다만 전문 과학에 종사하는 사람과 관련이 있을 것이다. 철학은 일부분의 '의도적인 사이비 교양'이나 제공하는 것을 과제로 삼을 수는 없다. 이러한 일이 철학이 오늘날 소재의 풍부함 속에서 만들어낼 수 있는 최상의 것일지도 모르지만 말이다. *자료를 발견하는* 과학의 과정은 개별 연구자에게는 당연히 과학의 진보를 위한 *중심 사안*으로 생각될 것이지만, 우선 우리는 그러한 과정에 관심을 두지는 않는다. 왜냐하면 어쨌든 새로운 사실을 발견하는 데 기여할 수 있는 모든 수단과 방법은 어떤 과학에서나 *똑같이* 정당한 것이기 때문이다. 따라서 이러한 *연구*와 *탐구*의 다양성이 양兩 과학적 연구 집단이 갖는 본질적인 대립을 뚜렷하게 만드는 형식으로 간주되어서는 안 된다. 말하자면 여기서 *단순히 자료 수집* 정도로 간주될 수 있는 것을 중요하게 생각할 수는 없다.

오히려 우리가 중요하게 생각하는 구별은 과학적 *서술*을 위해 자료를 정돈하고 가공하는 것이 문제시될 때, 그리고 그러한 과정이 *완료*되었을 때 비로소 명료해진다. 과학적 활동에서 이러한 부분은 대개 확실히 '자명하게' 수행되기 때문에 전문 과학에 종사하는 사람은 이러한 부분에 별다른 주의를 기울이지 않는다. *철학*은 이 점을 밝히는 것을 본래의 과제로 삼고 있기 때문에, 이러한 과제의 중심점은 요컨대 경험적 연구가 일반적으로 주의를 기울이지 않는 곳에 있다.

하지만 분석적 기술記述이 —— 이것은 개별 과학의 방법에 나타나는 미세한 모든 차이나 변화, 모든 중간 형식이나 과정에 세심히 매달린다 —— *자료 가공*의 과정과 결과로 나타난다 하더라도 논리학에서는 그것이 그렇게 중요한 사안이 되지 못한다. 내 생각에는 역시 이런 과제도 각각의 상이한 특수 영역에 정통한 전문가에게 맡기는 것이 더 좋을 것이기 때문이다. 만약 과학론의 연구가 독자적 의의를 가져야 한다면, 과학론은 오직 사유의 *보편적이고 원리적인* 구별에서 출발할 수 있다. 그리고 과학론은 여기서 얻은 개념을 특수한 것에 서서히 적용해야 한다. 그러므로 이 논의에서 중요한 문제는 이러한 *출발점*을 확립하는 것, 즉 개별 과학의 서술에서 *기본 형식* 두 가지를 도출하는 것이다.

달리 말해 나는 기본적으로 거의 대부분의 경험과학을 중간에 놓는 양 *극단*에 대해 설명하는 것에 만족하려고 한다. 따라서 나는 이 구별을 명확히 설명하기 위해 실제로는 서로 밀접하게 *결합되어 있는* 것을 개념적으로 *분리시켜야만* 한다. 양쪽 과학 그룹 사이에 여기저기 뻗어 있는 수많은 연관을 최소한 완전히 무시하든가 아니면 이로 인해 기본 형식 두 가지를 구별하는 데 이의가 생길 경우에만 그 연관을 고려하고자 한다.

여러 상이한 연구 영역 간의 *다면적인* 연관의 가치를 평가할 줄 아는 경험적 연구자에게는 연구 영역 간의 모든 다리를 의도적으로 끊으려는 이러한 시도가 *일면적으로* 보일 수도 있고, 더 나아가 무리하게 보일지도 모른다. 그러나 어쨌든 *논리학*이 매우 다양한 과학적 삶 속에서 *경계선*을 그으려 할 때 선택할 수 있는 것은 이 방법밖에 없다. 따라서 다음 서술에서 얻을 수 있는 것은 기껏해야 지리학자가 방위를 정하기 위해 상상하는 지구 위의 선, 즉 어디서도 결코 현실과는 *정확히* 일치하지 않는 선에 비유될 수 있을 것이다. 그러나 다음과 같은 차이가 있다. 전문적 연구에서의 지성의 지구의 地球儀, globus intellectualis는 극이나 적도가 분명히 나타나 있는 지구의가 아니라 이것들의 확정을 위해서 특별한 연구를 필요로 하는 지구의이다.[11]

이러한 도식적인 길잡이의 시도가 지닌 *이론적* 가치에는 아무런 증명도 필요하지 않다. 개별 과학에서의 연구 활동이 이러한 시도를 통해 얼마나 많은 이득을 획득할 수 있는지에 대해 상세히 검토할 생각은 없으나, 내가 보기에 이러한 시도는 개별 과학을 위해서도 매우 유용한 것이다. 이것은 특히 *문화과학*에 유용할 수 있다. 왜냐하면 최근에 문화과학과 자연과학의 귀중한 관계가 다양한 형태로 유지되는 데 *그치지 않고* 두 영역 간의 경계가 때로는 허용될 수 없는 방식으로도 허물어지고 있기 때문이다.

그 이유는 어렵지 않게 찾아볼 수 있다. 오늘날 자연과학에 종사하고 있는 사람은 대개 자신의 전문적 작업을 지칭하는 일반적인 명칭을 갖고 있을 뿐만 아니라 대체로 명백하게 구분된 과제를 통해 조직된 전체, 즉 연관적 *체계* 안에서 확고한 자리를 잡고 있다. 그러나 이와 반대로 경험적 문화과학은 그러한 확고한 체계를 이제 비로소 찾기 시작해야만 한다. 말하자면 문화과학은 자연과학의 방법만이 *오직* 정당한 방법이라는 선언에 때로는 다양한 형태로 방어를 해야만 하는 불확실한 상태에 놓여 있다. 이러한 투쟁에서 논리학이 쓸모 있는 무기가 될 수는 없을까? 특히 지금 논리학은 자연과학에 의한 일방적 경향에서 벗어나려 노력하고 있다.

물론 오늘날 모든 자연 연구자가 자기 활동의 논리적 본질을 명료하게 통찰하고 있고 따라서 좀 더 긍정적인 측면에

서 문화과학의 대표자와 구별된다고 주장하는 사람은 아무
도 없다. 그러나 실제로 자연 연구자는 대개 자신도 모르게
성장해간 *역사적 상황*으로 인해 훨씬 행복한 처지에 놓여 있
다. 나는 이에 대한 근거를 짧게 윤곽만 서술하고 본래의 주
제로 넘어가려 한다.

제2장

역사적 상황

최근 수세기 동안 진행된 과학사를 조망해보면, *자연 연구*의 철학적 정초를 위해 이미 많은 일들이 이루어졌음을 알게 될 것이다. 실로 그것의 일부는 전문 과학에 종사하는 사람들에 의해 이루어졌고, 일부는 철학에 의해 이루어졌다. 케플러Johannes Kepler, 갈릴레이Galileo Galilei, 뉴턴Isaac Newton의 경험적 연구는 자기 활동의 논리적 본질을 명확히 의식하려는 노력과 함께 나타났고 이 노력은 매우 훌륭히 성공했다. 당연히 17세기를 의미하는 자연과학 시대에서 철학은 자연과학과 분리해서는 거의 생각할 수 없다. 그 당시 철학——데카르트René Descartes나 라이프니츠Gottfried W. Leibniz만을 생각해보면 된다——도 마찬가지로 자연과학의 방법을 해명하려고 했으며 이 또한 성공했다. 그리고 마침내 18세기 말에 현대 최고의 사상가인 칸트는 *자연 개념*을 '보편적 법칙에 따라서 규정되는 한'에서의 사물의 현존재로 규정했는데, 이는 *방법론*과 관련해 결정적으로 중요한 *자연 개념*이었다. 동시에 그는 이를 바탕으로 가까운 미래를 위해 *가장 보편적인 자연 과학 개념*을 최종적으로 확립했다.[12]

물론 칸트는 '그것이 규정되는 한'이라고 말함으로써 개별 과학에서는 아닐지라도 철학에서는 자연 개념의 *독재*를 무너뜨렸던 것이다. 즉 계몽주의 시대에 자연과학적 세계관이 역사적인 문화적 삶에 적용될 경우 *실제*로는 파괴되어야 한 데 비해, 칸트는 이제 이러한 자연과학적 세계관을 이를 절대적으로 받아들이는 견해가 아니라 상대적으로 정당하다고 보는 견해 속에서 *이론적*으로 격하시키고 이로써 자연과학의 방법을 전문적 연구에만 국한시킨 것이다. 그러나 자연 *개념* 그 자체는 이러한 제한 때문에 한계가 더 확고해짐으로써 더욱 뚜렷이 의식될 수 있었다. 또한 이러한 칸트의 시도는 고차원적으로 이루어졌기 때문에, 시대에 약간 뒤떨어진 철학이 이 자연 개념을 교조적으로 이해하고자 했음에도 자연에 관한 *개별 과학*에 더 이상 많은 해를 끼치지 않았다. 이때에도 자연 개념은 본질적으로 변함 없이 그대로다.

많은 자연과학자가 예컨대 원자론이라든가 에너지론 같은 *가장 보편적인* 이론 안의 어떤 어려움에 직면해 무기력해질 때, *인식론적* 입장을 취하는 대신 다시 낡은 *형이상학적* 자연주의를 취하는 이러한 축소된 시야는 기껏해야 불평을 불러올 뿐이다. *오로지* 자연 연구자만 과학에 종사하는 것이 아니라고 누군가가 말하는 것을 어떤 모욕처럼 느끼는 자연 연구자가 여전히 있다는 사실은 분명 즐거운 일은 아니다. 하지만 유일하게 자연과학적 사유만 정당하다는 그리 근거 없는 *신념*조차 자연과학적 전문 연구에서는 고귀한 의의를 지닌다는 확신이 들게 할 것이고 이와 함께 일의 기쁨과 활기를 불어넣는 데 기여할 것이다.

이러한 과거를 살펴볼 때 우리는 오늘날의 자연 연구자에게, 전통의 자손인 당신이 행복하다고 소리쳐 말해줄 수 있다. 가장 보편적이고 기초적인 개념과 관련되는 한, 자연 연구자는 조상이 모아놓은 자본의 이자로 살아가고 있는 것이다. 시간이 지남에 따라 이제는 정신적 재산의 유래라든가 정신적 재산이 탄생하게 된 맥락을 더 이상 염두에 둘 필요가 없을 정도로 조상의 정신적 재산은 모두 '당연한 것'이 되었다. 애써 노력하지 않아도 정신적 재산을 소유할 수 있게 된 것이다. 그러므로 생물학적 연구의 일부를 제외한다면, 즉 근본적으로 철저한 *역사적* 발전 원리와 자연과학 간에 존재하는 의미 관계가 모호한 탓에 혼란이 약간 발생했던 부분과, 유기체 개념에 결합된 목적론 사상이 아직도 매우 우려되는 형이상학적-목적론적 방식에 따라 '생기론生氣論, Vitalismus'[13]을 해석하는 부분을 제외한다면, 자연과학은 *전통*을 확고히 향유하고 있다. 자연과학은 무엇보다 자연 *전체*의 인식이라는 하나의 공통된 목표를 갖고 있다. 이 목표를 달성하기 위해 특수 부문은 각각 자기 몫을 수행하고 있으며 이 목표는 자연과학에 통일성과 연관성을 주고 있다. 이 때문에 자연과학은 통일체를 이루어 행동하고 있고, 이런 통일적 행동을 통해 ── 자연과학이 자신의 위대한 조상에 걸맞은 자손으로서 최근에 특히 일반적 물질 이론에서 이룩한 경탄할 만한 진보를 제외하고 보더라도 ── 사람들에게서 감탄을 자아내고 있다.

이와 비슷한 예가 *문화과학*에도 해당된다고 주장하려 드는 사람은 없을 것이다. 문화과학은 자연과학보다 훨씬 최근에 생겨났기 때문에 완성된 상태가 아니다. 문화과학은 19세기에 이르러서야 비로소 비약적으로 발전했다. 물론 문화과학 역시 몇몇 특수한 영역에서는 매우 착실히 연구되고 있다. 그러나 이는 대부분의 경우, 문화과학이 탁월한 의의를 지닌 몇몇 천재적 연구자의 뒤를 따를 수 있는 상황에서만 일어난다. 근대 자연과학의 창시자들의 연구 가운데 *방법론*을 연구하는 경향이 자연과학에 무척 풍부한 결실을 가져온 데 비해, 문화과학에서는 이런 경향이 거의 나타나지 않는다. 또는 자기 작업의 본질에 관한 최소한의 심층적인 연구, 예컨대 언어학의 경우 헤르만 파울Hermann Paul[14]이, 국민경제학의 경우 카를 멩거Carl Menger[15]와 최근에는 막스 베버Max Weber[16]가 매우 교훈적인 방식으로 시도한 것 같은 연구는 단지 산발적으로 행해지고 있으며, 그것도 특수한 영역에 한정되어 있다. 그리고 이런 영역이, 논리적으로는 서로 현저하게 구분되는 수행 방식이지만 학문의 실제에서는 아주 밀접하게 서로 연결되어 있어 논리적인 문제가 곧 등장할 수밖에 없는 영역이라는 점은 결코 우연이 아니다. 여하튼 현재까지 경험적 문화과학에서는 자연과학만큼의 포괄적인 *철학적* 정초가 이루어지지 않고 있다.

물론 우리는 이미 *과거*에서 경험적 문화과학과 연관되어 연구되고 문화과학에 자극을 받으며 또한 문화과학에 영향을 미칠 수 있는 철학의 중요한 단초들을 발견할 수 있다. 칸트는 최초로 자연과학을 인식론으로 정립했다는 점보다는 오히려 최초로 자연주의적 세계관을 파괴시켰다는 점에서 철학에 영향을 끼쳤다. 따라서 칸트에게 자극받아 생긴 반자연주의적 경향이 부분적으로는 매우 일면적인 형태를 띠었다 하더라도, 그리고 칸트의 몇몇 제자들이, 스승이 확고한 기초를 마련한 자연과학과 자연과학의 의의를 전혀 이해하지 못했다 하더라도, 바로 그러한 칸트의 제자들 때문에 '관념론적'인 반자연주의적 철학이 불신을 사게 되었다 하더라도, 다른 측면에서 볼 때 칸트의 제자들이 자연과학의 약점을 강력하게 지시함으로써 소수의 사람들처럼 *촉진자*Anreger로서 철학에 영향을 미쳤다는 점은 부정할 수 없다.

사실상 독일 관념론을 창시한 철학자들은 이미 어느 정도 문화과학의 기초가 되는 개념들을 제공했다. 특히 헤겔은 *역사적* 삶 위에 토대를 둔 세계관을 분명하게 의식적으로 시도했는데, 그는 아마도 자연과학에 대한 이해가 전혀 없었다는 점과는 다른 관점에서 주목할 만한 사람일 것이다. 그리고 독일 관념론 철학에 대한 관심이 광범위한 영역에서 지속적으로 증대하고 있기 때문에, 사람들은 '발전'이라는 말이 큰 역할을 하고 있는 현대가 이 위대한 관념론적 발전 철학자에게서 또다시 무엇인가를 배울 것이라고 기대할 수 있다.[17]

하지만 헤겔의 체계가 그 자체로 간단하게 받아들여질 수는 없다. 더구나 헤겔의 체계를 전기 요법으로 곧바로 반응을 얼핏이 글자 그대로 해석하는 것을 경계해야 한다. 그리고 이전 시대의 여러 가지 다른 귀중한 단초도 문화과학의 과제를 규정하거나 해명하는 데 당장은 그리 많은 도움이 되지 않는다. 19세기 중엽에는 우리의 정신적 삶의 역사에서 역사적 연속이 중단되었고, 역사적 삶의 이해를 위해 중요한 독일 철학의 요소는 여전히 그리 널리 알려져 있지 않았다. 헤겔의 범주가 사용될 때도 범주의 의의와 의미에 대한 의식은 결여되어 있었다. 사람들이 문화과학에서 '발전'이 언급될 경우, 예를 들어 전문 과학의 연구자로서는 대단히 경탄할 만하지만 철학자로서는 미미한 어떤 자연과학자를 머릿속에 자주 그린다면, 사람들은 매우 진지하게 '다원주의' 안에서 '새로운' 역사철학을 보는 것이고 이런 비슷한 개념의 혼란으로 인해 문화과학을 위해 '자연과학의 방법'을 요청하고 있는 것이다.

모든 학문 분과가 똑같은 방식으로 이런 개념의 혼란 속에 있는 것은 아니다. 그러나 우리는 그리 멀지 않은 과거에, 바로 좁은 의미의 *역사 연구*에서 방법과 목표를 둘러싼 활발한 논쟁을 경험한 바 있다. 만약 우리의 철학이 과거와 좀 더 밀접한 관계에 있었다면, 이 논쟁의 일부는 전혀 일어날 수 없었을 것이다.[18] 그렇기 때문에 나도 이 책에서 문제에 접근해 갈 때 개별 과학의 분류에 관해 과거에 이미 이루어진 견해가 아니라 오늘날 가장 널리 알려진 견해를 이야기의 실마리로 삼고자 한다. 그리고 그런 다음에 내 생각을 순수하게 체계적으로 서술할 것이다.

제3장

중요 대립

과학은 다루는 *대상*의 관점뿐만 아니라 사용하는 *방법*의 관점에서도 구분될 수 있으므로, 과학은 *내용적* 관점과 *형식적* 관점에서 구분될 수 있다. 그런데 많은 사람이 이와 같은 두 개의 구분 원리가 서로 *합치된다*고 믿고 있지만 이 점은 결코 확실한 것이 아니다. 사실 *논리적* 해명에서 무엇보다 중요한 것은 양쪽을 면밀하게 구분하는 일이다.

오늘날 개별 과학의 두 그룹을 본질적으로 서로 다른 것으로 인정할 경우, 철학에서는 여전히 일반적으로 *자연*과 *정신*이라는 개념을 *내용에 따라* 구분하는 원리의 기초로 삼는다. 이때 다양한 의미를 갖는 '자연'이라는 단어는 대개 물리적 존재의 의미로, 더욱 다양한 의미를 갖는 '정신'이라는 단어는 심리적 존재의 의미로 해석된다. 동시에 *심리적* 삶이 *물리적* 세계와 대립적으로 보여주는 내용의 특수성에서 두 가지 방법의 *형식적* 구별도 함께 도출된다. 그리고 이에 따라 *정신과학*과 *자연과학*이 다루어진다.

이로 인해 생겨나는 결과 중 하나는, *역학*이 가장 보편적이고 기초적인 '물체과학'으로 정립되고 동시에 이것에 상응하는 심리적 삶의 보편과학, 즉 *심리학*이 기초적인 '정신과학'으로 정립된다는 사실이다. 따라서 사람들은 정신과학 영역에서 나타나는 근본적인 진보를 특히 *심리학적* 방법에서 기대한다. 그 결과 사람들은 역사 속에서 어떤 응용심리학 같은 것을 보았다. 물론 이것이 현재 이 학문 분야가 처해 있는 상황과 완전히 일치하는 것은 아니다.

세부적으로는 다양한 견해가 서로 의견을 달리하지만, 철학에서는 전문 과학을 구분할 때 *심리적* 존재의 특성이 무엇보다 중요하다는 기본 사상이 매우 자명한 것으로 받아들여지고 있다. 예컨대 딜타이의 예처럼 탁월한 역사적 감각의 결과로 *기존의* 심리학이 특히 정신과학을 정초하는 데는 무용하다는 것이 명백해진 경우에도 마찬가지다. 딜타이의 경우도 '심리학'을 새롭게 창안할 것을 요청했다.[19]

철학에서 나타나는 지배적인 의견과는 반대로, 정신과학으로는 비자연과학적인 개별 학문 분과의 특징을 충분하게 설명할 수 없다는 사실이 경험적 연구에 종사하는 사람들에게는 대체로 더욱 뚜렷하게 지각되었다.[20] 사실상 나는, 만약 자연이 물리적 존재를 의미하고 정신이 심리적 존재를 의미한다면, 자연과 정신의 대립적 관점에서 기획된 구분의 시도가 *실제로 현존하는* 경험과학의 구분—— 이것이 무엇보다 중요한 문제다—— 을 이해하는 데 이르지 못할 것이라고 믿는다. 우선 나는 대략의 방향을 잡기 위해, 널리 통용되고 습관적으로 고정되어 있는 견해에 대해 내 견해를 간단한 형태로 대립시켜보고자 한다.

물론 비자연과학적인 경험적 학과가 주로 심리적 존재를 취급한다는 점과, 따라서 이 학과를 정신과학이라고 부르는 것이 반드시 *잘못*은 아니라는 점을 부정할 수는 없다. 그러나 그렇게 부름으로써—— 바로 이것이 중요한 점인데—— 과학론에서 *본질적인* 구별의 징표가 적중된 것은 아니다. 서로 다른 두 가지 과학적 *관심*의 원리적 구별은 *심리적인 것*의 개념을 통해서는 명료해지지 않기 때문이다. 이 구별은 객체의 *내용적* 구별에 대응하는 것이고, 전문 과학의 한쪽 그룹의 대표자들이 다른 그룹의 대표자들보다 서로 좀 더 밀접하게 결합되어 있다고 생각하게 만드는 것이다. 또한 이와 같은 방식으로는 서로 다른 두 가지 개별 연구 *방법* 간의 어떤 유용한 논리적 대립, 즉 *형식적* 대립을 충분히 도출할 수 없기 때문이다.

철학자를 제외하고는 주로 자연과학자가 근대 심리학의 영역에서 활동한 반면에 역사가들이나 기타 '정신과학'의 대표자들이 대체로 근대 심리학에 전혀 관심이 없다는 사실은 우연이 아니다. 오히려 이것은 사태의 본질과 관련된 이유를 갖고 있다. 그리고 이런 상황은 변할 것 같지도 않으며 또한 변화를 바랄 필요도 없을 것이다. 심리학이 몇몇의 이른바 '정신과학'에 대해 갖는 의의는 심리학자뿐만 아니라 논리학에서도 여전히 과대평가를 받고 있다고 생각된다. 여하튼 기존의 보편과학이든 앞으로 만들어질 보편과학이든 간에 현실의 심리적 삶에 관한 보편과학은 역학이 자연과학의 토대가 되듯이 개별 연구의 다른 반쪽 부문의 '지성의 지구의'에 대한 *토대*가 될 수 없다. 오늘날 통용되고 있는 심리학의 *방법*을 *역사과학*에 적용하는 것은 필연적으로 오류에 빠질 수밖에 없다. 이러한 오류는 이미 '사회 심리학적' 이론이 역사적 서술을 대신했을 때 일어났던 것이다.

그러나 더욱 중요한 것은 자연과 정신의 대립 같은 *단 하나의* 대립을 가지고서는 결코 *다양한* 개별 과학을 방법론적으로 분류할 수 없다는 사실이다. 지금 당면해 있는 문제는 보통 생각하는 것보다 훨씬 복잡하기 때문이다. 전문적 학문 분과를 분류할 경우 방법론은 자연과 정신이라는 *하나의* 구별 대신 앞으로 다룰 기본 개념 두 쌍을 정립해야 한다고 생각한다.

현실적 존재 양식의 관점에서 구별되는, 다시 말해 물리와 심리 같은 방식으로 구별되는 두 가지 그룹의 *객체*는 개별 과학을 분류하는 데는 결코 인정될 수 없는 것이다. 왜냐하면 형식적 특성을 파악하는 자연과학적 연구는 원리적으로 보자면 적어도 직접적으로 경험된 현실 모두를 연구 대상으로 삼을 수 있기 때문이다. 이렇게 본다면 오직 *하나의* 경험적 현실이 있기 때문에 오직 하나의 경험적 과학만이 존재할 수 있을 뿐이라는 명제는 *정당하다.* 총체적 현실, 즉 물리적이고 심리적인 현존재의 총체로서의 현실은 사실상 하나의 통일적 전체로, 혹은 흔히 쓰이는 구호로 표현하면 '일원론적monistisch'인 것으로 간주될 수 있고, 또 간주되지 않으면 안 된다. 따라서 개별 과학은 현실의 각 부분을 동일한 하나의 방법을 통해 연구할 수 있고, 또 연구하지 않으면 안 된다. 이렇게 된다면 물리적 현상을 연구하는 과학과 심리적 삶을 탐구하는 과학은 공통의 관심에 의해서도 서로 밀접하게 결합될 것이다.

따라서 객체의 *내용적* 대립이 개별 과학 구분의 기초가 될 수 있는 경우는 다음과 같다. 즉 우리가 일정한 사물과 현상이 어떤 특별한 *의의*나 중요성을 갖고 있다고 파악하여 이런 사물과 현상을 현실 전체로부터 분리하여 강조하는 한에서이다. 우리는 이런 사물과 현상에서 단순한 '자연'과는 다른 어떤 것을 보게 될 것이다. 자연과학적 서술은 다른 경우에는 완전히 정당하지만, 이러한 사물과 현상의 경우 자연과학적 서술만으로는 아직 *충분하지* 않다. 우리는 이런 사물과 현상과 관련하여 완전히 다른 *물음*을 제기하지 않으면 안 된다. 사실상 이러한 물음은 우리가 *문화*라는 명칭으로 가장 잘 총괄할 수 있는 객체에 관한 것이다. 문화 객체가 갖는 특별한 의의에 근거를 두면서 학문을 자연과학과 문화과학으로 구분할 경우에 전문 연구자들을 두 개의 그룹으로 나누는 *관심의 대립성*도 가장 잘 드러나게 될 것이다. 따라서 *자연과학과 문화과학*이라는 구별이 자연과학과 정신과학이라는 일반적인 구분을 대신하는 데 적합한 것으로 보인다. 그러므로 우리는 문화가 자연과 달리 의미하는 바가 무엇인지를 정확하게 알아야만 한다.

하지만 이것만으로는 충분하지 않다. 즉 내용에 따라 구분하는 원리에 *형식에 따라* 구분하는 원리가 첨가되어야 한다. 이런 형식적 구분 원리의 관점에서 보면, 자연과학과 문화과학이라는 개념은 '자연'이라는 말이 지닌 다의성 때문에 외면적으로는 단순하게 파악되지만 이 개념들은 그런 보통의 생각보다 복잡한 형태를 취하고 있다.

자연과 정신을 구별하는 경우와 마찬가지로, 현실에서 문화로 불릴 수 있는 부분의 어떤 내용적 특성도 전문 과학 방법에서 나타나는 형식적 대립을 증명하는 토대가 될 수 없음은 명백하다. 따라서 자연과학의 방법에 대해 말하고 심리학의 방법에 대해 말할 수 있다고 생각하는 것처럼 즉각적으로 '문화과학의 방법'에 대해 말할 수 없다. 그리고 '자연과학의 방법'이라는 표현 역시 '자연'이라는 말이 물체계를 뜻할 뿐만 아니라 앞서 언급되었던 칸트적 또는 *형식적* 의의를 가질 경우에만 *논리적* 의미를 갖는다는 점을 동시에 고려해야 한다. 물론 '물체과학의 방법'만이 *정신*과학의 방법인 심리학의 방법에 대한 올바른 대립이겠지만 여하튼 자연과학의 방법이 반드시 '물체과학의 방법'을 뜻하는 것이 *아니라*는 점을 고려해야 한다.

오히려 보편적 법칙에 따라 규정되는 한에서의 사물의 현존재라는 *논리적인* 자연 개념과 대립할 수 있는 것은 마찬가지로 하나의 논리적인 개념뿐이다. 내 생각에, 이 개념은 가장 넓은 형식적 의미에서 볼 때 *역사*의 개념, 즉 특수성과 개성을 지닌 *일회적 사건*의 개념으로서, 보편적 법칙의 개념과 형식적으로 대립된다. 따라서 우리는 개별 과학을 분류할 경우 *자연과학의 방법*과 *역사의 방법*의 구별에 대해 언급해야 할 것이다.

그러므로 우리가 이렇게 *형식적* 관점에서 시도하고 있는 분류는 흔히 과학을 자연과학과 정신과학으로 구분할 때와 같은 *내용적* 관점에 따른 분류와는 결코 동일하지 않다. 따라서 자연과 역사를 형식에 따라 구별하는 것이 자연과 정신을 내용에 따라 구별하는 것을 *대신*할 수 있다고 말해서도 안 된다. 사람들은 이런 구분을 잘못 이해하고 있다. 오직 자연과 *문화*의 구별을 통해서만 자연과 *정신*의 구별을 극복하고 대체하길 바랄 수 있다.

그리고 모든 *문화* 객체에 대한 필연적인 고찰이 바로 *역사의 방법*에 따른 문화 객체의 서술인 경우에 한해서, 우리가 시도한 두 가지 구분 원리 사이에 *연관*이 있다는 것을 보여줄 수 있고, 또한 이런 방법의 개념은 동시에 앞으로 전개될 형식적인 문화 개념에 의해 이해된다는 것을 보여줄 수 있다고 나는 믿는다. 당연히 자연과학의 방법은 저 멀리 문화 영역에도 그 힘을 미치고 있다. 그래서 *오직 역사적* 문화과학만이 존재한다고 말해서는 안 된다. 또한 역으로 어떤 점에서는 자연과학 안에서 역사의 방법을 말할 수 있기 때문에 결국 논리적으로 고찰해보면 여러 *중간 영역*이 생기게 된다. 이 *중간 영역*의 한편에서는 *내용적*으로 문화과학적인 연구와 *방법적*으로 자연과학적인 연구가, 다른 편에서는 *내용적*으로 자연과학적인 연구와 *방법적*으로 역사적인 연구가 서로 밀접하게 결합되어 있는 것이다.

그러나 밀접한 이런 연관이 개별 연구 일반에서 자연과학과 문화과학의 대립을 완전히 *지양*시킬 수 있는 유형은 물론 아니다. 오히려 우리는 *역사적 문화과학*의 개념을 내용적 관점과 형식적 관점에서 자연과학의 개념과 뚜렷하게 구별 지을 것이고, 나아가 모든 과도기적인 것과 중간 형식에도 불구하고 자연적 존재의 탐구는 *주로* 자연과학의 방법에 따라서 수행되고 문화적 삶의 전문 과학적 탐구는 *주로* 역사의 방법에 따라서 수행된다는 것을 알 수 있을 것이다. 그러면 우리는 이러한 개념의 도움으로 우리가 경험과학에서 찾는 *기본 대립*을 이해할 수 있을 것이다.

이제 전개될 나의 과제는 위에서 제시된 의미의 관점으로 볼 때 자연과 문화라는 *내용적* 대립과 자연과학의 *방법*과 역사의 *방법*이라는 *형식적* 대립을 발전시키는 일이고, 이를 통해 이 책에서 정립한 테제의 근거를 밝히고 아울러 일반적인 개별 과학의 구분 방식에서 벗어나 있는 우리의 시도가 정당하다는 것을 뚜렷이 밝히는 일이다. 그러나 다시 한번 강조하지만 나는 여기서 도식적인 *주요* 구분을 해명하는 데 만족할 수밖에 없고 좀 더 상세한 논술에 대해서는 단지 암시만할 수 있을 뿐이다. 이 시론에서 *모든* 과학, 또는 적어도 모든 개별 과학을 포괄하는 완전한 과학론 *체계*를 제시할 생각은 없다. 게다가 *철학*의 방법은 완전히 제외할 것이다. 마찬가지로 수학의 논리적 구조도 고려하지 않을 것이다. 왜냐하면 우리는 단지 *감성계*의 *실재적* 존재에 관한 경험적 학문 분과만을 고려하기 때문이다. 상호 대립적인 두 가지 *기본 형식*들은 학문 분과를 자연과학과 문화과학으로 분류하는 것을 정당화하고 있는데 그 기본 형식을 명확히 서술하는 것은 오직 이 경험적 학문 분과들에만 해당된다.

제4장

자연과 문화

논리적 문제를 우선시하는, 엄밀하고 체계적인 연구는 방법의 *형식적* 구별에 대한 성찰에서 시작해야 할 것이다. 따라서 *역사적* 과학의 개념에서 *문화*과학의 개념을 이해해야 할 것이다.[21] 하지만 개별 과학은 우선 *실제적인*sachlich 차이와 연관이 있으며, 또한 연구의 분업도 진행 과정 속에서 무엇보다 자연과 문화의 내용적 차이에 의해 규정되었기 때문에, 나는 개별 연구의 관심에서 필요 이상 벗어나지 않으면서 우선 실제적인 대립에서 시작할 것이다. 그리고 나서 여기에 형식적인 방법의 차이에 관한 논의를 첨가할 것이고 끝으로 형식적 구분 원리와 내용적 구분 원리 사이의 관계를 보여줄 것이다.

*자연*이나 *문화*는 분명한 뜻을 가진 말이 아니다. 특히 자연의 개념은 언제나 자연과 대립되는 개념에 의해 비로소 좀 더 정확하게 규정된다. 우리는 우선 이 개념이 *원래* 갖고 있는 의미를 살펴봄으로써 자의적인 허상을 가장 잘 피할 수

있을 것이다. 자연의 산물은 대지에서 자유롭게 자라난다. 문화의 산물은 인간이 경작하고 파종했을 때 토지에서 산출되는 것이다. 이렇게 보면 자연은 저절로 발생한 것, '탄생된 것', 스스로의 고유한 '성장'에 맡겨진 것들의 총체다. 이런 자연과 대립하고 있는 문화는, 가치 있는 목적에 따라 행동하는 인간이 직접 생산한 것이거나 그것이 이미 존재하고 있는 경우에는 적어도 그것에 담겨 있는 *가치* 때문에 의식적으로 *가꾸어 보존한* 것이다.

우리가 자연과 문화의 대립을 가능한 한 넓게 확장시켜 살펴본다 해도 이러한 대립은, 모든 문화 현상에는 인간이 인정한 어떤 *가치*가 구현되어 있다는 사실과 항상 본질적인 관계가 있다. 다시 말해 그 가치로 인해 문화 현상이 생성되거나 그것이 이미 생성되어 있는 경우에는 보존된다. 반대로 저절로 생성되고 성장한 모든 것은 가치와 상관없이 고찰될 *수 있고*, 또한 사실상 자연이 위에서 말한 의미와 다른 것이 아니라면 그렇게 고찰*되어야만* 한다.

말하자면 문화 객체에는 언제나 가치가 담겨 있다. 그래서 우리는 문화 객체를 *재화*Güter라고 부른다. 또한 *가치로 가득 찬 현실*인 문화 객체를 이렇게 재화라고 부름으로써 가치 그 자체Wert selbst와 구별하고자 한다. 가치 그 자체는 현실적인 것이 아니므로 사람들이 도외시할 수도 있다. 과학은 자연 객체를 재화로 인식하지 않고 가치와는 관계없는 것으로 생각하고 있다. 만약 사람들이 문화 객체에서 모든 가치를 떼어낸다고 상상할 수 있다면 문화 객체도 단순한 자연이 되거나 자연 객체처럼 과학적으로 다루어질 수 있다고 말해도 좋다. 어쨌든 우리는 확실히 *가치와의 연관* 유무에 따라 과학의 *객체*를 두 종류로 나눌 수 있다. 실재적인 모든 문화 현상은 거기에 담겨 있는 가치를 도외시할 때 자연의 맥락에서 이해되며, 심지어 문화 현상 그 자체가 자연으로 간주될 수밖에 없기 때문에, 우리는 이 책의 방법론적 관심을 위해 오직 앞에서 언급된 가치 연관에서만 객체를 나누어도 괜찮을 것이다. 가치 연관이 *역사적* 문화과학의 *논리적* 구조에서 어느 정도까지 결정적인지에 대해서는 나중에 설명하겠다.

물론 과학적 객체의 내용적 구별은 다른 방식에서도, 말하자면 구별할 때 가치 개념이 즉시 명백히 드러나지 않는 방식에서도 정식화될 수 있다. 이러한 상황을 적어도 간단하게나마 언급해두려 한다. 왜냐하면 요즘 방법론적 연구에서 거듭 전면에 등장하는 개념 중 하나인 *이해*의 개념이 문제이기 때문이다.

확실히 이 개념은 방법론에서 매우 중요하다. 그러나 '이해'라는 말은 매우 다양한 의미를 갖고 있는 말이다. 따라서 이 말의 개념을 이해하기 위해서는 정확한 해명이 필요하다. 특히 문화과학과 자연과학을 구분할 경우에는 이해를 무엇에 *대립*시키는지가 문제가 된다. 우리는 이해를 *지각*과 구별해야만 한다. 이때 직접적으로 주어진 모든 물리적이고 심리적인 현상인 전체의 감성계가 지각의 대상으로 간주될 정도로 지각의 개념이 넓게 파악되지 않으면 안 된다.[22] 그렇지만 이때에도 논리적 명확성을 위해 우리는 이해하는 *주체*의 작용에 머물러서는 안 된다. 우리가 문제 삼는 맥락에서 보면 이해되는 *객체*가 중요한 것이다. 그런데 직접 가까이할 수 있는 감성계 전체를 지각의 객체라고 부를 경우 이해의 객체로 남는 것은, 이 말이 어떤 중대한 의미를 간직해야 한다면, 단지 비감성적인 *의의나 의미 형상*뿐이다. 오로지 의의나 의미 형상만이 *직접* 이해될 뿐이다. 의의와 의미 형상이 드러나는 경우, 이것들은 사실상 오직 지각되기만 하는 물리적·심리적 실재나 감성계의 대상과는 원리적으로 다른 종류의 서술을 과학에 요구하고 있다.

우리는 이와 같이 지각의 객체와 이해의 객체의 구별을 통해 이미 우리가 앞에서 행한 자연과 문화의 대립에 다시 접근했다. 이해될 수 있는 의의와 의미 형상은 오직 지각될 수 있는 객체를 통해서만 나타나기 때문에 우리는 또한 다음과 같이 말할 수 있을 것이다. 문화처럼 의의나 의미를 통해 이해되는 객체가 과학의 한쪽에 존재하고, 자연과 같이 전혀 의미나 의의와 상관없는 것으로 간주되기 때문에 이해되지 않은 채 남아 있는 객체가 과학의 다른 쪽에 존재한다. 그렇다면 이렇게 정식화된 구별이 과학론에서, 특히 역사의 방법에서 중요하다는 것은 의심할 여지가 없다.[23] 사실 이 구별이 처음에 거론된 자연과 문화의 구별보다 더 포괄적이며, 따라서 우리의 처음의 구별을 좀 더 높은 보편성의 영역으로 높이는 데 도움을 줄 수 있다고 생각할 수도 있다. 이렇게 보면 아마 자연은 의의와 상관없이 단순히 지각적이고 비이해적 존재일 것이고, 반면에 문화는 의의로 가득 찬 이해적 존재일 것이다. 그것은 사실이다.

그럼에도 우리가 전문 학문 분과에 제한을 두면서 *경험적* 문화과학을 자연 연구와 구분하려 할 경우에 *가치*의 사유를 전면에 내세우는 것은 당연한 일이다. 그리고 경험적으로 실재하는 객체가 어떤 의미나 의의를 갖고 있는 경우에는 여기에 이미 어떤 가치 연관이 존재하고 있다는 점과, 이와 반대로 객체가 가치와 아무런 연관도 맺고 있지 않은 경우에는 말 그대로 의의나 의미로 가득 찬 것이라 '이해'될 수 있는 것이 어떤 것도 없다는 점을 우리는 당연히 명확하게 알고 있다. 더 나아가 의미와 의의는 어떤 가치에 의해 비로소 그 특성이 확립되고 따라서 의미나 의의의 이해는 가치에 대한 고려 *없이는* 과학적으로 *모호하게* 머물러 있다고 말할 수 있다.

어쨌든 우리는 가치와 무관한 자연과 가치를 지닌 문화를 구별함으로써 우리의 맥락에서 *본질적인* 계기를 이미 얻었다. 그러므로 우리는 다음과 같이 말할 수 있다. 즉 가치 연관의 방법론적 의미를 명확히 했을 때에야 비로소 의미와 무관한 대상과 의미를 지닌 대상 간의 구별이나 비이해적 대상과 이해적 대상 간의 구별이 전문 과학적 방법의 논리적 구조에서 어떤 의의를 갖는지를 밝힐 수 있을 것이다.

그런데 우리는 이 입문서에서는 가치와 무관한 자연과 가치를 지닌 문화를 구분하는 데 머무르고, 의미와 무관한 단순히 지각적이고 비이해적인 객체와 의미로 가득한 이해적 객체를 구분하는 것에 대해서는 더 이상 고찰하지 않기로 한다. 현실을 문화 재화로 만들어 문화 재화를 특수한 대상으로서 자연에서 두드러지게 하는 가치의 본성에 대해서만 약간 부언하려 한다.

가치 그 자체만을 고찰할 경우에는, 이것이 *현실적인지 아닌지*를 물을 수는 없고 단지 이것이 *타당한지 타당하지 않은지*를 물을 수 있을 뿐이다. 모든 사람은 문화 가치를 실제적으로 타당한 것으로 인정한다. 그렇지 않다 하더라도 적어도 문화인은 문화 가치의 타당성과 함께 가치 있는 객체에서 단순한 개인적인 의의를 넘어서는 의의를 요청한다. 고도로 발전한 문화에서는 단순한 욕구의 대상이 아니라 재화가 문제시되어야 할 것이다. 결국 우리가 가치의 타당성에 주목하고 있는 한, 우리는 우리가 살고 있는 사회를 고려해서건, 다른 어떤 이유에서건 재화의 가치를 인정하고 보호하는 것을 어느 정도는 우리의 '의무'로 느껴야 한다. 하지만 이때 어떤 '도덕적 필연성'만을 생각할 필요는 없다. 규범의 사상이나 당위 실현의 사상이 재화에서 가치와 결합되어 있으면 충분하다. 그리하여 우리는 모든 사람에 의해 평가되고 추구됨에도 단지 충동적으로만 평가되고 추구되는 것에서 문화 객체를 판별할 뿐만 아니라, 단순한 충동 때문은 아니지만 개인적 기분의 변덕 때문에 재화라고 평가되는 것에서도 문화 객체를 판별한다.[24]

이러한 자연과 문화의 대립은 두 그룹의 실재적 *객체*의 구별이 문제시될 때 실제로 개별 과학을 구분하는 기초가 된다는 사실을 쉽게 알 수 있다.

종교, 교회, 법률, 국가, 도덕, 과학, 언어, 문학, 예술, 경제와 이것들을 경영할 때 필요한 기술 수단 등에 담긴 가치가 공동체의 모든 구성원에 의해 타당한 것으로 인정받거나 아니면 그런 가치의 승인이 구성원에 의해 *요구될* 경우에, 이것들은 어떤 발전의 단계에 놓여 있든지 문화 객체 또는 *재화*이다. 그러므로 우리는 문화의 *전前 단계*Vorstufen와 *몰락시기*Verfallsstadien뿐만 아니라 문화를 촉진하거나 저해하는 현상도 함께 고려하기 위해 이 책에서 논의되는 문화 개념을 좀 더 확장할 필요가 있다. 이렇게 될 경우 문화 개념이 종교학, 법률학, 사학, 문헌학, 국민 경제학 등의 객체, 말하자면 심리학을 제외한 모든 '정신과학'의 대상을 포괄한다는 것, 따라서 문화과학이라는 표현이 비자연과학적 전문 분과에 대해 매우 *적합한* 명칭이라는 것을 우리는 알게 된다.

분트Wilhelm Wundt[25]가 생각하는 것처럼 농기구, 기계, 화학적 보조제도 문화로 간주되고 있는 상황이 문화과학이라는 명칭을 사용하는 데 결코 걸림돌이 되지는 않는다.[26] 오히려 그런 상황은 분트가 옹호하는 정신과학이라는 말보다 문화과학이라는 말이 비자연과학적 개별 학문 분과에 훨씬 더 적합하다는 사실을 보여준다. 물론 기술의 발명은 대개 자연과학의 도움을 받아 이루어진다. 그러나 발명 그 자체는 자연과학적으로 연구되는 *객체*에 속하지 않으며, 마찬가지로 '정신과학'에서도 해결될 수 없다. 오직 문화과학에 발명의 발전을 서술할 자리가 마련된다. 발명이 의미로 가득한 심리적 문화인 '정신적인' 문화에서 어떤 의의를 가질 수 *있는지*는 어떤 증명도 필요치 않을 만큼 확실한 것이다.

물론 *지리학*[27]이나 *인종학*과 같은 몇몇 학문 분과는 어디에 속하는지 의심스러울 수도 있다. 그러나 이에 대한 결정은 오직 이들 학문 분과가 대상을 어떤 *관점*에서 보는가, 다시 말해 대상을 단순한 자연으로 간주하는가 아니면 문화적 삶과 관계를 맺는가에 달려 있다. 그 자체로는 단순히 자연의 산물에 불과한 지구의 표면도 모든 문화 발전의 무대로 간주될 경우 단순한 자연과학적인 관심과는 다른 관심을 끌게 된다. 그리고 원시 민족 역시 한편으로는 '자연 민족'으로 간주될 수 있지만 다른 한편으로는 그들에게 어느 정도까지 문화의 '시원'이 존재하는가의 관점에서 탐구될 수 있는 것이다. 그러므로 이러한 양면성은 물체와 심리의 의미에서, 또는 물리적인 것과 심리적인 것의 의미에서 자연과 정신을 구별하는 일이 중요하지 않다는 우리의 견해를 인정하는 데 기여할 뿐이다. 따라서 우리는 우려할 필요 없이 비자연과학적 학문 분과를 앞에서 말한 의미에서 *문화과학*이라 불러도 될 것이다.

그러나 문화과학이라는 말은 때때로 다른 의미로도 사용되고 있다. 그렇기 때문에 우리의 개념을 이와 유사한 개념들과 명확하게 구별할 필요가 있을 것이다. 이런 개념들에서는 문화라는 표현이 때로는 너무 *넓은* 영역을 포괄하고 때로는 너무 *좁은* 영역을 담는다. 어쨌든 나는 여기서 단지 몇 개의 예를 드는 것에 만족하려 한다.

문화를 너무 *넓은* 영역으로 파악하는 전형적인 예로서 헤르만 파울Hermann Paul[28]이 제시한 문화과학의 개념을 살펴보자. 당연히 간단하게나마 그의 견해를 논술해야 할 것이다. 그는 설득력 있는 설명을 통해 정신과학 대신에 문화과학이라는 표현이 통용되는 데 기여했을 뿐만 아니라 *법칙*과학과 *역사*과학 사이의 근본적인 논리적 구별——이에 대해서는 나중에 다루게 될 것이다——을 최초로 제기한 최근의 몇 사람 가운데 한 사람이기 때문이다.

그럼에도 파울 역시 "*심리적* 요소의 활동을…문화의 특질을 나타내는 표식으로 간주"하려고 한다. 더구나 그는 이것을 "순수 자연과학의 객체에게서 엄밀히 그 영역을 구분하는 유일한 가능성"인 것처럼 보고 있다. 또한 그에게 "*심리적* 요소는…모든 문화 활동에서…모든 것이 의존하는 가장 본질적 요소"이기 때문에, 그에게도 "*심리학*은…높은 의미에서 해석된 모든 문화과학의 가장 중요한 토대"가 된다. 그가 정신과학이라는 표현을 피하는 것은 *오직* "역사적 발전의 영역에 발을 들여놓는 순간에…우리가 심리적인 힘 이외에 물리적인 힘도 다루어야만" 하기 때문이다. 그러므로 결론적으로 파울의 개념 규정은, 심리적인 것이 홀로 나타날 경우에는 순수 정신과학의 객체지만 물리적 존재와 심리적 존재에서 *함께 성립된* 모든 현실은 문화과학에 속한다는 결론에 이르게 된다.

이러한 생각에서 의심의 여지 없이 옳은 점은, 문화과학을 심리적 현상의 탐구에만 제한해서는 안 된다는 점과, 또한 만약 정신과학이 단순히 심리적 삶의 탐구로 이해된다면 바로 이 때문에라도 정신과학이라는 표현은 별 의미가 없다는 것이다. 그러나 경험적 문화과학이 이처럼 심리학과 동일한 방식에서 물리적 존재와 심리적 존재를 구분할 근거를 정말 갖고 있는지, 또한 *문화*과학이 사용하는 '정신적인 것'이라는 개념과 *심리학*이 구성하는 '심리적인 것'이라는 개념이 서로 일치하는지에 대해서도 의문을 가져야 한다.[29] 이 점을 배제하더라도 나는 파울이 자신의 방식에서 어떻게 자연과학과 문화과학을 '엄밀히' 구분하려 하는지 이해할 수가 없다. 그는 동물 *문화* 또한 인정해야 한다는 결론을 내놓는다. 그러나 동물의 정신적 현상을 고려하더라도 동물의 삶이 모든 경우에 문화과학에 속한다고 주장할 수 없을 것이다. 오히려 동물의 삶을 단지 인간의 정신적 삶 일반의 *전 단계가* 아니라 내가 말한 의미에서 인간의 *문화적* 삶의 *전 단계로* 고찰할 때만 동물의 삶이 문화과학에 속하게 될 것이다. 만약 문화 *가치*와의 이러한 연관을 고려하지 않는다면 우리는 오로지 '자연'만을 다루게 될 것이다. 따라서 이때 문화과학의 영역을 '엄밀하게 구분하는 유일한 가능성'은 완전히 *실패하게* 될 것이다.

파울은 동물의 삶에 관한 문화과학의 예로 예술 충동과 사회 조직의 발전 역사를 인용하면서 *암시적으로* 앞서 언급된 사실을 스스로 인정하고 있는 셈이다. 왜냐하면 *인간의 문화와의 유사성*에 의해 고찰될 수 있는 현상이 중시될 경우에만, 말하자면 내가 문화 현상이라고 말한 의미에서 현상이 중시될 경우에만, 동물의 예술 충동이나 사회 조직을 논하는 것이 의미를 갖기 때문이다. 그리고 이 고찰이 동물의 삶에 대한 *단 하나의* 정당한 고찰로 간주되어서는 안 된다. 오히려 인간의 문화 개념을 동물 사회에 전용하는 것이 대개 진지성이 결여되어 혼란을 야기하는 비유라는 점도 아마 드러날 것이다. 만약 '국가'라는 말이 독일 제국뿐만 아니라 꿀

벌의 벌통도 가리킨다면, 이 국가라는 말을 어떻게 이해해야 할 것인가? 만약 '예술품'이라는 말이 미켈란젤로Michelangelo di Lodovico Buonarroti Simoni의 〈메디치가의 무덤〉뿐만 아니라 새의 지저귐도 가리킨다면 이 말을 어떻게 이해해야 할 것인가? 어쨌든 파울의 개념은 *심리적인 것이 본질적인 징표여야 한다*는 바로 이 점 때문에 자연과 문화의 경계를 구분하는 데는 쓸모 없는 것이다. 그리고 그가 이 개념을 제대로 전개하지 못한다는 사실이 계속되는 그의 논술에서 드러난다.

그러나 나는 이 점에 대해서는 더 이상 논하지 않겠다. 다만 *가치와 무관한 현실에서 재화를 구별하는 가치*에 대한 관점 없이 의미 있는 문화와 의미와 무관한 자연을 확고히 구별할 수 없다는 점을 하나의 예를 들어 다시 한번 분명히 할 뿐이다. 이제 문화 개념을 규정할 경우 심리적인 것을 뜻하는 *정신적인 것*이라는 개념이 *왜* 그렇게 쉽게 *가치*를 대신하게 되는지를 좀 더 설명하고자 한다.

사실상 문화 현상은 가치뿐만 아니라 언제나 그 가치를 평가하는 어떤 *심리적 존재*와 관련해 고찰되지 않으면 안 된다. 왜냐하면 가치는 오직 심리적 존재에 의해서만 평가되기 때문이다. 이런 상황에서 필연적으로 뒤따르는 것은 일반적으로 심리적인 것이 물리적인 것에 비해 좀 더 가치 있고 의미 있는 것으로 간주된다는 사실이다. 문화 현상은 재화이기 때문에 문화 현상에는 항상 평가 행위가 *관여하고* 따라서 동시에 정신적 혹은 심리적 삶이 *관여하게* 마련이며, 이 경우 자연과 문화 간의 대립이 한쪽에 존재하고 자연과 정신 내지 심리 간의 대립이 다른 한쪽에 존재하며 이러한 양쪽의 대립 사이에는 사실상 *어떤 연관*이 존재하게 된다.

그러나 이 사실이 아무리 옳다고 하더라도 이 사실로 인해 자연과 정신 내지 심리의 대립을 통한 *과학*의 구분이 정당화 될 수는 없다. 왜냐하면 심리적 삶 그 자체는 자연으로서 고찰될 수도 있으므로 단순히 *심리적인 것*의 현존만으로는 아직 문화 객체가 *아니기* 때문이다. 따라서 심리적인 것의 현존은 문화 개념의 *정의*를 위해 사용될 수 없다. 심리적인 것의 현존이 문화 개념의 정의를 위해 사용될 수 있는 경우는, 평가 행위의 필연적 선행 조건인 심리적인 것에서 항상 *가치 그 자체*—— 더구나 보편타당한 가치로서—— 도 *함께 사유*될 때뿐이다. 실제로 이런 경우는 종종 생긴다. 특히 '정신'이라는 말이 사용될 때 이러한 경우가 생길 수 있다. 이렇게 보면 우리가 거부해야 하는 시도가 무엇인지 분명해진다. 사람들이 정신을 심리적인 것으로 이해하고 있는 경우라면, 정신과 보편타당한 가치의 평가 행위를 동일시할 *권리*는 없어지게 된다. 오히려 실재적 재화와 여기에 담겨 있는 가치를 구별하는 경우처럼 '정신적' 존재, 즉 심리적인 평가 행위와 가치 그 자체 및 가치의 타당성을 개념적으로 구별해야 할 것이다. 우리는 '정신적 가치'에서 중요한 것은 *정신적인 것*이 아니라

*가치*라는 점을 깨달아야 할 것이다. 이렇게 되면 자연과 문화의 경계를 구분하기 위해 더 이상 심리적인 것을 이용하려고 하지 않을 것이다. 심리적인 것은 오직 평가 행위로서 문화와 연결되어 있다. 그러나 평가 행위로서 심리적인 것은 현실을 문화 재화로 만드는 가치와 일치하지는 않는다.

끝으로 나는, 일반적으로 가치 있는 객체 중에서 너무나 *좁게* 제한된 범주에 문화의 개념을 한정시키는 견해를 아주 간단히 다루고자 한다.

이러한 견해를 언급하는 이유는, 주로 이런 견해 중 몇몇의 견해에 의해 '문화'라는 말이 많은 사람에게 아주 고약한 *부차적 의미*를 갖게 되었기 때문이다. 여기서 사람들이 문화과학이라는 명칭을 싫어하는 이유가 밝혀질 수 있을 것이다. *부차적 의미*라고 해서 과학과 아무 상관도 없는 '문화 투쟁'이나 '윤리의 문화'와 같은 복합어를 뜻하는 것은 아니다. 또한 '문화'를 단지 대중 운동의 의미로만 해석하려 한다든지, 과거의 전쟁을 '부도덕'하다 해서 문화로 생각하지 않는다든지 하는, 특정한 측면에서 나타나는 언어 남용 때문에 사람들이 문화과학이라는 말의 사용을 싫어한다고 생각하는 것도 아니다. 오히려 내가 염두에 두고 있는 것은 많은 대중에게 아주 인기가 좋은 '문화사'라는 개념과 특히 관련된 생각들이다. 우리의 문화 개념이 과학을 두 그룹으로 구분하는 데 유용하게 사용되기를 원한다면, 당연히 이 문화 개념은 예컨대 문화사와 *정치*사 간의 정립된 대립, 특히 디트리히 셰퍼Dietrich Schäfer[30]와 고타인Eberhard Gothein[31]의 저서에서 흥미로운 조명을 받은 바 있는 대립과는 완전히 *무관*해야만 한다. 우리의 규정에 따르면, 한편으로 국가는 국민 경제나 예술과 마찬가지로 문화 재화의 일종이다. 아무도 이를 자의적 명칭이라고 보지 않는다. 그러나 다른 한편으로 보면 역시 문화적 삶을 곧바로 국가적 삶과 동일시할 수는 없는 것이다. 특히 셰퍼가 제시한 바와 같이 비교적 고도로 발전한 모든 문화는 오직 국가 *안에서* 발전한다는 것, 따라서 역사 연구에서 국가적 삶을 *전면*에 내세우는 게 정당할 것이라는 견해가 비록 옳다 하더라도, 언어, 예술, 과학과 같이 많은 분야가 부분적으로는 국가에서 완전히 독립된 채 발전하기 때문이다. 단순히 종교만 생각해보아도 모든 문화 재화를 국가적 삶에 종속시키려 하고, 따라서 모든 문화 가치를 정치적 가치에 종속시키려 하는 것이 왜 불가능한지 이해할 수 있다.

그러므로 우리는 언어의 관용적 사용과 완전히 일치하는 문화의 개념을 견지한다. 말하자면 우리는 일반적으로 인정된 *가치*나, 이런 가치에 의해 확립된 의미 형상을 담고 있고 이런 가치와 관련되어 가꾸어진 실재적 객체의 총체를 문화로 해석한다. 좀 더 상세히 내용적 규정을 첨가하는 것은 그만두고, 이제 문화의 이러한 개념이 나아가 개별 과학의 두

그룹을 구분하는 데 어떤 도움을 줄 수 있는지를 살펴보기로
하자.

제5장

개념과 현실

한쪽에서는 자연 객체가, 다른 쪽에서는 문화 현상이 연구되면서 자연과학과 문화과학을 구분하는 일이 이미 충분히 이루어졌다면, 언제나 *방법*은 동일하다는 단언은 *논리적*으로 그다지 의미가 없을 것이다. 그래서 두 그룹의 개별 과학에서 그 밖의 어떤 다른 근본적인 구별이 있는지를 보여주기 위해, 이제 나는 논의의 방향을 내용적 구분 원리에서 *형식적* 구분 원리로 전환하려 한다. 그러나 이 형식적 구분 원리를 밝히기 위해서는, 불가피하게 전문 과학의 인식 *일반*에 관해 몇 가지 견해를 말해두어야 한다. 그래서 나는 인식을 *현실*의 *모사*라고 생각하는, 널리 퍼져 있는 인식 개념에서 시작하고자 한다. 적어도 *과학적* 인식이 고려되는 한, 이러한 인식 개념은 근거가 희박하다. 이런 사실이 인정되기 전에는 과학적 방법의 어떤 본질도 이해하길 기대해서는 안 된다. 더욱이 과학적 '형식'의 개념 일반은 그러한 이해 전에는 명확해질 수 없다.

인식될 현실이 직접적으로 알려진 경험 가능한 세계와는 다른 세계, 즉 지각된 세계의 '배후'에 있는 '초월적 세계'로 간주되는 한에서는, 모사설도 그럴듯한 의미를 갖고 있는 것처럼 보인다. 이때 인식의 과제는 초월적 세계와 일치하는 표상이나 개념을 직접적으로 주어진 대상에서 구성하는 일이다. 예컨대 플라톤의 인식론은—— 여기서는 아주 짧게 다음과 같이 말해도 좋을 것이다—— '이데아'를 참으로 실재하는 현실로 보고 있다. 이데아는 언제나 특수하고 개별적이고 본래 실재적이 아닌 감성계와 반대로 *보편적인 것*이기 때문에, 개별적인 표상이 아니라 오직 보편적인 표상만이, 즉 이데아를 모사하는 표상만이 참이다. 그러므로 개념의 본질은 그 *보편성*에 있다. 다른 예를 들어보자. 근대의 물리학자도 질적 성질을 지닌 세계는 단순히 '주관적'으로 간주하고 있는 반면에 양적으로 규정된 원자의 세계는 객관적으로 간주하고 있다. 이때 인식의 과제는 양적으로 규정된 표상 또는 개념을 구성하는 데 있고, 역시 이런 표상과 개념은 참으로서 실재하는 현실을 모사하기 때문에 참이라는 것이다.

그러나 이런 대담한 전제가 옳다 할지라도 우리는 어쨌든 주어진 현실의 '배후'의 세계에 대해 *직접적*으로는 아무것도 모른다. 표상이나 개념이 이러한 세계와 일치하는 것, 다시 말해 모상模像과 원상原象의 유사성은 결코 직접적으로 확인될 수 없다. 따라서 인식의 본질을 이해하기 위해, 우리는 초월적 세계와 일치하는 표상이나 개념이 생성되는 *변형*의 과정을 탐구하는 일에서 시작할 수밖에 없다. 어쨌든 초월적 진리 개념의 경우에도, 논리학은 인식을 *우선* 모사가 아니라 직접적으로 주어진 대상을 *개념*을 통해 변형하는 일Umbilden 로 간주해야 할 것이다. 왜냐하면 이것만이 우리가 찾고자 하는 초월적 현실에 대한 모상이 생성되는 과정이고 우리가 직접 실행할 수 있는 과정이기 때문이다.

그렇지만 초월적 진리 개념은 전혀 지탱될 수 없을 것이다. 다시 말해 우리의 개별 과학적 인식은 직접 주어진 내재적 *감성계*에 국한되어 있고, 또한 이 감성계를 모사하는 것만이 인식의 과제가 될 것이다. 아무튼 이 경우에는 모상과 원상 간의 일치가 직접 확인될 수 있기 때문에, 별다른 전제 조건이 필요치 않은 것처럼 보인다.

그러나 자세히 들여다보면 바로 이 점에서 모사설은 더욱 더 의심스러워진다. 이런 전제에서 인식의 진보란 다만 어느 정도까지 현실을 *복사*할 수 있는지에만 달려 있는 것이다. 그렇다면 거울이 가장 잘 '인식'한다고 말하거나 또는 가장 완전하게 채색된 모형이 적어도 사물의 가시성과 관련해서 볼 때 가장 '진리'에 가깝다고 말할 수 있을 것이다. 그러나 모상의 의미에서 현실을 가능한 한 엄밀히 복사 내지 *복제*하는 일이 인식하는 인간에게 과연 쓸모가 있는 것인가? 모사된 경험의 객체가 우리가 직접 접근할 수 없는 그런 객체일 경우에 한해서, 이때의 모상이 완전한 모상이라면 이 모상은 과학적 가치를 갖게 될 것이다. 그러나 인식은 아직까지 절대적이고 완전한 복제를 한 적이 없다. 그러므로 여기서도 과학적 인식이란 오히려 *변형*으로 나타나지 않는가? 이렇게 본다면 초월적 세계를 전제하지 않고는 모사설이 더욱더 지탱되기 어려운 것은 아닌가?

물론 누군가는 인식을 통해 사물의 모상 이외에 다른 어떤 것도 얻길 *바라지* 않는다고, 다시 말해 과학은 세계를 실제 있는 그대로 '기술記述'해야 하며, 현실과 정확히 일치하지 않는 기술은 전혀 과학적 가치가 없고 오직 '구성'의 결과에 불과하다고 말할지도 모른다. 이른바 현상학이 이렇게 철저히 '경험주의적'인 이러한 경향에 다시 생기를 불어넣어준 것처럼 보인다.

물론 이러한 의지의 표명에 대해서는 말을 많이 할 필요가 없다. 그러나 이런 의지의 수행이 과연 *가능*한지에 대한 물음은 어쨌든 제기해도 좋을 것이다. 현실을 *정확히* '기술'하려고 한번 시도해보라. 즉 세세한 모든 것에 이르기까지 현실을 '있는 그대로' 개념 속에 받아들이고 이를 통해 현실의 모상을 얻으려고 해보라. 그러면 아마도 이런 식의 시도가 무의미하다는 것을 곧 알게 될 것이다. 말하자면 경험적 현실은 우리로서는 *개관할 수 없는 다양성*, 즉 우리가 깊이 들어가 세밀히 분석하면 할수록 점점 더 크게 나타나는 다양성이라는 사실이 입증된다. 현실의 가장 작은 '단편'조차 유한한 어떤 인간이 기술할 수 있는 것보다 더 많은 것을 포함하고 있기 때문이다. 그리고 그가 그것에 관해 자신의 개념 속에 받아들이고, 그리하여 자신의 인식 속에 받아들일 수 있는 것은 *그가 간과해야만 하는 것*에 비하면 아주 보잘것없이 미미한 것이기 때문이다.[32]

그러므로 만약 우리가 현실을 개념을 통해 *모사*하지 않을 수 없다고 한다면, 우리는 인식하는 자로서 근본적으로 *해결할 수 없는* 과제 앞에 놓이게 될 것이다. 지금까지 논의된 것 중 어떤 것이든 대체로 인식에 관한 주장을 논한 것인데, 이 논의는 아마도 결국 내재적 진리 개념을 위해서는 인식이 '현상'의 기술을 통한 모사가 아니라 *변형*이라는 것, 더욱이 인식은 현실적인 것 그 자체와 비교하면 언제나 *단순화*된 것 Vereinfachen일 뿐이라는 데 머물러야 할 것이다.

우리의 맥락에서 보면, 과학이 현실 그 자체의 모상을 제공해야만 한다는 견해를, 앞서 언급한 것처럼 단적으로 반박할 여지 없이 거절해버리면 그만일지도 모른다. 그러나 현실을 '있는 그대로' 개념 속에 받아들이는 것이 불가능하다는 것은 결국 경험적 현실의 '비합리성'을 주장하는 결과가 되고 또한 이런 생각은 분명한 반대에 부딪치기 때문에, 나는 이 점에 관해 다시 몇 마디 부언하려고 한다. 특히, 어떤 의미에서 현실을 *비합리적인* 것으로, 즉 인식할 수 없는 것으로 부를 수 있는지, 그리고 어떤 의미에서 *합리적인* 것으로, 즉 인식할 수 있는 것으로 부를 수 있는지에 대해 말하고자 한다.

우리에게 직접 주어진 어떤 임의의 존재나 사건을 주의해서 보면, 우리는 어디서도 명확하고 절대적인 경계를 찾아볼 수 없고 오직 서서히 진행되는 *이행*만 발견된다는 것을 쉽게 알 수 있다. 이것은 모든 주어진 현실의 *직관성*과 관련된다. 자연은 비약하지 않는다. 만물은 흐른다. 이것은 오래된 명제다. 사실 이 명제들은 심리적 존재와 그 속성뿐만 아니라 물리적 존재와 그 속성에 대해서도, 즉 우리가 직접 아는 모든 실재적 존재에 대해서도 타당하다. 공간을 넓게 차지하고 있거나 일정한 길이의 시간을 채우는 모든 형상은 이런 연속성의 성격을 가지고 있다. 우리는 이것을 간단히 *모든 현실적인 것의 연속성의 원리*라고 부를 수 있을 것이다.

그 외에 또 다른 것이 있다. 세계 속의 어떤 사물과 어떤 현상도 다른 것과 완전히 동일하지 않다. 다만 다른 것과 어느 정도 유사할 뿐이다. 그리고 모든 사물과 모든 현상 안에서는 아주 작은 부분이라도 공간적·시간적으로 가깝거나 먼 어떤 부분과 다시 구별된다. 그러므로 사람들이 어떻게 말하든지 간에 모든 실재는 특이하고 독특하고 *개성적인* 특성을 보여준다. 어느 누구도 언젠가 *절대적*으로 동질적인 어떤 것을 현실에서 마주친 일이 있다고 주장하지 않을 것이다. 만물은 서로 다른 것이다. 우리는 이것을 *모든 현실적인 것의*

*이질성*의 원리로 정식화할 수 있다.

물론 이 원리는 모든 현실이 보여주는 점차적이고 연속적인 이행에 대해서도 타당하다. 바로 이것이 실재를 개념화하는 문제에서 중요한 점이다. 우리는 시선이 향하는 곳이면 어디서나 *연속적 이질성*을 발견한다. 이러한 이질성과 연속성의 결합이 바로 비합리성이라는 고유한 특색을 현실에 부여해주는 것이다. 다시 말해 현실은 그 어떤 부분에서도 *이질적 연속체*이므로, 현실을 '있는 그대로' 개념 안에 받아들일 수 없다. 따라서 만일 사람들이 현실적인 것의 정확한 재현이라는 과제를 과학에 부여한다면, 단지 *개념의 무력함*만 폭로될 것이다. 또한 모사설이나 순수 기술記述의 이상이 과학론을 지배할 때에는 절대적 회의론이 유일하게 필연적인 귀결이 될 것이다.[33]

그러므로 과학적 개념에 그런 과제를 부여해서는 안 된다. 대신 어떻게 과학적 개념이 *현실적인 것에 대한 지배의 힘을* 얻는지에 대해 물어야 한다. 그 대답은 명백하다. 단지 *이질성과 연속성을 개념에 따라 분리함*으로써만 현실은 '합리적'인 것이 될 수 있다. 연속체는 *동질적인* 것이 될 경우에야 비로소 개념에 의해 지배될 수 있을 것이다. 그리고 우리가 그 안에 경계선을 그을 수 있을 때, 말하자면 그 연속을 불연속으로 바꿔놓을 때 이질적인 것은 개념화될 것이다. 이와 같이 과학에서는 서로 정반대인 두 *가지* 개념 구성의 길이 열리게 된다. 우리는 모든 현실 안에 있는 이질적 연속을 *동질적 연속*이나 *이질적 불연속*으로 변형시킨다. 이것이 *가능한*한에서 현실은 비로소 *합리적*이라 불릴 수 있을 것이다. 현실을 변형시키지 *않고* 모사하려는 *그런* 인식의 경우 현실은 비합리적으로 남아 있게 된다.

수학이 이질성을 제거하기 시작하는 첫 번째의 길을 가고 있다. 부분적으로 수학은 예컨대 소수의 계열에서처럼 동질적 불연속에까지 이른다. 그러나 수학이 연속체를 동질로 생각하기만 하면 곧 이 연속체까지도 개념적으로 지배할 수 있다. 이를 통해 수학은 최고의 승리를 구가하고 있는 것이다. 수학의 '선천성'은 그 형상의 동질성과 결부되어 있다고 말할 수 있다. 원리상 *새로운 어떤 것*에 부딪치는 일은 결코 없으리라는 것을 확신하고 있을 때 아직 관찰되거나 경험되지 않은 것에 대한 '선입견'이 나타날 수 있다.[34] 그러나 *현실*을 인식하려는 과학의 입장에서 볼 때 이 승리는 비싼 대가를 치른 것이다. 수학에서 언급되는 동질적 형상은 '실재적' 존재를 전혀 갖지 못한다. 그렇지 않고 만약 사람들이 그러한 동질적 형상이 존재한다고 말하기를 원한다면 이는 단지 '이념적' 존재의 영역이라고 부를 수밖에 없는 영역에 속하는 것이다. 수학의 경우 동질적 연속의 세계는 *순수한 양의 세계*다. 이러한 이유 때문에 동질적 연속의 세계는 절대적으로 '비현실적인' 것이다. 왜냐하면 우리는 감성계에서 오직 질

*적*으로 규정된 현실만 알기 때문이다.

따라서 질과 더불어 *현실*을 놓치지 않으려면 현실의 이질성을 고수해야만 하고 그런 방식으로 현실의 연속에 경계선을 그어야만 한다. 이 경우에도 역시 개념에 의해 그어진 경계선 사이의 모든 것은 현실의 내용에서 상실되고 마는데, 그러한 경우가 적지 않다. 비록 우리가 그 경계선을 서로 가깝게 설정한다 하더라도, 연속적이며 남김없이 논구될 수 없는 이질성을 지니고 있는 현실 그 자체는 개념화되지 못하고 경계선 사이를 통과해버리기 때문이다. 그러므로 우리는 개념을 통해 단지 실재의 흐름 위에 다리를 놓을 수 있을 뿐이다. 또한 각각의 다리에 있는 아치는 매우 작을 것이다. 실재적 존재에 관한 어떠한 과학도 이와 다를 바 *없을* 것이다.

그럼에도 이렇게 생성된 개념의 내용은 동질적인 것과 순수하게 양적인 것보다 현실 그 자체에 원리적으로 더 *가까이* 있다. 여기서는 동질적인 것과 순수하게 양적인 것에 대해서는 더 이상 다룰 필요가 없다. 우리는 우리의 탐구를 *실재적 객체*에 관한 개념을 구성하려는 과학에만 한정시키기 때문이다. 오직 이런 과학에만 자연과학과 문화과학의 구별이 적용될 수 있다. 수학과 같은 이념적 존재에 관한 과학은 자연과학에도 문화과학에도 속하지 않는데, 이런 맥락에서 그런 과학은 더 이상 고려되지 않을 것이다.

객체의 실재적 존재에 관한 경험적 과학을 분류하려는 우리의 목표에 비추어 볼 때, '있는 그대로'의 현실이 현실의 내용을 파악하려는 개념 속에 들어오지 *않는다*는 점을 제시하는 것으로 논의는 충분할 것이다. 그러나 오직 하나의 과학만이 현실을 남김없이 개념화하고 있다는 허상이 생길 수 있다. 이 과학이 바로 *수학적 물리학*인 데는 그럴 만한 이유가 있다. 따라서 현실적인 것을 완전히 개념화할 수 있는 것으로 생각하는 현대의 *합리주의*는 주로 수학적 물리학과 연관되었던 것이다. 요컨대 물리학은 의심의 여지 없이 *실재적* 존재를 취급하고 있지만, 그럼에도 수학을 응용함으로써 물리학에서는 이질적 현실의 분해에 의해 만들어진 불연속이 *연속적 형상으로 다시 변형되*는 것처럼 보이며, 따라서 현실의 이질적 연속체 자체가 개념 속에서 파악된 것처럼 보인다.[35] 그러나 이 유일한 경우는 나중에 논하기 위해 우선 보류하고 현실에 관한 다른 과학들만 관찰하기로 하자. 이 과학들은 언제나 현실의 비교적 작은 *부분*에 만족할 수밖에 없고, 따라서 과학의 인식은 실재적 내용의 단순화일 뿐이지 결코 모상이 아니다.

여기서 방법론에 대한 결정적인 통찰이 생긴다. 만약 과학에서 나타나는 변형의 방식이 *자의적*이어서는 안 된다면, 과학은 현실에 한계를 설정하고 이질적 연속을 불연속으로 바꿀 때 사용할 수 있는 어떤 '아 프리오리a priori'나 선先판단을 필요로 한다. 즉 과학은 주어진 소재를 이른바 *본질적인*

것과 *비본질적인 것*으로 나눌 때 고려할 *선택의 원리*를 필요로 한다. 물론 이 원리는 현실의 내용과는 반대로 *형식적* 성격을 띠고 있다. 이렇게 해서 과학적 '형식'의 개념은 명백해질 것이다. 우리는 현실 내용의 모상이 아니라 오직 *본질적인 것의 총체*를 형식적 측면에 따라 인식한다. 우리는 형식적 원리의 도움을 받아 현실에서 *분리되는* 이 총체를 사물의 '본질'이라고 불러도 좋을 것이다. 물론 이 말이 경험적 과학에 대해 어떤 중요한 의미를 지니고 있을 경우에 한해서다. 본질은 결코 *과학적*으로 '직관'되거나 '직접적으로' 파악될 수 없고, 오직 '논증적' 사유나 개념적 '구성'에 의해서만 얻어질 뿐이다.[36]

이러한 맥락에서, 방법론의 과제는 개념적 본질 구성에서 표준이 되는 *관점*을 —— 개별 과학에 종사하는 사람들이 서술할 때 종종 무의식적으로 의거하고 있는 관점 —— *그 형식적* 성격의 측면에서 분명히 알도록 하는 데 있을 것이다. 이제 우리의 경우 모든 것이 이 연구 결과의 여하에 달려 있다고 할 수 있다. 왜냐하면 과학적 방법의 성격은 현실의 흐름에 어떻게 경계를 정하며 *본질적* 구성 요소를 어떻게 *선택*하는지에 전적으로 의존하고 있기 때문이다. 즉 방법을 고려할 때 현실을 서술하는 개별 과학의 두 그룹 사이에 원리적인 차이가 있는지를 해결하는 문제는 개별 과학의 가장 보편적인 형식적 성격에 서로 원리적으로 상이한 두 개의 *관점*이 있는지를 해결하는 문제와도 일치하기 때문이다. 이때 개별 과학은 관점에 따라 현실 속에서 본질적인 것과 비본질적인 것을 구분하고 현실의 직관적 내용을 *개념*의 형식 속에 집어넣는다.

이 물음에 답하기 전에 '개념'이라는 표현의 용법에 대해 한마디만 더 하자. 여기서 우리는 문제 제기의 성격에 맞게 개념이라는 말을 과학의 산물로 해석하고 있는데, 이 점에 대해서는 이의가 없을 것이다. 하지만 우리가 과학이 현실을 개념화하면서 받아들인 *총체적인* 현실을 현실의 '개념'이라고 부르면서 과학적 *서술* 일반의 내용과 *개념*의 내용 사이에 아무런 차이를 두지 않는다면, 이것은 자의적이라고 간주될 수밖에 없다.

이 개념이라는 용어가 *확고한 전통*을 갖고 있는 경우에는 자의적이라는 지칭은 부당한 것이 될 것이다. 그러나 주지하는 바처럼 개념이라는 말에는 확고한 전통 같은 것이 전혀 없다. 이 개념이라는 표현은 과학적 판단의 '최종적', 즉 더 이상 분해될 수 없는 '요소'뿐만 아니라 이러한 다수의 요소로 구성된, 고도로 복잡한 형성물에도 사용된다. 우리는 직접 지각된 내용을 의미하는, 정의할 수 없는 '청색'이라든지 '단맛'과 같은 것을 개념으로 부르는가 하면, 만유인력의 개념에 대해서 말하기도 한다. 이때 만유인력의 개념은 만유인력의 *법칙*과 동일한 것이다. 이와 같은 구별은 방법론의 경우에 중요하다. 그렇기 때문에 여기서 우리는 정의할 수 없는 '단순한' 개념을 *개념 요소*로 간주함으로써, 그런 요소의 *복합체*로서 비로소 과학적 연구 활동에 의해 생기는 본래의 과학적 개념과 구별하려고 한다. 이럴 경우에 '개념'과 '개념*에 의한 서술*' 사이에 원리적인 경계선을 이제 더 이상 명확히 그을 수는 없다. 하지만 이럴 경우 우리가 현실에 대한 과학적 인식을 포함하고 있는 *복합 개념*을 이러한 현실의 '개념'이라고 부르는 것은 일관된 귀결이지 결코 자의가 아니다. 직접 경험되는 현실에서 *과학이* 자신의 사유 안에 받아들인 것을 포함하고 있는 *모든 형성물*에 대한 *공통적인* 용어가 우리에게는 꼭 필요하다. 그리고 모든 과학적 인식의 내용과 직접적 직관의 내용 사이의 대립을 표시하는 데에는 바로 개념이라는 말이 매우 적절하다.

과학적 개념은 정의할 수 없는 개념 요소의 복합일 수도 있고 정의된 과학적 개념의 복합일 수도 있다. 그리고 이 과학적 복합 개념은 과학이 구성하는 한층 더 복잡한 개념과 비교될 때는 이와 같은 복잡한 개념의 요소로 간주되어야 한다. 이러한 전제에서 볼 때 인식되는 객체에 대한 개념 구성의 형식적 원리는 개념 요소 그 자체에 미리 나타나는 것이 아니라 개념 요소들을 그 객체의 개념이 되도록 *조합하는 방식*에서만 나타나는 것이다. 그리고 이 원리는 이 객체의 과학적 *서술*의 원리와 일치해야만 한다. 그렇게 되어야만 우리는 서로 다른 방법을 그 형식적 구조의 관점에서 *비교* 가능하게 하는 문제를 제기할 수 있는 것이다. 현실을 과학 안에 끌어들이는 *개념 구성* 안에 과학 방법의 중요한 형식적 성격이 들어 있음에 틀림없다. 따라서 우리가 어떤 과학의 방법을 이해하기 위해서는 그 과학의 개념 구성의 원리를 알아야만 한다. 그리하여 우리의 용어는 이해될 수 있게 되고 또한 동시에 정당화된다. 만약 인식한다는 것이 개념화하는 것과 같은 것이라면 인식의 결과는 개념 속에 있는 것이 된다.

이상으로써 내가 사용한 개념이라는 말의 용법에 제기된 이의에 대해 해명이 되었을 것이다.[37] 그런데 여기서 용어상의 문제를 넘어서는 무언가가 중요하다는 논지는 문제를 정확히 파악하지 못한 것이다. 개념 *구성*은 언제나 요소들의 조립으로 해석되어야 하는데, 이때 이 요소들 자체가 이미 개념이든 아니든 마찬가지다. 무엇보다 중요한 것은 *이러한* 개념 구성의 원리를 제시하는 것이다. 실재적 세계를 다루는 경험과학의 본질적인 논리적 차이는 요소로 사용된 개념이 아니라 오직 이러한 개념 구성의 원리에서만 나타날 수 *있기* 때문이다. 만약 새로운 개념들의 구성을 위해 개념들을 사용하는 것을 '서술'이라고 부르려 한다면, 따라서 '개념 구성'에 따른 차이는 인정하지 않고 오직 '방법'에 따른 차이만을 인정하려 한다면, 이탈리아 르네상스의 '개념'에 대해 말해서는 안 되는 것처럼 만유인력의 '개념'에 대해서도 말해서는

안 된다. 어쨌든 여기서는 어떤 원리가 과학적 개념의 구성
성분이나 요소를 결합시키는지만이 중요한 것이다.

제6장

자연과학의 방법

기존의 관점에서 볼 때, 모든 과학적 개념 구성이나 서술의 본질은 우선 각각의 개별적 형상이 '사례'로 종속되는 *보편적* 개념을 구성하려는 데 있다. 이 경우, 사물이나 현상에서 본질적인 것은 사물과 현상이 동일한 개념에 속하는 객체와 공통적으로 갖는 어떤 것이고, 순수하게 *개성적인* 모든 것은 '비본질적인 것'으로서 과학에 포함되지 않는다. 우리가 쓰고 있는 전前과학적인 언어의 의미는 고유명사를 제외하고는 대체로 모두 보편적이다. 말하자면 과학이란 우리의 관여 없이 시작된 이른바 현실에 대해 개념화를 계속 수행하는 것이며 의식적으로 완성하는 것으로 간주될 수 있다.

　　이때 개념은 *경험적으로 주어진* 객체들을 비교함으로써 얻어지는 것이거나, 아니면 직접 경험이 가능한 것을 *훨씬 넘어서는* 포괄적인 보편성에까지 이를 수 있는 것이다. 여기서 그런 일이 어떻게 가능한지의 문제는 우리의 관심사가 아니다. 이 경우 개념의 내용은 이른바 *법칙*으로 이루어져 있다는 점, 다시 말해 개념의 내용은 아무도 총체적으로 관찰한 적이 없는 현실의 포괄적 영역에 관한 *절대적인 보편적 판단*이라는 점을 말하는 것만으로 충분하다. 물론 개념은 때로는 더 보편적이고 때로는 덜 보편적이다. 하지만 개념은 특수한 것과 개성적인 것에서 *대체*로 멀리 떨어져 있다. 물론 개념은 경우에 따라 좁은 범위의 객체만 포함할 수 있을 만큼 개성적일 수도 있다. 그러나 개념은 언제나 어떤 현실을 바로 *이러한* 일회적이고 특수한 현실로 만든 것 모두를 망각한다는 의미에서 *보편적*이다. 이 경우에 과학은 자신의 개념성에 의해 현실의 *직접성*과 *대조*를 이룰 뿐만 아니라 보편성에 의해 현실의 *개성*과도 *대조*를 이룬다.

이 점에서 볼 때, 오늘날까지 거의 모든 연구가 의존하고 있는 아리스토텔레스 논리학에서 이미 과학적 개념 구성은 앞서 서술한 바와 같은 방식으로, 다시 말해 그런 방식으로만 해석되었다. 비록 현대의 *법칙 개념*이 고대의 *유類개념*과 차이가 있다 하더라도, 다음과 같은 것은 예전과 마찬가지로 오늘날에도 통용되고 있는 것처럼 보인다. 즉 *일회적인 것과 특수한 것*을 이것들이 지닌 일회성이나 특수성과 관련하여 서술하는 과학은 존재하지 않는다는 것이다. 또한 오히려 모든 객체를 *보편적* 개념에, 가능하면 법칙 개념에 종속시키는 것이 타당하다는 것이다.

과연 *모든* 과학의 형식적 성격이 이런 방식의 개념 구성에 의해 규정되는가?

만약 개념을 단지 과학이 개념을 형성할 때 사용하는 '요소'에 불과한 것으로 이해하길 원한다면, 나아가 보편적 요소에서는 오직 보편적 개념만이 구성될 수 있을 뿐이라고 가정한다면 위의 물음은 긍정될 수도 있을 것이다. 말하자면 과학적 개념의 *최종적* 요소는 어떤 경우에도 보편적이다. 그리고 과학이 사용하는 말을 모든 사람이 이해하기 위해서는 과학이 사용하는 말에 보편적 의미가 있어야 하기 때문에 개념은 보편적 요소에서만 구성될 수 있다. 그러므로 *개념 요소*와 관련해서 보자면 과학의 방법에는 아무런 형식적 차이가 없는 것이다.

오히려 이런 보편적 요소에서 *구성되*는 과학적 개념이 과연 언제나 보편적인가라는 질문이 필요하다. 우리가 단지 *자연과학의* 방법만을 고찰한다면 이 물음도 긍정되어야만 할 것이다. 그러나 이때 우리는 '자연'이라는 말을 칸트가 해석한 의미, 즉 *형식적* 또는 논리적 의미로 받아들여야만 하고 그 의미를 물체계에 한정해서는 안 된다. 이런 전제에서 볼 때 사실상 자연을 인식하는 것은 보편적 요소에서 *보편적* 개념을 구성하는 것을 의미하고, 또한 가능하다면 현실에 대해 절대적인 보편적 판단을 내리는 것을 의미한다. 다시 말해 자연을 인식하는 것은 *자연 법칙의* 개념을 발견하는 것을 의미하는데, 자연 법칙은 *단지* 다양한 일회적이고 개성적인 현상에서만 발견되는 것에는 아무것도 포함되지 않는 것을 논리적 본질로 삼는다.

자연과학이 이런 방식을 취하는 데 대해 반대 의견을 제기할 사람이 있을지도 모른다. 그러나 그런 경우는 기껏해야 보편적인 것이 뜻하는 개념을 *너무 좁게* 파악하거나, 또는 어떤 특수한 *종류의* 보편화만 생각할 때 생긴다. 그런데 이런 일이 실제로 일어나고 있고, 또한 이 때문에 이 책에 개진된 사상에 대해 아주 이상한 오해가 생겨났기 때문에, 나는 자연과학적 개념의 '보편성'에 관해 몇 마디 더 언급하려고 한다.

우리는 여러 가지 특정한 *일회적* 현실의 특수성과 개성을 전혀 포함하고 있지 않은 *모든* 개념을 보편적이라고 부른다. 그런데 이때 우리는 보편적 개념이 *성립되*는 과정에서 나타나는 구별은 고려하지 않는다. 마찬가지로 우리는 우리가 관계하고 있는 개념이 관계의 개념인지 아니면 사물의 개념인지에 대해서도 묻지 않는다. 이 구별은 논리학의 경우 아주 중요하다고 말할 수 있다. 여기서 우리는 보편적 개념 중에 완전히 *보편적인* 개념을 기초에 두어야 한다. 왜냐하면 가장 중요한 것은 *모든* 자연과학에 *공통적인 것*을 알려주는 문제이기 때문이다.

그러므로 우리는 결코 주어진 다수의 사례에서 공통적인 것을 개괄하는 '비교 추상'으로서의 개념 구성만 생각해서는 안 된다. 이러한 분류 형식은 사실상 자연과학의 *일부*에 국한된 것인데, 아무도 이 점에 이의를 제기할 생각을 하지 않을 것이다. 여전히 보편적 개념을 얻는 또 다른 방식이 존재한다. 예컨대 자연과학은 실험을 통해 어떤 하나의 *유일한* 객체*에서* 개념을 *찾아낼* 수 있고, 더욱이 경우에 따라서는 자신이 탐구하는 법칙을 *찾아낼* 수도 있다. 우리는 이 추상을 '분리 추상'이라 말하고 비교 추상과 구별할 수 있다. 그러나 만약 그 하나의 객체*에서* 구성된 개념이 단지 이 한 개의 객체에 *대해서만 타당*하다면 자연과학이 목표 달성에 완전히 실패했다고 생각해야 한다. 그렇기 때문에 여기서는 이런 구별이 중요한 문제가 되지 못한다. 개념이나 법칙은 언제나 임의의 많은 대상에 타당해야 하고, 따라서 철저히 보편적이어야 할 것이다.

나아가 객체를 일반화하는 자연과학적 인식이라고 해서 객체의 *개별적인* 부분이나 세부적인 부분에 아주 깊이 들어가는 것을 배제하는 것은 물론 아니다. 단지 주어진 다수의 현실에서 공통적인 것을 개괄한다는 점만을 생각한다면, 자연과학은 개성을 버리면서 우리가 사물에 대해 이미 알고 있는 것보다 *적은* 것을 개념 안으로 끌어들이는 것처럼 보일지도 모른다. 혹은 일반화란 바로 '현실에서 도피하는 것'을 의미하는 것처럼 보일지도 모른다. 그러나 과학이 현실을 *단순화*해야 한다는 명제가 현실에서 도피하는 것으로 해석되어서는 안 된다. 오히려 *모든* 과학은 현실 속으로 *더욱더 깊이* 파고 들어가서 이미 알려진 것보다 더 *많은* 것을 명확히 알려고 노력한다. 이것은 일부러 강조해 말할 필요도 없을 것이다. 그러므로 일반화는 '분석'과 대립적으로 이해되어서도 안 된다. 단지 여기서 말하려는 것은 다음과 같다. 즉 아무리 깊이 들어간 분석이라도 현실의 다양한 내용을 *남김없이* 논구할 수 없다는 것, 그 밖에 자연과학은 분석의 결과를 확정적으로 서술할 때 단지 여러 가지 특수한 객체에서만 발견되는 것을 모두 무시해버린다는 것, 따라서 자연과학은 개개의 사례를 분석하는 중에도 항상 보편적 개념에 도달한다는 것이다.[38]

나아가 자연과학은 객체를 인식할 때 결코 *하나의* 보편적 개념에 만족할 필요는 없다. 자연과학은 종종 어떤 하나의 개념에서 볼 때 비본질적인 '찌꺼기'로 간주된 것에 눈을 돌려 이것을 새로운 개념 안에 담는다. 그리고 이것이 이루어지면, 자연과학은 두 번째 분석에서 남은 찌꺼기를 또다시 세 번째 연구에 맡기려는 욕구를 가질 수도 있다. 형식적 관점에서 보면, 자연과학이 개념 구성을 *완성하기* 위해 어느 정도까지 현실의 다양한 내용 속으로 파고들어가야 하는지는 제시될 수 없다. 왜냐하면 그것은 여러 학문 분과가 설정하는 다양한 목표나 목적에 달려 있기 때문이다. 첫째, 자연과학은 아무리 많은 개념의 도움을 받아 아무리 깊이 분석한다 하더라도, 또한 아직까지 알려지지 않은 아무리 많은 현실의 *개별적인 부분*을 밝혀낸다 하더라도, 결코 탐구되는 객체의 *모든* 특질을 개념적으로 서술할 수는 없다. 이질적 연속체의 수많은 특질이 남김없이 논구될 수는 없기 때문이다. 둘째, 자연과학은 수많은 개념 구성에 의해 인식된 *아주 자세한* 지식의 경우일지라도 *오직* 하나의 *유일한* 객체에만 나타나는 것은 언제나 *비본질적인 것*으로 간주하기 때문에, 개성적인 현실 속에서 구성된 자연과학적 개념을 전부 조합해도 결코 유일한 실재적 대상의 *특수성*과 *개성*을 재현할 수 없다. 그 반대를 믿는 사람은 플라톤과 마찬가지로 보편적인 것을 현실적인 것으로 간주하고, 특수한 것과 개성적인 것 속에서는 단지 *보편의 복합*만을 볼 수밖에 없다. 그러나 오늘날 이 '개념 실재론'은 극복된 것으로 간주된다. *현실적인 것은 특수한 것과 개성적인 것*이다. 그리고 현실적인 것은 결코 보편적 요소에서 합성될 수 없다.

이렇게 해서 개념의 내용과 현실의 내용 사이에는 틈이 생기게 된다. 그런데 이 틈은 보편적인 것과 특수한 것 사이에 생긴 틈만큼 넓어서 그 사이에 다리를 놓을 수가 없다.

그럼에도 불구하고 우리가 자연과학의 성과를 현실에 *적용*한다는 것, 다시 말해 그 성과의 도움을 빌려 우리의 환경을 알 수 있고 계산할 수 있으며 실로 기술을 통해 그것을 지배할 수 있다는 것이 이상하게 여겨지거나 심지어 우리의 견해에 대한 반증으로 간주되어서는 안 된다.[39] 자연과학에서 나타난 성과의 이러한 적용은 결코 개성적인 것과 특수한 것 자체에까지 미치지 못한다. 우리는 오직 현실에서 *보편적인 것*만 *미리* 말할 수 있으며, 바로 그렇게 함으로써 현실에 올바르게 대처할 수 있다. 만약 세계가 일반화되고 *단순화되어* 있지 않다면, 세계를 계산하고 지배하는 일은 결코 이루어지지 못했을 것이다. 일반화하는 개념 구성에 의해 극복되지 않는 한, 개성적이고 특수한 것의 끝없는 다양성은 우리를 *당혹케* 할 것이다. *개성적* 내용에 대한 개념으로는 이런 *하나의* 경우를 넘어서 결코 다른 장소와 시간에 이를 수 없을 것이다.

　그러므로 자연과학적 개념의 보편성 및 이런 자연과학적 개념과 일회적 현실 사이의 틈――이 두 가지에서 우리는 자연과학적 개념의 *이론적* 본질을 발견했다―― 이야말로 자연과학적 개념을 *실천적*으로 사용하는 경우에 필수적인 *선행 조건*이다. 마찬가지로 '실용주의'도 개념적 단순화를 증거로 제시하면서 과학적 사유란 *오직* 실천적 관심에 봉사하고 있다는 것을 보여준다. 여기에 숨어 있는 공리주의가 잘못되었다 할지라도, 또한 현실을 지배하는 개념의 이론적 '힘'이 실용주의적으로 해석되어서는 안 된다 할지라도, 어쨌든 옳은 것은, 개념의 내용이 개성적일 경우에는 우리는 이 개념을 자연과학의 이론을 세우는 데도 사용할 수 없고,

또한 실제 생활에도 사용할 수 없을 것이라는 사실이다.

우리는 현실의 개성을 *고려하지* 않을 경우에만 자연과학과 현실 사이의 틈을 무시할 수 있다. 자연과학적 개념을 개성적인 것 자체에 적용하려는 사람은 곧바로 극복할 수 없는 *한계*에 부딪치게 될 것이다. 물론 의사는 자연과학적 지식을 근거로 진단하고 환자 각각의 상태에 따라 환자를 돌본다. 그는 특수한 증세를 보편적인 질병 개념에 *종속시킨* 뒤 *일반적으로* 효과가 있다고 생각하는 처방을 내릴 수 있다. 말하자면 그는 반드시 *일반화할* 필요가 있는 것이다. 그러나 한편으로 그가 현명한 의사라면 실제로 존재하는 것이 '질병'이 아니라 다만 *앓고 있는 개인*들이라는 것, 따라서 치료할 때 때로는 자연과학 책 속에 적혀 있는 것*만*으로 다 해결할 수 없다는 것을 잘 알고 있다. 그래서 그는 *개성화할* 줄도 알아야 하는데 자연과학은 결코 이것을 가르쳐줄 수 없다.

간단히 말해, 자연과학적 개념을 현실 생활에 적용할 수 있는 가능성과 이 개념을 적용할 때 부딪치는 한계는 *일반화*의 방법으로서 자연과학적 개념 구성이 어떤 특성을 갖는지를 새롭게 보여준다. 베르그송Henri Bergson의 적절한 비유를 인용하면, 자연과학은 파울뿐만 아니라 페터에게도 *똑같이 맞는*[40] *기성복*을 만들어내는 것에 불과하다. 왜냐하면 그것은 두 사람 중 어느 쪽의 체격도 본뜬 것이 *아니기* 때문이다. 만약 자연과학이 각각의 '치수에 따라' 작업하려 한다면, 자신이 연구하는 각각의 대상에 대해 일일이 *새로운* 작업을 해야만 할 것이다. 그러나 그런 것은 자연과학의 본질에 어긋나는 일이다. 자연과학이 개성적인 것에 머무르는 경우는 오직 개성적인 것을 종속시키고 있는 보편적인 것을 그 개성적인 것에서 발견해냈을 때에 한해서다. 이로써 우리는, 현실의 특수성과 개성은 모든 *자연과학적 개념 구성에서의 한계*라고 말해야 할 것이다.

자연과학이 개념을 구성할 때 *의지할 수 있는* 사례가 실제로 단 하나밖에 없는 경우가 때때로 있지만, 그렇다고 이 개념이 —— 곧 언급하게 될 유일한 예외도 마찬가지인데 —— 오직 이 하나의 사례에 *대해서*만 타당한 의미를 지니고 있는 것은 아니라는 점을 잘 알고 있어야 한다. 요컨대 이런 경우에, 자연과학적 개념의 그러한 경험적 외연이 오직 *한 가지* 사례뿐이라는 것은 자연과학적 개념의 논리적 구조로 볼 때, 말하자면 '우연적인' 일이다. 왜냐하면 그 개념의 내포는 그럼에도 불구하고 *임의의 많은* 사례에 *적용될 수 있는* 보편적 유개념이기 때문이다. 예컨대 단지 깃털 하나만으로 '시조새'를 알고 있던 시대에도 이 깃털은 *유類*를 설정하는 데 무엇보다 중요했던 것이고 이 유의 두 가지 사례가 발견된 오늘날에도 마찬가지로 중요하다. 그래서 '시조새'라는 개념은 그 *경험적* 외연이 아직 하나의 완전한 실례가 못 되던 때에도 이미 논리적으로는 보편적이었던 것이다.

우리는 이런 모든 이유 때문에 *자연과학의 방법*을 일반화의 방법이라고 부를 수 있고 이를 통해 자연의 *형식적* 개념을 부각시킬 수 있다. *자연 인식은 일반화한다.* 여기에 자연 인식의 논리적 본질이 있다.

물론 몇몇 *천문학* 분야에서 발견되는 천체는 예외의 경우로 나타난다. 그러나 정확히 살펴보면 이런 예외 때문에 보편적 규칙을 폐기할 수 없다는 것이 드러날 것이다. 왜냐하면 여기서 일회적인 것 자체가 법칙과학에서 맡고 있는 역할은 아주 특수한 사정에 의해 제약받고 있으며, 또한 경계가 분명하게 그어져야 할 영역에 한정되어 있기 때문이다. 물리학과 마찬가지로 여기서도 수학이 다시 본질적인 것이 되는데 이 점에 대해서는 나중에 말하기로 하자.

우선 이런 경우를 제외한다면, 앞서 언급된 유형에 속하는 개념 구성의 결과에서 논리적 의미를 지니는 자연과학적 혹은 일반화하는 학문 분과의 총체가 어떤 식으로 분류되고, 또 그것이 어떻게 *공통의 목표를 가진 통일적 전체*로 총괄되며, 각각의 전문 과학이 어떻게 자기 영역에서 *그 통일된 전체*를 실현하는 데 기여하는지도 밝혀지게 된다.

일반화하는 과학에서 현실은 우선 두 *종류의 실재*로 나누어지는데, 즉 공간을 채우는 실재[이 경우 '채우다'라는 말이 강조되어야 한다. 왜냐하면 순수하게 연장적延長인 물체는 현실적이지 않기 때문이다]와 그렇지 않은 실재(그렇다고 해서 보통

'비공간적'이라고 생각해서는 결코 안 된다)가 그것이다. 그리고 우리가 유물론의 기이한 행동을 접어둔다면, 일반화하는 전문 연구는 *물리적 존재*와 *심리적 존재*를 분리할 것을 단호히 고집한다. 이렇게 연장적인 것과 연장적이지 않은 것을 갈라 놓는 것 자체가 어떤 면에서는 사실 개념적이고 더 나아가 일반화하는 추상의 산물이긴 하지만, 일반화하는 전문 연구는 개념 구성을 위해 그렇게 해야만 한다.[41] 일반화하는 전문 연구는 서로 배타적인 개념을 가진 두 종류의 객체를 하나의 통일적 개념 체계 속에 집어넣을 수 없고, 단지 각각의 계열 이 일반화되어 개념화된 이후에 한쪽 계열을 다른 계열에 한 가지 의미를 갖도록 종속시키는 시도를 할 수 있을 뿐이다.

따라서 일반화하는 과학에는 분리된 두 가지 연구 영역이 존재한다. 이에 따라 *일반화하는 개별 과학의 두 가지 체계 가* 세워져야 하는데, 이 중 하나는 물리적 현실을 다루고 다 른 하나는 심리적 현실을 다룬다. 그러나 두 체계는 논리적 구조, 즉 형식적 구조에서 볼 때 완전히 똑같으며 물리적 현 상이나 심리적 현상에 관한 모든 전문 연구는 이런 두 체계 안에 자리 잡고 있다.

다시 말해 우리가 그 체계를 *완성된 것*으로 생각한다면, 심리학에도 물체과학에도 각각 어떤 이론이 존재할 것인데, 이 이론은 *모든 물체나 모든 심리*에 공통되는 것을 포함하는 이론, 즉 생각 가능한 *가장 보편적인* 개념을 사용하는 이론을 말한다. 이렇게 되면 과학은 그 궁극적 개념의 포괄성과 보편성의 *크고 작음에* 따라 분류된다. 이 영역들 안에서는 각각의 개념 체계 또는 법칙 체계를 얻을 수 있는데, 이 체계는 *상대적으로 특수한 것*에 대해서만 타당하고 그것을 구성하려면 극히 미세한 세부까지 뚫고 들어가는 관찰이 필요하다. 그러나 여기서도 언제나 본질적인 것의 선택은 순수하게 개성적인 것에 비해 여전히 *보편적인* 개념을 고려해 이루어진다. 이러한 모든 상대적으로 특수한 개념 구성은 이미 잘 알려진 피라미드 개념과 비슷하게 어떤 통일적인 전체로 종합된다. 왜냐하면 피라미드식 논리적 구조는 유개념이든 법칙 개념이든 사물 개념이든 관계 개념이든 상관없기 때문이고, 덜 보편적인 것을 가장 보편적인 것으로 편입시키는 것이 원칙적으로 *배제*되지 않는 한, 어느 체계에서나 가장 보편적인 이론은 전문 연구까지도 규정하기 때문이다.

그렇기 때문에 예를 들어 원리상 합법칙적이지 않은 사건을 규정하는 것은 일반화하는 모든 과학의 의미와 모순된다. 또한 *물체과학*에서는 *기계적* 해석과 원리상 *모순되지* 않는 개념만이 가치를 갖기 때문에, 비록 생물학이 '생명'이라는 상대적으로 *특수한* 개념 없이 탐구될 수 없음에도 불구하고, '생기론'은 문제를 해결할 수 있는 것이 아니라 단지 문제를 모호하게 만들 뿐이다.[42]

지금까지 *심리학*은 심리적 삶에 대해 일반적으로 승인되는 이론을 성취하지 못했고, 이런 이유 때문에 심리학은 체계적인 완성의 측면에서 물체과학에 매우 뒤떨어져 있다. 그렇지만 그 차이는 원리상의 차이가 아니라 정도상의 차이에 지나지 않는다. 심리학이 그 자체로 물체과학과 논리적으로 구별된다 하더라도, 심리학이 심리적인 것을 *단지* 심리적인 것으로*만* 탐구하는 한, 즉 시간적으로 진행하는 감성적·경험적 실재에만 만족하는 한, 심리학도 어쨌든 일반화의 방법, 말하자면 *논리적* 의미에서 *자연과학의* 방법을 사용하고 있는 것이다.

하지만 물체과학에서 시도된 방법을 심리학에 무비판적으로 전용하는 것이 옹호될 수 없다는 점은 명백하다. 모든 과학적 연구 방법은 *개별적인 부분*에서 객체의 *내용적* 특성에 따라야 한다. 여기서 중요한 것은, 이런 특성이 자연과학이 수행하는 것과 같은 유형의 일반화하는 개념 구성을 배제할 정도로 *논리적* 의의를 갖고 있는지의 문제인데, 이 문제는 그 자체만으로 고찰된 *심리적* 삶의 본질에서는 도출될 수 없을 것이다. 이 점은 별도로 다시 설명하려고 한다.

때때로 사람들은 체험된 심리적 존재를 물체계와 다른 특징을 가진 통일적 *연관*으로 규정한 뒤 여기서 심리적 존재의 서술 방법까지도 추론했다. 이런 '통일성'이 있다는 사실을 의심할 수는 없다. 그러나 그렇다고 해도 이런 통일성의 본질이 무엇인지를 정확히 제시해야만 할 것이다. 그리고 만약 그것이 실제로 자연과학의 방법과 대립된다면, 이 대립이 과연 *심리적* 존재의 본질에서 유래하는 것인지 아니면 완전히 다른 요인에서 끌어낼 수 있는 것은 아닌지를 증명해야 할 것이다. 이때 완전히 다른 요인이란 경험과학에는 속하지 않는 요인이나, 또는 오로지 심리적인 *문화적* 삶의 특성으로만 파악될 수 있는 요인을 뜻한다. 그런데 문화적 삶은 심리적일 *뿐만* 아니라 동시에 의미로 가득 차 있는 것이므로, 만약 여기 담겨 있는 의미를 그 의미의 실재적 '담지자'한테서 빼앗지 않으려면, 문화적 삶을 그 '통일성' 속에 그대로 놓아두어야만 할 것이다.

그리고 또한 사람들은 '의식'의 통일성을 말할 수 있고, 이것을 물리적 현실의 다수성에 대립시킬 수도 있다. 그러나 이때 *인식론적* 개념이 문제시된다면, 순수한 *형식적* 통일성이 심리적 다양성을 결합하는 방식은 물리적 다양성을 결합하는 방식과 원리적으로 다르지 않다. 따라서 이런 형식은 *심리학*의 방법론에서 전혀 문제 삼을 것이 안 된다. 심리학적 개념 구성은 오직 심리적 현실의 *내용*에 관계하기 때문에, 의식의 논리적 통일성은 결코 심리학의 대상이 될 수 없다. 말하자면 어떤 경험과학도 이런 형식을 연구하는 데 몰두하지 않을 것이다. 이 형식은 모든 경험의 논리적 *전제*에 속하기 때문이다.

그러나 사실상 이것이 심리적 삶이 보여주는 유일한 '통일성'은 아니다. 또 다른 '연관'이 지적될 수도 있는데, 이 연관은 심리적 요소들이 물리적 요소들과 똑같은 방식에서 개념적으로 분리되는 것을 불가능하게 만들고, 또한 심리적 존재의 원자화를 배제하며 따라서 원리적으로 중요한 개념 구성의 논리적 특성을 제약한다. 하지만 이러한 연관 역시 아직은 명확하지 않다. 왜냐하면 이런 연관의 통일성은, 심리적 삶을 이것이 속해 있는 신체와 무관하게 탐구하는 것이 불가능하고 이때 이 신체가 자신의 통일성을 자신과 결합되어 있는 심리적 존재에 넘겨주는 *유기체*로 고찰되고 있다는 것에 기인할 수 있기 때문이다. 또는 그 통일성은, 인간이 *가치*를 설정하며 인간의 심리적 삶이 언제나 이 가치에 대한 고려를 통해 어떤 통일로 결합된다는 것에 기인할 수 있기 때문이다. 신체를 유기체로 파악하는 것은 단지 목적을 설정하는 어떤 *심리적* 존재에 의해서만 가능하고, 따라서 심리적 삶의 '유기체적' 통일성은 단지 신체에게서 넘겨받은 통일성을 *되넘겨줌*으로써만 생기는 것이라고 가정할지라도, 사람들은 심리적인 것에서 앞서 언급한 '연관'의 두 가지 종류를 주의 깊게 구별해야만 할 것이다.

*유기체적 통일성*의 첫 번째 경우, 즉 가치가 어떤 역할도 하지 않는 경우, 이 통일성이 신체에서 심리적 삶으로 넘겨진 것이든 궁극적으로 심리적 삶 자체에서 나오는 것이든, 이 통일성이 심리학 방법론의 중요한 문제라는 것에는 의심

의 여지가 없는데, 지금까지 이 문제는 너무 지나치게 무시되었다. 이 문제가 해결되면 사실상 유기체의 순수 기계론의 사상처럼 심리적 삶의 '기계론'이나 원자화의 사상을 동일한 방식으로 배제할 수 있을 것이다. 유기체를 *단순히* 기계론으로 생각할 수는 없다. 그렇게 생각할 경우 유기체는 더 이상 '유기체'로서 존재하지 않을 것이기 때문이다. 따라서 생물학은 언제나 순수 물리학적 고찰의 원리로 모조리 환원될 수 없는 *특수한* 개념 구성의 원리를 보여주게 된다.[43] 그렇다면 이에 따라 사람들은, 순수하게 기계론에 입각해 심리적 삶을 해석하는 것은 불가능하고, 따라서 모든 심리적 현상은 단지 심리적 *총체*의 통일성과 갖는 연관 속에서만 탐구될 수 있다고 말할 것이다. 그러나 이 견해가 아무리 옳다 할지라도 *논리적* 또는 형식적 의미에서 심리학의 자연과학의 방법, 즉 심리학의 일반화 방법을 배제하는 것은 아니다. 이는 유기체가 자연과학적 분석에서 벗어나지 않는 것과 마찬가지다. 따라서 심리적 삶에서 중요하게 여겨지는 '유기체적 통일성'은 우리의 맥락에서 볼 때 중요한 것이 못 된다.

통일성이 *가치*와 연관되어 문제가 될 때 비로소 사람들은, 일반화하는 고찰이 이 통일성을 파괴할 것임에 틀림없고 따라서 통일적인 심리는 *단지* 자연과학적으로만 탐구되어서는 안 된다고 주장할 수 있을 것이다. 왜냐하면 일반화시켜 고찰하거나 *단지* 과학적으로만 탐구할 경우 가치에 대한 심리의 관계는 *폐기될* 것이기 때문이다. 그러나 이렇게 주장한다고 해서, *심리적* 삶 자체가 자연과학적인 해석을 거부한다거나 또는 자연과학적으로 파악될 수 없는 통일성이 심리적인 것의 본질에서 유래한다는 사실이 증명되는 것은 결코 아니다. 오히려 심리적 삶에서 발견되는 특정한 *양식*은 그 *의의*나 의미 형상 때문에 일반화를 통해서는 *남김없이* 논구될 수 없다는 점이 증명될 뿐이다. 그리고 이러한 논구의 가능성에 대해서는 전혀 논란의 여지가 없다. 뒤에서 보게 되겠지만, 바로 이 점에 *역사적 문화과학*의 문제가 숨어 있는 것이다.

그러나 우리는 방법의 순수하게 논리적이고 *형식적인* 차이를 자연과 문화라는 *내용적 구분* 원리와 *결합시킨* 다음에야 비로소 이 문제를 다룰 수 있다. 우선 지적할 만한 중요한 것은, 심리적 삶이 *심리적인 것*이지 물리적인 것이 아니라는 측면만 고려하면서 심리적 삶을 연구하는 과학은 모든 가치와 의미 형상을 도외시하고 있다는 점이고, 또한 논리적 의미에서의 자연과학적인 방법, 즉 일반화의 방법과는 다른 방법을 사용해야 할 어떠한 필요성도 느끼지 않는다는 점이다. 따라서 심리적 현실을 포함한 *모든* 현실은 일반화됨으로써 자연으로 해석될 수 있고 또한 자연과학적으로 *개념화되어야만* 할 것이라는 생각이 지속되고 있다. 그렇지 않으면 모든 정신-물리적 자연을 포괄하는 과학적 개념은 결코 구성될 수 없다는 것이다.

제7장

자연과 역사

이제 우리가 *자연과학*의 개념을 넓게 생각해 *일반화하는
과학*이라는 개념과 동일시할 경우, 실재적 감성계를 인식하
는 데 자연과학적 방식과는 다른 어떤 방식이 *가능할* 수 있
을까?

　　우리가 지금까지 본 바와 같이, 자연과학은 본질적인 것을
골라내기 위해 어떤 *근본적인 원리*를 필요로 한다. 과학의
원리는 경험적 비교를 통해 공통적인 것을 개괄하거나, 보편
적인 것을 자연 법칙이라는 형식으로 서술했다. 그런데 만약
물리적인 현상은 물론 심리적인 현상도 이런 방법으로 탐구
될 수 있고 탐구되어야만 한다면, 그리고 제3의 경험적 현실
의 영역이 존재하지 않는다면, 형식의 측면에서 볼 때 무엇
이 아직도 과학의 과제로 남아 있단 말인가? 이럴 경우 현실
에 관한 과학이라는 개념은 이 말의 가장 넓은 형식적 의미
에서 볼 때 *자연과학*이라는 개념과 일치하는 것처럼 보이고,
실재적 존재를 다루는 *모든* 과학은 대상을 포섭하는 보편적

개념이나 자연 법칙을 찾아내는 것을 목표로 삼고 있는 것처럼 보인다. 어떤 점에서는 사람들이 이런 견해의 증인으로 아리스토텔레스를 내세울 수도 있다. 자연과학뿐 아니라 *과학은 대체로 일반화한다*는 것이다.

사실상 *자연과 정신* —— 이때 정신은 단지 심적 내지 심리적 존재만을 의미할 뿐이다 —— 의 대립에 따라 개별 과학을 두 가지 그룹으로 나누려는 사람은 이러한 견해에 대항하는 어떤 유력한 논증도 찾아낼 수 없을 것이다. 심리적 삶을 자연과학의 방법에 따라 탐구하는 것이 불가능한 이유를 *심리적 삶*의 특성에서 도출하려 시도한다면 자연과학과 정신과학 사이의 원리적이고 형식적인 대립의 근거를 정당화하지 못할 것이다. 또한 자연과학의 개념을 논리적 의미에서 받아들이지 않는, 논리적으로 *부차적인* 구별을 찾아낼 수 있거나, 아니면 비록 옳은 것이라 할지라도 방법론에서 보면 별 의미가 없는 *형이상학적* 주장을 하게 될 것이다. 예를 들어, 심리적 삶은 인과성에 종속된 자연과 반대로 '자유'로서 존재하기에 심리적 삶은 법칙에 종속될 수 없다는 것이다. 왜냐하면 합법칙성의 개념은 자유의 개념과 모순되기 때문이다.

이러한 주장은 *과학론*에서 혼란만 일으킬 뿐이다. 실제로 자유나 인과적 필연 중 하나를 선택하는 것이 중요한 문제라면, 밀[44]은 오직 자연과학만이 존재한다고 정당하게 뽐낼 수 있었을 것이다. 왜냐하면 형이상학적 자유 개념을 근거로 해서는 경험적으로 주어진 심리적 삶을 물체계와 같은 방식에 따라 합법칙적으로 서술하려는 시도를 결코 막을 수 없고, 자유는 경험을 근거로 일반화하는 방식을 궁극적으로 방해할 수 없기 때문이다. 그래서 심리학이 개별적으로는 물체과학과 구별된다 하더라도 심리학의 최종 목적은 특수하고 개성적인 현상들을 보편적 개념 안에 포괄하는 것이고 가능한 한 법칙을 탐구하는 것이다. *심리적* 삶의 법칙들도 논리적이고 형식적인 면에서 보면 *자연 법칙*임에 틀림없다. 따라서 논리적인 관점에서 심리학은 자연과학의 일종이다. 즉 심리학은 자연과 문화의 구별을 고려하거나, 대상을 일반화하는 방법을 고려할 경우 자연과학의 일종인 것이다. 이런 문제들은 이미 경험적 심리학이 모든 가치와 의미 형상을 배제하면서 지금까지 자연과학의 일반화하는 방법을 통해 성과를 거두었다는 사실에 의해 증명되었다.

그러므로 만약 실재적 세계에 대한 자연과학적 개념 구성과 원리적으로 구별되는 개념 구성이 개별 연구 안에 존재하고 있다면, 이 개념 구성은—— 이것은 지금 말하는 형식적 구분 원리의 경우에서든 내용적 구분 원리의 경우에서든 똑같이 명백하다—— 심리적 삶의 특성을 바탕으로 세워져서는 안 될 것이다. 오히려 일반화하는 자연과학에 심리적 삶을 태연히 맡기지만 동시에 자연과학의 방법에 결정적인 *일반화*의 개념 구성의 원리와 원리적으로 구분되는 제2의 형

식적 관점이 존재하는지를 단호히 묻는 *그런* 논리학, 즉 일반화의 방식과 완전히 구분되는 방식에서 현실의 본질적인 것과 비본질적인 것을 파악하는 관점이 존재하는지를 단호히 묻는 그런 논리학만이 현존하는 전문 과학들을 이해하는 희망을 가질 수 있는 것이다. 그리고 나는 실제로 현존하는 연구를 관찰함으로써 자신의 논리적 이론을 검토하려고 애쓰는 사람은 우선 형식적인 면에서 종류가 다른 과학적 방법이 있다는 *사실*을 결코 간과할 수 없다고 생각한다. 이러한 사실이 전통의 논리학에 잘 들어맞지 않는 것은, 전통의 논리학으로선 더욱더 곤란한 일이다.

자연 법칙의 정립을 지향하지 *않는*, 즉 결코 *보편적* 개념의 형성만을 지향하지 않는 과학들이 있는데, 이는 가장 넓은 의미에서 *역사적* 과학들을 지칭한다. 이 과학들은 파울에게도 잘 맞고 페터에게도 잘 맞는 기성복만 *만들려고* 하지 않는다. 다시 말해 이 과학들은 보편적인 현실이 아니라 언제나 개성적인 현실을 *개성*의 관점에서 서술하려고 한다. 이 개성이 문제시되자마자 자연과학적 개념은 틀림없이 *결점을 드러낼 것*이다. 자연과학적 개념은 개성적인 것을 '비본질적'인 것으로 *배제하는* 데 의의가 있기 때문이다.

역사가들은 괴테Johann Wolfgang von Goethe처럼 보편적인 것에 대해 다음과 같이 말할 것이다. "우리는 그것을 이용하지만 사랑하지는 않는다. 우리는 개성적인 것만을 사랑한다." 그리고 고찰될 객체가 *전체*로서 문제시되고 있는 한 그들은 이 개성적인 것 자체를 과학적으로도 서술하려 할 것이다. 그러므로 과학을 지배하려는 것이 아니라 *이해*하려는 논리학은, 거의 모든 근세의 논리학이 동조하고 있고 심지어 몇몇 역사가까지도 동조하고 있는 아리스토텔레스의 견해가 틀림없이 잘못되었다고 생각하고 있다. 이때 아리스토텔레스의 견해란 *특수하고 개성적인 것*을 과학의 개념으로 받아들이지 않으려는 것을 뜻한다.

역사과학이 다루는 현실의 특수성과 개성이 *어떻게 서술되는지*에 대한 논의는 다음으로 미루자. 현실 자체는 개관할 수 없는 다양성으로 인해 어떠한 개념 안으로도 들어올 수 *없기* 때문에, 그리고 모든 개념의 '요소'는 보편적이기 때문에, 개성화하는 *개념* 구성에 대한 생각은 우선 틀림없이 *문제가 있는 것*으로 나타난다. 그러나 역사가 일회적인 것, 특수한 것, 개성적인 것 자체의 서술을 자기 *과제*로 삼고 있다는 *점*에는 이론이 있을 수 없다. 이런 과제에서 역사의 형식적 본질이 규명되어야 할 것이다. 과학의 모든 개념은 과제에 따른 개념이고, 과학이 설정한 목표에서 그 방법의 논리적 구조로 파고 들어갈 경우에만 과학의 *논리적* 이해가 가능하기 때문이다. 방법은 목표에 도달하는 길이다. 역사는 '역사'로서 자연과학과 같은 방식으로 *일반화*되기를 *원하지* 않는다. 이것이 논리학에서 *결정적인* 점이다.

최근에는 자연과학의 방법, 즉 일반화 방법과 역사의 방법 사이의 대립이 적어도 이런 *한쪽* 면——소극적인 면에 지나지 않을지라도——에서는 명확해졌다. 나는 이미 법칙과학과 역사과학에 대한 파울의 구별을 언급한 적이 있다. 이 점이 명백히 밝혀져 있는 나머지 자료를 다루지는 않고 여기서는 다만 빈델반트[45]의 논술만 언급하려 한다. 그는 자연과학의 방법이 '법칙 정립적'인 데 비해 역사의 방법은 '개성 기술적'이라고 설명하고, 후자를 일회적이고 특수한 것의 서술을 지향하는 방법으로 규정하고 있다. 법칙 정립적 방법이 가장 엄밀한 의미에서 *법칙*의 발견뿐만 아니라 *경험적*으로 보편적인 개념 구성에도 연관되어야만 하는 조건이라면, 이와 같은 설명은 의심의 여지 없이 옳다.

나 자신은, *자연과 역사라는 두 가지 순수 논리적이고 따라서 순수 형식적인 개념*——이때 상이한 두 가지 실재가 생각된 것이 아니라 동일한 현실이 두 가지 *상이한 관점*에서 생각된 것이다——을 획득하기 위해, 과학의 방법에 따라 과학을 분류하는 논리적 근본 문제를 다음과 같이 정식화했다. *우리가 현실을 보편적인 것과 관련시켜 고찰할 경우에 현실은 자연이 되고, 우리가 현실을 특수하고 개성적인 것과 관련시켜 고찰할 경우에 현실은 역사가 된다.*[46] 따라서 나는 자연과학의 일반화 방법과 역사의 *개성화* 방법을 대립시키길 원한다.

그렇게 되면 우리는 이런 구별 속에서 과학의 분류를 위해 우리가 찾던 *형식적* 원리를 얻게 된다. 과학론을 진정 *논리적*으로 수행하고자 하는 사람은 이러한 형식적 구별에 기초를 두어야만 할 것이다. 그렇지 않을 경우 경험적 과학의 *논리적* 본질을 결코 이해할 수 없을 것이다. 사람들이 유감으로 여길 수 있으나 그렇다고 제거할 수 없는 사실은, 개별 연구에서 *실제로 행해진* 과학적 개념 구성은 이렇게 논리적으로 서로 대립되는 두 개의 방향으로 분리된다는 사실이다. 그러므로 과학론은 어떤 임의의 사태에 따른 구별이 아니라 *이러한 분리를 최우선으로* 고려해야만 한다.[47]

모든 과학이 *통일적*이라거나, *여러 개의 진리*는 있을 수 없다거나, 역사는 일반화하지 않으므로 '과학'이 아니라는 그럴듯한 말들은 논리학에 아무런 도움이 되지 못한다. 물론 모든 경험과학은 감성계의 실재적 존재에 대해 참된 판단을 내리려는, 즉 환상의 산물이 아니라 실제로 현존하는 객체만을 서술하려는 공통점을 갖고 있다. 이런 경우 *하나의* 현실을 향한 단 *하나의* 통일적 과학만이 있을 뿐이다. 하지만 이러한 점은 과학의 형식이 아니라 내용에 관계되는 것이고 형식에 만족하는 논리학에서는 단지 *암묵적인* 전제일 뿐이다. 그 밖에 경험적 현실을 과학적 개념 안에 담는 경우에는 *언제나* 필수적인 일련의 사유 방식도 존재한다. 그런데 과학이 *일반화*와 *개성화*라는, 형식적으로 서로 *상이한* 목표를 세우

고 있는 것 역시 확실하다. 그렇기 때문에 형식상 서로 *상이
한 종류의 개념 구성* 역시 틀림없이 존재할 것이고, 이것이
일반화와 개성화라는 목표 달성에 도움을 주는 것이다.

물론 '과학'이라는 이름을 단지 일반화하는 사고의 결과물
의 경우에만 사용*하려는* 사람을 가리켜 부당하다고 말할 수
는 없다. 왜냐하면 이러한 용어상의 확정은 대체로 옳고 그
름의 판단을 넘어서는 것이기 때문이다. 그러나 랑케Leopold
von Ranke와 위대한 모든 역사가의 저작을 '과학'으로 간주하
는 것을 허용하지 않는 용어를 매우 *적절한* 용어라고 주장할
수는 없을 것이다. 오히려 사람들은 일반적으로 과학이라 지
칭되는 것을 포괄하는 과학 개념을 구성하려고 노력해야 할
것이다. 그리고 이 목적을 위해 무엇보다 먼저 유의해야 할
사실은, 과학이 반드시 어디서나 자연과학의 방법 내지 일반
화의 방법과 동일한 형식을 띠고 나타나는 것은 아니라는 *사
실*이다.

우선 예를 통해 이러한 사실을 좀 더 명확히 밝혀보기로
하자. 달걀 속에서 병아리가 성장하는 것에 대한 베어Karl
Ernst von Baer의 유명한 저술[48]과, 16세기와 17세기의 로마
교황에 대한 랑케의 서술[49]을 비교해보도록 한다.

한쪽의 경우에는 무수히 많은 객체가 하나의 *보편적* 개념
체계 안으로 들어온다. 이때 이 체계는 수많은 객체의 모든
임의의 사례에 타당해야 하고, 항상 새롭게 *반복되는 것을*

서술해야 한다. 이에 반해 다른 한쪽의 경우에는 일련의 특정한 일회적 현실을 파악함으로써 각각의 *개별적* 현실의 특수성과 개성을 표현하고 *어디에도 존재하지 않던 것*을 서술해야 한다. 이러한 과제의 차이에서 논리적으로 상이한 *사유 수단*과 사유 형식이 반드시 생겨나게 된다. 베어는 모든 자연과학자가 그랬던 것처럼 상이한 객체에 *공통되는* 것을 포괄하는데, 이때 그 사유의 산물은 *보편적인* 유개념이다. 이에 반해 랑케는 교황 개개인을 어떤 *특수한* 개념 밑에 두어야만 하며, 이 목적을 위해 *개성적* 내용을 지닌 개념을 구성하지 않으면 안 된다. 양쪽의 서술에서 각각 나타나는 고유한 사유 목적과 사유 형식은 서로 정면으로 배척된다. 그래서 사용된 방법이 원리상 논리적으로 구별된다는 점에는 의심의 여지가 없다.

나아가 이런 사례들은 다른 어떤 점이 동시에 인식될 수 있도록 선택되었다. 한쪽의 서술이 객체를 공통적인 것 또는 *보편적인 것*과 관련 지어 고찰하는 반면, 다른 쪽의 서술은 특수하고 *개별적인 것*과 관련 지어 고찰하는 경우, 경험과학의 방법들 사이에 *존재할 수 있는 최대의* 논리적 차이가 명백히 표현된다. 논리적 또는 형식적인 면에서 앞에서 언급된 두 가지 목표가 구별되는 것처럼 두 가지 목표와 원리적으로 구별되는 제3의 과학의 목표는 경험적 현실을 서술할 경우에는 존재할 수 없다. 그래서 과학론이 현실을 탐구하는 과학을 구분할 경우, 앞에서 언급된 구별을 개별 연구의 모든 과학적 개념 구성에서 나타나는 형식적 중요 대립으로 간주해야 할 것이다. 이에 비해 다른 구별은 논리적으로 부차적인 것이다. 따라서 과학론이 경험과학을 구분할 때 다음과 같이 말할 수 있을 것이다. 현실을 인식하려는 모든 전문 과학적 활동은 보편적 개념을 구성하든지, 개별적 개념을 구성하든지, 아니면 양쪽 유형의 혼합을 포함한다. 그러나 *순수 형식*이 이해된 후에야 비로소 혼합 형식이 이해될 수 있기 때문에, 과학론은 *우선* 일반화하는 개념 구성과 개성화하는 개념 구성이라는 두 가지 중요한 개념 구성의 유형을 다루어야만 할 것이다.

나는 이 명제에 대해 이의를 제기하는 사람이 있는 까닭을 이해할 수가 없다. 기껏해야 사람들은 앞에서 말한 순수 *형식적인* 구별을 자연과학의 방법과 *역사의* 방법 간의 대립과 동일시하는 것에 문제가 있지는 않은지, 또는 '역사'라는 말이 더욱 좁은 의미에서 사용되는 것이 좋은 것은 아닌지에 대해서나 의심할 수 있을 뿐이다. 그러나 이에 대한 대답도 그리 어렵지 않다.

모든 사람이 베어의 연구를 *자연과학적*이라 생각하고 있고, 우리는 일반화하는 개념 구성을 자연과학적 개념 구성과 동일시하는 근거를 이미 알고 있다. 이와 같은 자연이라는 말의 논리적 용법이 칸트가 사용한 용어와 일치한다는 점은 이

용법이 동시에 역사적으로도 정당함을 보여준다. 그러나 *특수성*과 *개성*을 지향하는 과학의 방법을 표현하기 위해 사용되는 *역사*의 방법도 이에 못지않게 정당하다. 사람들이 교황에 관한 랑케의 저작을 역사적 연구라고 부르는 까닭은 그의 저작에서 *정신적* 현상 또는 *심리적* 현상이 다루어지고 있고 특히 인간의 *문화적* 삶이 다루어지고 있다고 분명히 생각하기 때문이다. 그렇지만 이러한 *내용적* 규정을 도외시한다 하더라도——논리적 개념의 획득을 위해 내용적 규정은 반드시 필요하다——'역사적'이라는 말은 여전히 특정하게 이해되기도 하고 일반적으로 이해되기도 하는 의미를 갖고 있다. 그리고 바로 이러한 의미가 상술한 내용에서 사용되었다.

물론 이러한 용법이 시종일관하지는 않는다. 사람들은 '자연사'에 대해 논하기도 한다. 또한 '발생사'라는 표현은 베어가 병아리의 성장에 관해 서술할 때 사용한 것처럼 자연과학 방법의 논리적 본질을 드러내는 연구에서 흔히 사용되고 있다. 그러나 이것은 *예외적인 경우*이다. '역사'에 대해 단적으로 말할 경우, 우리는 항상 *어떤 사태의 일회적이고 개성적인 과정*을 생각하게 마련이다. 철학에서는 특수한 것으로서의 역사적인 것이 보편적인 것으로서의 자연과 대립되는 일이 흔히 일어난다. '역사법'은 만인에게 공통되거나 공통되어야 할 '자연법'과 대립되는 일회적이고 개별적인 법이다. '역사적' 종교는 보편적 본성을 가진 모든 인간에게 주어졌다고 믿어지는 '자연적' 종교와 대립되는 일회적이고 특수한 종교다.

나아가 사물이 *보편적인* 개념에 종속되는 경우에만 사물을 고찰하는 18세기의 합리주의가 '단순히' 역사적인 것을 경시한다면, 이는 바로 역사적인 것을 일회적이고 개성적인 것과 동일시하는 경우가 된다. 그리고 이러한 용어는 훗날 독일 관념론 철학에도 침투하게 된다. 그러나 이것은 역사적인 것을 논리적 의미에서 일회적인 것, 특수한 것, 개성적인 것과 동일시하는 새로운 근거가 될 수 있을 뿐이다. 왜냐하면 칸트와 그의 계승자들이 역사적 사유에서 계몽철학에 비해 많은 진보를 이루었음에도 단순히 역사적인 것을 경시하는 것을 보면 그들 역시 기껏해야 역사를 *논리적*으로 파악할 수 있는 단초들만 갖고 있었을 뿐이라는 점이 드러나기 때문이다.

요컨대 개성화의 방법으로서의 역사의 방법을 일반화의 방법으로서의 자연과학의 방법과 대립시키는 것은 결코 자의적인 사안이 아니다. 만약 사람들이 칸트가 제시한 자연이라는 논리적 개념을 받아들일 경우에는 역사라는 논리적 개념 역시 필요한 것이다. 우리는 이런 관점을 통해서만 경험과학을 논리적으로 연구하는 데 유용한 *출발점*을 얻게 된다. 역사의 과학적 *목표*가 현실의 일회적이고 개성적인 진행을 서술하는 것이라면, 논리학의 과제는 개성화의 사유 방식을 그러한 목표 달성에 필수적인 수단으로 이해하는 일이다. 모든 전문 과학적 활동을 이해하는 것이 중요하다고 생각하는 사람이라면 이러한 논의에 어떤 이의도 제기할 수 없을 것이다. 자연주의를 주창한 사람들처럼 실제로는 *현존하는* 과학을 지향하지 않으면서 '과학'의 개념을 정립하는 사람들만 역사의 방법과 개성화 방법의 동일시를 공격하게 될 것이다.

제8장

역사와 심리학

만약 우리가 자연과학과 역사를 *형식적* 대립으로 간주한다면 다음과 같이 말해야만 한다. 자연과학이 —— 이미 언급한 소수의 예외를 배제할 경우 —— 개념을 통해 다수의 상이한 대상, 경우에 따라서는 개관할 수 없을 정도로 엄청나게 많은 상이한 대상을 포괄하는 것을 목적으로 하는 반면에, 역사과학은 다른 모든 대상과는 구별되는 *하나의* 연구 대상 —— 이 대상이 인격이거나 한 세기이거나 사회적 운동이거나 종교적 운동이거나 민족이거나 또는 그 무엇이거나 간에 —— 에만 자기 서술이 적합하도록 노력할 것이다. 이를 통해 역사과학은 자신이 생각하고 있는 *유일한* 현상을 청자나 독자에게 가능한 한 가까이 가져가려고 한다. 이에 반해 서술할 때 사용하는 개념이 더욱 보편적일수록, 특수한 부분과 자연 전체에 공통적인 부분이 더욱 명료하게 표현될수록 자연과학은 어떤 하나의 현실을 더욱 잘 '설명'하게 되고, 또한 일회적 개성을 지닌 객체의 내용과 보편적 개념의 내용은 서로 더욱 멀어지게 된다.

자연과 역사의 이런 형식적 대립에서 방법론에 대한 몇 가지 중대한 결론이 추론될 수 있다. 하지만 여기서는 우리의 논의를 지금까지 특히 많이 다루어진 점에만 국한하려고 한다.

앞서 언급한 것을 통해 아마 심리적 삶의 일반에 관한 과학, 즉 일반화하는 *심리학*이 역사과학에 대해 어떤 의의를 가질 수 있는지는 밝혀졌을 것이다. 이는 역사를 일반화하는 자연과학으로 만들기를 결코 원치 않는 사람들 사이에서는 기본적으로 쉽게 이해될 수 있는 점인데, 이는 동시에, 정신을 어떤 심리적인 것으로 이해하는 한 어떤 권리로 과학을 자연과학과 정신과학으로 구분할 수 있는가 하는 물음에 대해 결정적인 의의를 갖는다.

우리는 역사과학의 문화 현상을 다룰 경우 언제나 거의 심리적 삶과도 관계를 맺고 있다는 사실을 알고 있다. 이런 이유에서 역사를 '정신과학'이라고 칭하는 것이 반드시 잘못된 것은 아니다. 이에 따라 우리는, 흔히 역사가는 훌륭한 '심리학자'여야 한다고 말하곤 한다. 통상적으로 역사가들은 실재적인 심리적 삶을 다루는 *과학적* 심리학에 그다지 많은 관심을 두지 않지만, 그들이 과학적 심리학을 더욱 많이 다룰수록 더 훌륭한 '심리학자'가 되리라 여겨진다. 말하자면 역사가들이 과학적 심리학에 종사할 때에야 비로소 역사가 과학의 지위로 높아지게 될 것이라는 얘기다.

이 논의는 매우 설득력 있게 들린다. 또한 이 논의는 분명히 심리학이 역사에 대해 '정초적인' 의의를 갖는다는 견해가 널리 퍼지는 데 기여하고 있다. 그러나 좀 더 자세히 살펴보면, 특히 인기 있는 이론에서 흔히 그렇듯, 이 설득력이 이때 사용된 *상투어*의 *다의성*에 기인함을 곧 발견하게 된다.

우리는 역사가뿐 아니라 시인과 조형 미술가도 '심리학자'라고 부른다. 그들이 자기 임무를 완수하려면 당연히 '인간을 잘 아는 사람'이어야만 한다고 생각하기 때문이다. 그러나 예술가에 의한 '심리학'이 심리적 삶에 관한 개념적인 *과학*과 공유하는 부분은 명칭밖에 없다. 어느 누구도 시인에게 시를 좀 더 잘 짓기 위해 과학적 심리학을 공부하라고 권하지는 않을 것이다. 예술은 심리적 삶을 개념적으로가 아니라 가능한 한 직관적으로 파악하고 이를 과학적 수단과는 전혀 다른 수단을 통해 보편적인 *의의*의 영역으로 높이려 한다. 인간을 '심리학적으로' 이해하는 예술가의 능력은 과학적 심리학의 지식과는 전혀 무관한 것이다.

비록 *역사가*에게 필요한 '심리학'이 다른 점에서는 예술가의 심리학과 구별된다 하더라도 앞에 언급된 상황은 역사가의 심리학에도 마찬가지로 적용된다. 이뿐만 아니라 이 심리학은 예술가의 심리학보다 심리적 삶에 관한 일반화의 과학에서 한층 더 멀리 떨어져 있다. 이 심리학은 전적으로 일회적이고 특수한 것만을 향하기 때문이다. 따라서 과학적 심리학이 아직 존재하지 않던 시대, 말하자면 오늘날처럼 심리적인 것에 대한 개념이 전혀 없던 시대의 역사가들 가운데서 이미 뛰어난 '심리학자들'을 찾아볼 수 있는 것은 조금도 이상한 일이 아니다. 예를 들어 투키디데스Thukydides[50]를 이런 의미에 부합하는 심리학자로 꼽을 수 있다. 누구보다도 먼저 심리학을 '정신과학'의 기초로 만들려고 했던 분트[51] 역시 이 역사가에 대해 "훨씬 후대에도 역사적 사건에 대한 심리적 해석의 분야에서 모범이 될 수 있었다"고 증언했는데, 이는 진정 숙고할 만한 가치가 있는 사실이다. 이 사실의 중요성은, 폴리비오스Polybios[52], 타키투스Publius Cornelius Tacitus[53], 근세의 흄David Hume[54], 기번Edward Gibbon[55], 뮐러Johannes von Müller[56], 티에리Augustin Thierry[57], 게르비누스Georg Gottfried Gervinus[58] 같은 역사가들이 *자신의 시대* 관점에서 훈련된 심리학자였다는 퇴니스Ferdinand Tönnies[59]의 언급에 의해 약화될 수 없다. 퇴니스의 이 말이 옳다 하더라도 이 말은 이 역사가들 당대의 심리학이 이들을 조금도 *손상시키지* 않았다는 것만을 보여주기 때문이다. 그리고 이들의 심리학은 오늘날 과학적으로 볼 때 낡은 것으로 간주된다. 따라서 그들은 그들의 심리학 때문에 뛰어난 역사가로 간주되는 것이 아니라 심리학에도 *불구하고* 뛰어난 역사가로 간주되는 것이다.

사실상 대부분의 역사가들의 경우에, 그들이 옳다고 여기는 심리학의 *이론*이 그들의 역사적 작업에서 그다지 중요한 역할을 하지 않았다고 할 수 있다. 이외에도, 거의 모든 후세의 역사가는 그들의 '심리학적' 지식과 관련해서 볼 때 사실상 투키디데스와 *원리적*으로 그다지 다르지 않기 때문에, 예컨대 소위 프리드리히 빌헬름 4세Friedrich Wilhelms IV에 대한 심리학이나 혹은 십자군에 대한 심리학을 지칭하는 것과 같은 의미에서의 일회적이고 개성적인 것에 대한 그들의 '심리학'과 일반화의 방법을 취하는 과학적 심리학을 용어상으로도 신중히 구별하는 것은 바람직한 일이라 할 수 있다. 그래서 만일 심리학이라는 말을 포기하고 싶지 않다면, 그것을 자연과 역사라는 가장 보편적인 대립을 고려하여 예컨대 '역사적 심리학'으로 부르는 것이 방법론을 위해서는 실로 바람직한 일일 것이다. 그러나 이때 우리가 이 말을 어떤 특수한 *과학*으로 해석해서는 안 될 것이다.[60]

  다음과 같은 것이 핵심으로서 분명해진다. 일반적으로 심리적 삶에 대한 설명은 과학이다. '역사적 심리학', 즉 일정한 시대의 개인이나 개별 집단에 관한 지식 그 자체만으로는 아직 과학이 아니다. 그것은 과학적 심리학에 의해 *완전하게* 될 수 있을지는 몰라도 결코 심리적 삶을 일반화하는 어떤 과학으로 *대체*될 수는 없다. 왜냐하면 어떤 종류의 심리학적 이론이든 간에 그 이론이 모든 현실적인 심리적 삶을 보편 개념 아래 포섭한다 하더라도, 일회적인 개별적 현상에 관한 지식을 얻는 것은 아니기 때문이다. 우리는 심리적 존재의 보편적 법칙이나 다른 어떤 보편적 개념을 추구하면서 심리적 존재의 본성을 심리학적으로 *설명*하려고 한다. 하지만 우리는 개성적 의미 형상의 이해를 수단으로 하는——여기서는 더 이상 논구할 수 없는——방법에 따라 심리적 삶의 개성적인 진행을 가능한 한 *추체험*함으로써 역사 안에서의 심리적 삶을 '심리학적으로' 알고자 한다. 물론 이때 우리는 고작해야 역사적 서술을 위한 *재료*를 얻을 뿐이지 해당하는 객체의 역사적 *개념*을 얻는 것은 아니다. 단순한 '체험'은 과학이 아니고, 역사적 인식의 목적을 위해 일반화되어 형성될 수 있는 것도 아니다.

이러한 점이 분명해진다면, 역사가는 '심리학적' 이해를 형성하기 위해 과학적 심리학, 즉 일반화하는 심리학을 연구해야 한다는 사실을 더 이상은 자명한 것으로 받아들일 수 없을 것이다. 그리고 역학이 물체계를 다루는 자연과학의 기초인 것처럼 보편적 개념을 통해 실재적인 심리적 삶을 연구하는 과학이 역사과학의 *기초*라고는 결코 말할 수 없다.[61]

그렇다고 해서 일반화하는 과학적 심리학과 역사과학 사이에 관계가 *전혀* 없다는 것은 아니다. 나는 이 점 또한 분명히 강조하고 싶다. 마치 내가 역사가들이 과학적 심리학에서 무엇인가를 *배울* 수 있는 *가능성*을 부정한 것처럼 나의 견해가 해석되는 일이 여러 번 있었기 때문이다. 나는 결코 그런 생각을 해본 적이 없다. 오히려 나는 이미 전부터 과거에 대한 '심리학적' 이해는, 정확히 말해 이해 가능한 의미 형상을 근거로 하는 과거의 심리적 현상에 대한 추체험은 *대개의 경우* 과학적 심리학의 지식 *없이* 일어나지만, 그럼에도 불구하고 이러한 추체험이 일반화하는 심리학에 의해 *완벽하게* 수행될 수 있다는 점을 분명히 지적해왔다.

이 과정이 어느 정도까지 가능한지는 논리적 관점에서 결정될 수 없다. 그리고 역사와 과학적 심리학을 예전보다 더욱 밀접하게 실제로 연관시키기도 전에 혹시 일어날지도 모를 다양한 경우를 따져보는 것은 무의미한 일이다. 따라서 역사가들이 과학적 심리학의 지식을 이용하는 *최대치*를 가정하고, 이때 심리학은 역사를 위해 무엇을 할 수 있고 무엇을 할 수 없는가를 살펴봄으로써만 *논리적* 통찰이 촉진될 수 있다. 말하자면 이 경우 우리는 실재적인 심리적 삶에 관한 지식에만 관심을 두어야 한다. 이런 지식만이 심리학적이라는 이름을 획득할 수 있기 때문이다. 그러므로 심리적이 아닌 비실재적 의미 형상의 이해는 완전히 제외된다.

심리학의 일반화 방법과 역사의 개성화 방법 간의 차이가 파악된다면 이 두 가지 과학 간의 결합 관계의 최대치는 다음과 같이 구성될 수 있을 것이다. 즉 개성적인 것의 서술도 보편적 개념, 또는 적어도 보편적 개념 요소를 결여할 수는 없다. 모든 과학적 서술의 *궁극의* 구성 요소는 우리가 살펴 본 바와 같이 보편적이어야만 한다. 그러므로 역사적 개성의 개념 역시 오직 보편적인 요소들, 그러니까 우리가 뒤에 논 구하지 않으면 안 될 어떤 방식에서 성립된다. 그렇다고 해 서 *현실 자체*의 개성이 마치 보편성의 단순한 조합인 것처럼 해석되어서는 안 된다. 그럴 경우 이미 우리가 본 바와 같이 플라톤식의 개념 실재론이 되기 때문이다. 오직 문제는 과학 을 통한 개성의 *서술*과 이 목적을 위한 보편적인 것의 이용 에 있다. 그런데 이 점이 중요한 이유는, 역사가가 개성을 서 술할 때는 대개 자기가 미리 알고 있는 보편적인 단어 의미 를, 즉 우리가 과학을 하기 전에 언어를 배우면서 획득한 보 편적 단어 의미를 사용하기 때문이다. 사람들은 다음과 같이 말할 수 있을 것이다. 이러한 *전前*과학적 개념은 *부정확*하고 *무규정적*이어서 본래는 결코 '개념'이 아니다. 그러므로 개 별적인 역사적 현상을 서술할 때 사용하는 전과학적인 보편 적 언어의 의미를 과학적 개념으로 대치하는 일이 성공한다 면, 역사과학은 틀림없이 더욱더 과학적이 될 것이다. 이러 한 경우 역사과학은 이런 과학적 개념을 심리학에서 끌어와 야만 할 것이다. 물론 이렇게 되면 일반화의 개념 구성과 개 성화의 개념 구성 간의 대립은 그대로 남아 있게 된다. *하지 만* 역사과학에 대한 심리학의 의의는 의심할 여지가 없을 것 이다.

이를 통해 사실상 심리학이 역사의 *보조 과학*이 될 수 *있다*는 것이 밝혀졌다. 그러나 이러한 결과가 과학론에 대해 어떤 의의를 갖는지를 정확히 확정하는 일이 필요하다. 이러한 과정을 일관되게 다루기를 원한다면, 우선 이러한 고찰을 좀 더 *넓게* 확대하지 않으면 안 된다. 역사가는 오직 현실적 존재만을 문제로 삼아야 하는 경우에도 결코 *심리적 삶*을 서술하는 것에 만족해서는 안 된다. 역사가가 문제로 삼는 인간들은 또한 물리적이다. 왜냐하면 그들은 물리적 환경의 영향에 의해 규정되기 때문이다. 물체계에 대한 고려 없이는 어떤 역사적 서술도 우리를 만족시키지 못할 것이다. 이뿐만 아니라 물리적인 것은 그 개성에서 역사적으로 매우 중요한 것이 될 수도 있다. 따라서 역사의 보조 과학이 될 수 있다고 말할 수 있는 유일한 일반화의 과학이 심리학이 아니라는 점이 분명해진다.

일회적이고 특수한 전쟁의 역사를 예로 들어보자. 전투에 들어가기 전에 병사들이 여러 날 행군을 해야만 했고 따라서 지친 병사들이 체력이 왕성한 적군의 공격에 저항할 힘이 없었다는 것이 알려졌거나, 또는 보급로를 차단당한 채 포위된 어떤 도시의 사람들이 굶주림으로 쇠약해져 결국 효과적인 방어를 할 수 없었기 때문에 일정한 기간 이상은 버틸 수가 없었다고 알려진 전쟁이 있다. 역사가는 이러한 일을 서술할 경우 단지 물리적 현상과 관계하는 *보편적* 언어의 의미만을 사용하게 될 것이다. 더구나 이 의미는 대개 *그가* 과학에 입문하기 전에 가졌던 개념인 것이다. 따라서 과학적 *생리학*의 입장에서 볼 때 역사가에 의해 일회적 현상의 서술을 위해 사용된 보편적 개념은 *부정확하고 무규정적*으로 사용되었다고 말해야만 할 것이다. 과학적으로 '엄밀한' 것이 되기 위해서는 피로와 영양의 생리학까지도 끌어들여야만 한다. 그럴 경우에만 전과학적 개념을 엄밀한 과학적 개념으로 대체할 수 있기 때문이다.

확실히 이러한 요구는 역사를 좀 더 과학적으로 만들기 위해서는 *심리학*의 성과가 필요하다는, 앞서 논의된 요구와 기본적으로 다를 바 없다. 그러나 이 요구는 아마도 훨씬 납득하기 어려운 것으로 들릴 것이다. 그 이유는 무엇일까? 아마도 그 이유는 과학으로서 생리학이 심리학보다 훨씬 더 진보했다는 데 있으며, 따라서 역사가는 일반화하는 과학의 개념을 갖고서는 *역사가*로서 자신에게 중요한 일을 *그다지* 진척시키지 *못할 것*이라는 점이 분명해진다는 데 있지 않을까?

이 개념들은 역사가에게 결코 서술의 목적이 아니며, 사실 언제나 서술의 수단일 뿐이다. 그러므로 목적이 '정밀한' 수단 *없이*도 이를 수 있는 것이라고 생각하는 것은 자연스럽다. 이러한 경우는 의심의 여지 없이 방금 고찰된 예에서 찾아볼 수 있다. 만약 이것이 보편화될 수 있다면 다음과 같이 생각할 수도 있을 것이다. 사람들이 역사를 위해 심리학에 걸고 있는 희망은 본질적으로 심리학이 역사에 의해 서술된 유형의 심리적 현상을 지금까지는 아주 조금만 연구했다는 것과, 바로 그런 심리적 현상을 덮고 있는 심리학의 불명료함이 모든 종류의 가능성을 그려보는 상상을 활동하게 만든다는 것에 기인한다. 그렇다면 우리는 이렇게 말해야만 할 것이다. 생리학이 피로나 굶주림의 인식에서 진보한 것과 마찬가지로, 실재적인 심리적 삶에 관해 일반화하는 심리학이 역사적으로 중요한 현실에서 타당성을 지닌 심리적 법칙 탐구에서 이미 진보했다면, 역사에 대한 심리학의 성과는 아마도 생리학의 성과와 *마찬가지로 무의미하게* 생각될 것이다.

따라서 우리는 다음과 같은 결과에 이르게 될 것이다. 대개의 경우 역사가가 자신의 목적을 달성하는 데는, 다시 말해 객체의 개성과 특수성을 서술하는 데는 자기가 이미 *전과학적 단계에서* 소유한 보편 개념의 지식만으로 *충분하다*. 개념 요소의 자연과학적 정밀성은 일반화하는 과학에서 결정적으로 중요한 것이지만 다른 목표를 추구하는 역사가에게는 무의미하다. 실로 그는 자신의 전과학적 보편 지식이 그 어떤 심리학적 이론보다도 *더욱 안전하게* 자기를 인도해준다는 것을 알게 될 것이다. 왜냐하면 전과학적 보편 지식이 과학적 지식을 사용할 때보다 더욱 쉽게 자신의 서술을, 그와 그런 지식을 공유하는 모든 사람에게 이해시켜줄 것이기 때문이다.

그러나 앞에서 말한 것처럼 과학적 심리학의 이론이 역사를 과학적으로 촉진할 수 있는 *가능성*은 이런 촉진에 대한 욕구가 아주 미약한 역사가들에게도 존재한다. 이런 가능성은, 생리학이나 화학이나 다른 어떤 자연과학의 개념이 역사적 현상을 더욱 정밀하게 서술하는 데 이용될 수 있는 가능성과 마찬가지로 존재한다. 그뿐만 아니라 역사가 보편적인 과학적 지식 없이는 서술할 수 없는 어떤 일정한 영역을 제시하는 것도 가능할 것이다. 말하자면 다루어지는 객체가 우리가 전과학적 삶에서 알게 된 것과는 아주 다르며, 또한 그 객체가 속한 보편적인 유의 관점에서 볼 때도 이해할 수 없는 방향으로 벗어나 있어서 보편적인 *파악의 형식*을 결여하고 있을 경우, 사람들은 특히 일반화하는 과학을 지향하게 될 것이다.

이런 이유 때문에, 예를 들어 역사가가 프리드리히 빌헬름 4세를 서술할 경우 *정신병리학의* 지식도 필요하다는 지적은 정당하다. 역사가가 정신병자의 심리적 삶 일반을 추체험하고, 또한 추체험할 수 있도록 서술하기에는 일반적으로 정신병자의 심리적 삶 일반에 대한 지식이 부족하기 때문이다. 따라서 경우에 따라서 일반화하는 이론은 역사의 중요한 *보조 과학*이 된다. 이때 *원리적*으로 어떤 한계를 규정할 수는 없다. 그러므로 미래의 역사과학에서는 자연과학적 개념, 즉 과학적으로 일반화하여 구성한 개념이 일회적인 개성적 현상을 서술할 때 현재보다 더 크고 적절한 역할을 할 수 있다. 하지만 현재 그런 자연과학적 개념은 유익하게 존재하지 않고 오히려 혼란을 야기한다. 이에 대한 이해를 위해서는 람프레히트Karl Gottfried Lamprecht[62]가 구별한 개인 심리학적 방법과 사회 심리학적 방법을 생각해보기만 하면 된다.

그러나 이 모든 것은 수단이 아니라 목표와 갖는 관련 속에서 수행되어야 하는 과학의 논리적 분류에 대해서는 아무런 원리적 의의도 갖고 있지 않다. 그것은 다만 개성화하는 역사 서술을 구성하는 요소들의 대체로 중요한 '정밀성'에만 관계할 뿐이다. 역사가가 아무리 일반화하는 과학을 폭넓게 *이용*한다 하더라도, 이 과학은 결코 역학이 물체계에 관한 일반화의 과학에 대해 그런 것처럼 역사가에 대해 *정초적*일 수 없다. 일반화하는 과학은 역사가가 개성화하는 개념 구성의 원리에 대해서, 즉 역사가가 요소들을 어떻게 *선택하고* 이것들을 진정 역사적인 개념으로 어떻게 *결합해야* 하는지에 대해서 아무것도 가르쳐주지 않는다. 사실 *과학*으로서의 역사는 어떤 *임의의* 사물이나 현상의 개성을 단순한 *이질성*으로 설명하는 것을 목표로 삼지는 않는다. 역사 또한 일정한 *관점*에 의해 연구되는 것이고, 역사는 이런 관점을 고려하여 전과학적으로 또는 과학적으로 정밀한 개념 요소를 이용한다. 그런데 역사는 실재의 심리적 삶을 연구하는 심리학이나 현실의 존재를 일반화해 연구하는 다른 어떤 과학에서도 이러한 관점을 끌어낼 수 없다. 이것이 심리학과 역사 간의 *논리적* 관계에서 *결정적인* 상황이다. 다른 모든 것은 논리적으로 볼 때 부차적인 의의밖에 갖지 못한다.

동시에 이것은 우리가 지금까지 역사의 특징으로 삼아온 개성화 방법의 개념에 *머물러* 있을 수 없다는 사실을 분명하게 해준다. 상술한 방식으로 과학을 논리적인 근본 방향에 따라 두 그룹으로 나누기 위해서는 *내용적* 구별을 형식적 구별과 *결부시켜야* 한다. 자연과 역사라는 *순수한* 논리적 개념을 서로 대립시키는 것은 기존의 견해, 즉 모든 과학적 개념이 보편적이고 따라서 심리적 삶을 서술하는 역사는 응용심리학에 지나지 않는다는 견해가 근거 없다는 사실을 명백하게 해줄 것이다.

어쨌든 개성화의 개념은 우리에게 *문제*를 줄 뿐, 자연과학의 일반화 개념처럼 과학적인 역사 방법의 적극적 개념은 아직 제공하지 않는다. 말하자면, 자연을 *보편적인 것*의 관점에서 파악된 현실이라 부를 경우에는 이로써 자연과학에 대한 *개념 구성*의 *원리*가 명백해지겠지만, 이와 반대로 역사를 *특수한 것*의 관점에서 파악된 현실이라 부를 경우에는 이를 통해서 역사의 개념 구성의 논리적 구조가 충분히 드러나지 *못한다*. 따라서 역사과학의 과제는 역사과학이 취급할 개성적인 현실을 선택의 원리 *없이* '있는 그대로' 서술하는 데 있는 것처럼 보이는데, 만일 그렇다면 역사과학은 엄밀한 의미에서 현실의 *모상*을 제공해야만 한다는 결과로 나타나게 될 것이다. 그러나 이 과제는 우리가 아는 바와 같이 내적인 모순을 지니고 있다.

역사도 개념을 구성하고 인식을 제공하기 위해서는 현실적 사건의 연속적인 흐름에 한계를 설정하고 그 개관할 수 없는 이질성을 *개관할 수 있는 불연속*으로 변형시키지 않으면 안 된다. 이 경우에도 역시 우리는 개성이 어떻게 *보유*되는지 아직 모르고 있다. 개성화하는 개념 구성은 도대체 가능한 것인가? 여기에 *역사 방법의 논리적 문제*가 있다. 일반화의 방법과 개성화의 방법의 이러한 대립을 통해, 우리가 고찰하는 근본 문제가 비로소 커다란 *어려움*으로 다가오게 된다. '법칙 정립적'과 '개성 기술적'이라는 구별만으로 모든 것을 해결할 수는 없다.

제9장

역사와 예술

물론 자연과학적 서술*보다*는 *오히려* 역사적 서술이 현실의 *모상*과 비교될 수 있을 것이다. 역사적 개념 구성의 원리를 설명하기 전에, 이미 역사의 순수한 *형식적* 개념에서 밝혀진 이러한 상황을 좀 더 논의해보려 한다. 다시 말해 이와 관련해 자주 논의된 역사와 *예술*의 관계 문제가 우리의 사유 과정을 위해 필요한 한도 내에서 밝혀져야 한다. 이를 통해 우리는 *직관*이 역사과학에서 어떠한 역할을 하는지를 알 수 있을 것이다.

아직 과학적으로 다루어지지 않은 현실, 즉 이질적인 연속체에서의 모든 객체의 이질성 —— 우리는 이것을 개성이라고 부르기도 한다 —— 은 직관과 관련 있다. 사실 그것은 오직 직관 *안에서*만 우리에게 직접 주어져 있다. 따라서 사람들은 개성의 서술이 중요한 문제일 경우 이 서술은 개성적 직관의 재현을 통해 가장 잘 이루어질 것이라고 생각할 것이다.

그러므로 역사가는 과거를 그 개성 속에서 직관적으로 우리에게 다시 한번 *재현하*는 것을 추구한다. 이것은 역사가가 우리로 하여금 일회적인 사건을 그 개성적 과정에서 어느 정도 *추체험하게* 함으로써 가능해진다. 물론 역사가가 그 사건을 서술할 때는 모든 과학이 그렇듯이 *보편적* 의미를 가진 언어에 의지할 것이고, 따라서 이런 언어를 통해 결코 현실의 직관적 형상이 직접 생기지는 않을 것이다. 사실 역사가는 이따금 청자나 독자에게 다음과 같은 것을 요구한다. 즉 청자나 독자가 자신의 상상력을 통해 역사가가 사용한 보편적인 단어 의미의 내용 전체를 넘어서는 어떤 내용을 직관적으로 표상하기를 요구한다. 물론 역사가는, 상상이 형상을 재현할 때 변형시킬 여지를 가능한 한 조금 남겨두기 위해서, 단어의 의미를 특수하게 *조합*하여 자신이 희망하는 궤도로 상상을 이끌어가려고 노력할 것이다. 모든 시가 이러한 과정이 가능하다는 사실을 증명하는데, 시 역시 보편적 의미를 지닌 언어에 의지하지만 상상으로 하여금 직관적 형상을 만들게 한다.

직관적 상상의 도움으로 현실의 개성이 서술될 수 있는 이러한 상황은 무엇보다도 먼저, 왜 사람들이 그렇게도 자주 역사를 예술과 특별히 가까운 관계에 놓는지, 또는 심지어 역사를 예술과 동일시하려고 하는지를 설명해준다. 왜냐하면 역사와 예술이 우리의 상상력으로 하여금 직관을 형성하도록 하는 것을 목적으로 삼고 있는 한, 실제로 역사의 이런 한 *가지* 측면은 예술적 활동과 *유사*하기 때문이다. 그러나 이와 동시에 역사와 예술 사이의 유사성은 여기서 *중단되고*, 이 유사성은 역사*과학*의 본질과 관련해서는 그다지 중요하지 않은 것으로 드러난다. 첫째로 직관이 순수하게 예술적인 경우라면 이런 직관은 역사가에 기인하는 직관과 원리적으로 구별되기 때문이고, 둘째로 과학으로서 연구되는 역사에서 *직관적* 요소는 논리적 관점에서 볼 때 대체로 단지 *부차적* 의의밖에 없기 때문이다.

이것을 파악하기 위해서는 우선 예술과 직관적인 개성적 현실 사이의 관계를 밝혀야 한다. 예술도 과학과 마찬가지로 현실을 모사하거나 복사할 수 없다. 물론 우리의 '실재론자들'은 때때로 이렇게 된다고 주장하고 있지만 말이다. 오히려 예술은 전혀 새로운 세계를 만들어내거나 아니면 현실을 서술할 때 적어도 현실을 변형시킨다. 그러나 이러한 변형은 논리적인 유형이 아니라 *미적인 유형*의 원리에 의거한다. 따라서 미적 요소는 그 자체만으로는 결코 과학에서 *결정적* 요소가 될 수 없기 때문에, 미적 형성과 무관하게 직관으로 나아가는 서술의 목표로 역사에 남게 되는 것은 아마 현실의 *단순한 재현*밖에 없을 것이다. 그런데 이 과제는 논리적으로 불합리한 목표다. 그 이유는 우리가 이미 알고 있는 바와 같이 모든 이질적인 연속체는 무한히 다양하여 결코 남김없이 논구될 수 없다는 데, 다시 말해 현실은 무한히 다양한 부분으로 나누어져 있다는 데 있다. 따라서 역사가 직관을 야기하기 때문에 역사가 예술이라는 주장은 아직까지는 역사의 *방법*에 대해 아무것도 말해주지 못한다.

그뿐만 아니라 여기에 다른 점이 첨가된다. 예술이 예술과 다른 것이 아닌 한, 예술은 *역사적 개성* 속에서 직관을 획득하려 하지 않는다. 작품이 다양한 개성적 현실과 '비슷한지', 또는 그렇지 않은지는 예술에게 전혀 중요하지 않다. 오히려 예술은 미학에 의해 확립되는 수단을 통해 직관을 '보편성'의 영역으로 높이려고 하는데, 이 보편성은 여기서 자세히 규정할 수는 없으나 *개념*의 보편성과 원리적으로 분명히 구별된다.

아마 미학의 근본 문제는 *보편적 직관*의 가능성에 관한 물음으로 간단히 표현될 수 있을 것이다. 그렇다면 미학의 근본 문제와 역사 논리학의 근본 문제의 관계가 분명해질 수 있을 것이다. 왜냐하면 역사 논리학의 근본 문제는 *개성적 개념*의 가능성에 관한 물음이기 때문이다. 어쨌든 예술적 활동은 확실히 역사가의 개성화 방법과 직접 *대립하고 있다*. 이 때문에라도 역사를 예술이라 불러서는 안 된다. 이 점을 분명히 하기 위해서는 초상화나 특정 지역의 풍경화나 역사 소설과 같은 예술 작품만을 생각해서는 안 된다. 이런 예술 작품들은 *오로지* 예술 작품으로서만 존재하는 것이 아니기 때문이고, 이런 예술 작품들이 일회적인 *개성적* 현실을 재현할 때 포함하고 있는 것은 바로 *미적*으로 *비본질적*이기 때문이다.

예술은 자신이 표현하는 각각의 객체를 고립시킴으로써 객체를 그 이외의 현실의 *연관*과 분리시켜 강조하는 반면, 역사는 그와 정반대로 대상과 주변 세계의 연관을 탐구해야만 한다는 사실과, 이러한 경우에도 예술과 역사는 대립될 수 있다는 사실은 완전히 배제해도 좋다. 어떤 초상화의 특별한 *예술적* 본질은 초상화의 유사성이나 이론적 *진리*에 있지 않다는 점, 마찬가지로 어떤 한 소설의 *미적* 가치는 소설과 역사적 *사실* 간의 일치에 있지 않다는 점을 지적하는 것으로 충분하다. 나는 초상화나 소설과, 이러한 작품이 표현한 개성적인 역사적 현실 간의 연관에 대해 아는 것이 없다 하더라도 초상화나 소설을 예술 작품으로 평가할 수 있다. 그러므로 이런 예술 작품을 역사와 비교할 때 예술 작품 안에서 순수한 예술적 요소와 예술적으로 무관한 요소를 분리하지 않는 것은 혼란을 야기할 뿐이다. 초상화는 다만 예술적이 아니라 *역사적*으로 의미 있는 구성 요소에 의해서만 역사적 서술과 공통된 특징을 갖는다. 이 점은 우리가 예술과 역사의 관계를 해명하는 데 끌어들일 필요도 없을 정도로 너무나 자명하게 알고 있는 것이다.

이와 같이 때때로 초상화에서 볼 수 있는 것처럼, 역사적 구성 요소와 예술적 구성 요소의 직접적인 통일적 *결합* 안에 어떤 문제가 잠재해 있다는 것을 부정해서는 안 된다. 이 문제의 해결은 어떤 면에서는 역사의 본질을 해명하는 데 역시 의의가 있을지 모른다. 수많은 역사적 서술과 그중에서도 가장 감탄할 만한 서술은 실제로 예술적으로 뛰어나기도 하지만 실물과 흡사한 초상화와 같다는 점에서 예술 작품이라 할 수 있다. 그러나 역사와 예술 간의 관계의 본질을 밝히기 위해서는 먼저 역사적 구성 요소를 표현하지 *않는* 예술 작품을 역사와 비교해야만 하고, 그러고 나서 비로소 어떻게 하나의 초상화 안에서 예술적 형상화와 역사적 충실함, 즉 미적 가치와 논리적 가치가 통일을 이룰 수 있는지를 묻는 것이 좋다.

이 문제의 해결은 우리 논의의 맥락에 속하지 않는다. 역사는 *논리적*으로 본질적인 점에서 예술과 유사하다는 사상을 반박하는 다음과 같은 결과에 우리는 만족할 수 있을 것이다.

각각의 모든 현실이 개성적 직관을 야기한다는 점을 생각한다면, 과학과 예술이 직관에 대해 갖는 관계를 다음과 같은 형식으로 표현할 수 있다. 일반화하는 과학은 개념 안에서 객체의 *개성*뿐만 아니라 객체의 직접적 *직관*도 폐기해버린다. 역사도 과학으로 존재하는 한 마찬가지로 직접적인 직관을 폐기하고 이것을 *개념*으로 바꿔놓는다. 그러나 역사는 일반화하는 과학과 반대로 개성을 *유지*하려고 한다. 끝으로 예술은 예술 이외에 다른 것이 되길 원치 않는 한 직관적 서술을 목표로 하는데, 이 직관적 서술은 현실의 개성 그 자체를 지워 없애거나 이것을 어떤 비본질적인 것으로 과소평가한다. 따라서 역사와 예술은 모두 개성적 직관의 *한쪽* 측면만 폐기한다는 점에서 자연과학*보다는* 현실에 *더 가까이* 서 있는 것이다. 여기에 역사를 '현실과학'이라고 지칭하거나 예술이 자연과학보다 더 많은 실재성을 나타낸다고 주장하는 것의 *상대적* 정당성이 있다. 그러나 한편에서는 *직관*이 본질적이고 다른 한편에서는 *개념*이 본질적이기 때문에, 예술과 역사는 *서로* 대립된다. 많은 역사적 서술에서 양자가 맺고 있는 결합 관계는 예술적 성질뿐만 아니라 *유사함*까지 고려하여 고찰해야 하는 초상화와 비슷할 뿐이다.

앞서 언급한 바와 같이 예술과 과학이 이런 유형으로 결합되는 것을 많은 역사적 저작에서 분명히 찾을 수 있다. 경우에 따라 역사는 개성을 서술하기 위해 직관적 형상을 표상하는 수단으로서 상상을 불러일으킬 필요가 있다. 그러나 또한 확실한 것은 이런 사실을 근거로 역사과학을 예술이라고 부를 권리는 없다는 것이다. 역사가는 예술적 수단을 통해 많은 개성적 직관을 보여줄 수 있다. 그러나 이 개성적 직관이 언제나 *개성적* 직관으로만 존재*해야 한다*면, 이미 역사가는 예술가와 원리적으로 다르다. 역사가의 서술은 어떤 상황에서도 사실적으로 참이어야만 하는데, 이런 역사적 진리가 예술 작품에서는 중요한 것이 되지 못한다.

예술가는 현실을 서술할 때 어느 정도만 *일반화하는* 과학의 진리와 관련한다고 말하는 편이 좀 더 나을 것이다. 다시 말해 우리는 예술 작품이 우리로 하여금 우리가 잘 알고 있는 현실을 상기하도록 요구하는 정도까지만, 예술적 형상화와 이 형상화를 하나의 유적 사례로 포섭하는 보편적 개념 간의 *불일치*를 참을 수 있을 것이다. 그런데 이러한 생각을 따라가게 되면 우리는 우리의 논의 맥락에서 완전히 벗어나게 될 것이다. 여기서 오직 중요한 문제는, 예술적 창조는 *역사적* 사실의 고려에서 자유롭다는 점을 지적하는 것이다.

일반적으로 모든 과학과 역사에서 경험적 현실에 대한 직관이 부차적인 것이거나 목적을 위한 수단일 뿐이라는 것을 생각한다면, 역사와 예술 사이의 거리는 더욱 먼 것처럼 보인다. 그러므로 흔히 한쪽은 법칙을 추구하고 다른 한쪽은 *형상화*를 추구한다고 말하면서 빈델반트처럼 자연과학과 역사의 차이를 규정하는 것 역시 의심해보아야만 할 것이다. 이런 규정은 *논리적*으로 본질적인 차이를 정확히 드러내지 못한다. 이 규정을 문자 그대로 받아들이면 어떻든 너무나 *좁은* 역사 개념이 등장할 것이고, 이 밖에도 *과학*으로서의 역사의 무게 중심이 잘못 옮겨지게 될 것이다. 흔히 역사는 형상화를 추구하지 않는다. 비록 역사가 전기傳記의 경우처럼 형상화를 추구할지라도 이로 인해 역사의 *논리적* 본질이 이해될 수는 없다. 역사가 개성화의 방법을 취한다는 명제를 역사가 '전기의 총합'이고 또한 예술적으로 완성된 *초상화*를 제공해야만 한다는 주장과 같은 것으로 간주하는 것은 이 명제에 대한 매우 잘못된 오해라 할 수 있다. 역사의 *과학적* 성격은 오로지 역사가 종종 비직관적인 *개념*을 구성하는 방식에서만 찾을 수 있고, 역사가 직관을 개념으로 바꿔놓는 관점에서만 역사가 논리적으로 이해될 수 있다.

그러므로 역사를 과학으로 만드는 역사의 형식적 원리는 예술적 형상화의 원리와 아무런 관련이 없고, 또한 단순한 직관에서는 결코 역사의 형식적 원리를 이끌어낼 수 없다. 이런 이유 때문에 '현실과학'이라는 표현은 매우 조심스럽게 사용되어야만 한다. 역사는 *개성*을 서술하여 *예술*이 되든지 아니면 *과학*이 되어 *일반화*의 방법을 취해야 한다는 식의 기존의 양자택일은 완전히 잘못된 것이다. 역사는 앞서 언급한 예술가의 방법과 유사한 활동을 자기 활동의 일부로 시작하기 전에, 혹은 과거를 추체험할 수 있도록 만들고 현실을 우리에게 가능한 한 가까이 가져오기 위해 자신의 개념을 직관으로 치장하기 전에 다음과 같은 것을 알아야만 한다. 첫째로 무수히 많은 객체 —— 이로 인해 현실은 존재한다 —— 중에서 *어떤* 객체를 서술해야 하는지를 알아야만 하고, 둘째로 각 객체의 무한한 다양성 중에서 어떤 부분이 자신에게 *본질적*인지를 알아야만 한다. 이를 위해서는 역사도 자연과학과 마찬가지로 자신의 '아 프리오리', 즉 자신의 선先 판단이 필요하다. 오직 이것의 도움을 통해 역사는 현실적 사건의 이질적 연속을 *개념적으로* 지배할 수 있다.

비록 역사가 상상에 의존하는 부분에서 직관적인 형상을 산출한다 하더라도 이런 활동이 행해지는 *범위*, 소재의 *연관*과 *분류*를 제약하는 관점, *역사적으로 의미 있는 것과 없는 것에 대한 결정, 즉 간단히 말해 비로소 역사의 *과학적인* 성격을 만들어내는 것은 직관적 내용 그 자체에는 포함되어 있지 않다. 그리고 그것은 예술과는 아무런 상관도 없는 것이다. 예술가적인 어떤 것이 역사가에게 잠재해 있는 경우가 기쁜 일이기는 하지만, 역사가는 예술적인 수단 없이도 자신의 순수한 과학적 과제를 남김없이 해결할 수 있다.

그러므로 우리는 만일 역사가 일회적인 것, 특수한 것, 개성적인 것을 서술해야 한다면, 어떻게 역사가 *과학*으로서 가능한지를 물어야만 할 것이다.

제10장

역사적 문화과학

우리는 관례적인 용법을 확대해 '개념'이라는 말을 과학적으로 볼 때 *본질적인* 현실의 구성 요소를 *각각* 요약한 것으로 이해하기 때문에, 이제 다룰 문제를 *역사적 개념 구성*의 문제로 지칭하기로 한다. 이렇게 용법을 확대하는 것의 정당성은, 개념화와 일반화가 반드시 일치할 필요가 *없다*는 것이 통찰되면 바로 인정받을 것이다. 따라서 특수한 것과 개성적인 것을 내용으로 하는 *그러한* 개념들의 지도指導적 원리를 찾는 것은 타당하다.

이 문제에 대한 대답에 따라서 역사과학의 형식적 성격에 대한 통찰뿐만 아니라 결국 자연과학과 *문화*과학을 내용에 따라 구분하는 것이 정당성이 있는지의 여부도 결정된다. 즉 내가 생각하기에, 만약 의미와 가치를 지니고 있는 현실의 개념—— 이것의 도움으로 우리는 개별 과학의 *대상*들을 두 개의 그룹으로 나눌 수 있었다—— 과 *꼭 같은* 문화 개념이 역사적 내지 개성화하는 개념 구성의 *원리*까지도 규정한다는 것이 드러난다면, 앞서 언급된 분류는 정당성을 갖게 된다. 그래서 이제 마침내 우리는 *형식적* 구분 원리와 *내용적* 구분 원리 사이의 *연관*을 제시하고 이에 따라 역사적 문화과학의 본질을 이해하는 데 이르게 될 것이다.

이 연관은 기본적으로 단순한 것이어서 우리가 자연과학적으로 개념화할 뿐만 아니라 역사적으로 개성화하면서 알길 *원하고* 추체험하길 *원하는* 객체는 어떤 것인가를 물을 때 즉시 분명해질 것임에 틀림없다.

우리는, 어떠한 *가치*와도 관련이 없고 이해 가능한 어떠한 의미도 지니고 있지 않은 현실, 따라서 처음에 말한 의미에서 단순한 '자연'으로 간주되었던 현실에 대해서는 논리적 의미에서 대개 자연과학적인 *관심*만 지니고 있음을 알게 될 것이다. 그리고 이러한 현실의 경우에는, 개개의 현상이 그 *개성이 아니라* 오직 대체로 보편적인 개념의 *사례*로 문제시되고 있음을 알게 될 것이다. 이에 반해 의미와 가치를 지닌 문화 현상들이나 문화의 전前 단계로서 관계되는 사건들의 경우에는 사정이 다르다. 즉 이러한 경우에 우리는 특수하고 개성적인 것과 이것의 *일회적인 과정*에도 관심을 갖게 된다. 따라서 우리는 이것들을 역사적으로 개성화하면서 알려고 하는 것이다.

이로써 전문 과학적 방법의 내용적 구분 원리와 형식적 구분 원리 사이의 가장 보편적인 연관이 제시되었다. 그리고 우리는 이 연관의 근거도 쉽게 이해할 수 있다. 한 객체의 *문화적 의의*, 즉 이 객체가 지니고 있는 이해 가능한 가치와 의미는, 이 객체가 *전체*로서 문제시되는 한, 다른 현실과 함께 갖는 *공통성*에 기인하는 것이 아니라 다른 현실과 *구별되는* 특성에 기인하는 것이다. 따라서 문화 가치와 갖는 관계에서 볼 때 문화 가치의 실재적인 담지자로 간주되는 현실은 특수하고 개성적인 측면에서도 고려되어야만 한다.

사실 한 현상의 문화적 의의는 관련된 문화 가치나 이해 가능한 의미 형상이 이 현상의 *개성적인* 형상화에 독특하게 연관되어 있으면 있을수록 *커지게* 마련이다. 즉 문화 현상이 의미의 담지자나 문화 가치에 대한 의의의 측면에서 문제시될 경우, 비로소 문화 현상을 개성화하여 역사적으로 다루는 것이 정당해진다. 문화 현상은 자연으로 간주될 경우, 다시 말해 *보편적* 개념이나 *법칙* 속에서 파악될 경우, 동일한 *유類에 속하는 다른 사례*로 대체해도 아무 상관 없는 *유類적 사례* 중 하나가 될 것이다. 따라서 이것을 자연과학적으로나 일반화하여 다루는 것만으로는 *만족스러운* 것이 될 수 없다. 모든 현실은 일반화되어 파악될 수 있기 때문에 이와 같은 자연과학적인 취급은 가능할 뿐만 아니라 경우에 따라서는 필요하다. 그러나 이러한 경우 그 성공적 결과는 다시 괴테의 말을 빌리면, "분리되어 존재할 때만 생명을 갖는 것"을 "*생명을 죽이는 보편성* 속에서 주워 모으는" 일이 될 수도 있다.

그렇기 때문에 문화적 삶을 자연과학적으로 서술하는 것이 아무리 정당하다 하더라도 유일하게 정당한 서술이라고는 할 수 없다.

그러나 한쪽에 존재하는, 의미 있고 가치를 지닌 문화와 다른 한쪽에 존재하는, 개성화하는 역사 사이의 이러한 연관으로 인해 우리의 논의는 즉시 한 걸음 더 나아간다. 이 연관은 문화 현상을 탐구하는데 왜 자연과학적 고찰이나 일반화의 고찰만으로는 충분하지 않은지를 보여줄 뿐만 아니라, 문화의 개념이 어떻게 역사를 *과학*으로서 *가능하게* 하는지를 보여준다. 즉 과학적으로는 서술될 수 없는 단순한 *이질성*에서 *서술될 수 있는 개성*을 이끌어내는, 개성화하는 개념 구성이 문화의 개념에 의해 어떻게 이루어지는지를 보여준다.

확실히 문화 현상의 의의는 오직 문화 현상의 개성적 특성에 달려 있다. 따라서 우리는 역사적 문화과학에서 문화 현상의 보편적 '본성'을 밝혀내길 원할 수 없고, 개성화하는 방법을 취해야만 한다. 그러나 한편으로 모든 현실에 담겨 있고 그 무한성 때문에 결코 인식될 수도 서술될 수도 없는 다양성에서, 이해 가능한 의미 형상의 실재적 담지자인 한 객체의 문화 의의가 유래하는 것도 아니다. 문화과학의 관점에서는 언제나 개성적인 실재적 대상의 한 *부분*만 문제시된다. 사실 이러한 개성적인 실재적 대상이 유일한 것, 독특한 것, *다른 어떤* 현실로도 *대체*할 수 없는 것이라는 의미에서 문화에 대해 하나의 '개체'가 되도록 만드는 것은 오직 그 부분이다. 그래서 역사가는 이 대상이 자연과학적 의미에서 자신의 유에 속하는 다른 사례와 공통적으로 가지고 있는 성질, 예컨대 역사적 인격일 경우에는 '이성적 인간'과 공통적으로 가지고 있는 성질을 서술하지 않는다. 이뿐만 아니라 역사가는 문화와 그 의미와 *상관없*는 무수히 많은 대상의 개성적 특성도 서술하지 않는다.

따라서 현실은 문화 현상에 관한 역사적 과학들의 경우에서도 본질적인 구성 요소와 비본질적 구성 요소로, 즉 *역사적으로 의의 있고 의미를 지닌 개성*과 *단순한 이질성*으로 나뉜다는 사실을 알 수 있다. 이제 최소한 우리는 역사적 개념 구성을 위해, 다시 말해 현실의 개성이나 특수성을 유지한 채 현실의 이질적 연속을 변형시키기 위해 탐구한 주도적 원리를 비록 아직 규정적이지 않을지라도 가장 보편적인 형태에서 획득한 셈이다. 이제 우리는 *개성적인 것의 두 유형*을 단순한 이질성과 좁은 의미의 개성으로 분리할 수 있다. 전자의 개성은 *현실적인 것 자체*의 특성과 일치하는 것으로서 어떤 과학에도 포함되지 *않는다*. 후자의 개성은 *현실적인 것*의 일정한 *해석*으로서 개념에 포함될 수 있다. 무수히 많은 개성적 객체, 즉 이질적 객체 가운데서 역사가는 우선 의미 형상의 담지자로서 그 개성적 특성 안에서 문화 가치를 실제로 구현하고 있는 객체를 고려하거나 문화 가치와 연관 있는 객체를 고려한다. 그러고 나서 그는 개개의 모든 객체가 그에게 보여주는 무한히 많은 이질성 가운데서 다시 문화 발전에서 의미 담지자가 지닌 의의의 근거와, 단순한 이질성과는 다른 *역사적 개성*의 본질을 가려낸다.

다시 말해 보편적인 것의 관점에서 파악한 현실로서의 자연의 개념이 자연과학을 위해 본질적인 것을 선택하는 원리를 제공하는 것처럼, 문화 개념은 역사적 개념 구성을 위해 *본질적인 것을 선택하는 원리*를 제공한다. 의미 형상의 실재적 담지자로서 서술 가능한 역사적 개성의 개념은 문화에 담겨 있는 *가치*에 의해, 그리고 이 가치와의 연관에 의해서야 비로소 *구성되는* 것이다.

이와 같은 형태의 개념 구성은 개성적인 것을 두 종류로 나누는 것과 마찬가지로 논리학에서는 이제까지 고려된 적이 없었던 것이다. 사람들은 이것을 쉽게 간과할 수 있다. 나는 이를 분명히 강조하고 싶다. 왜냐하면 역사적인 개성들을 서술하고 이것들을 도처의 개별적인 현실에서 떼어내는 역사적 개념들은 자연과학적 개념들의 경우처럼 그렇게 분명하고 명확하게 드러나지는 않기 때문이다.

우리는 이에 대한 이유를 이미 알고 있다. 역사적 개념들이 보편적 개념들처럼 *추상적인 공식*이나 정의로 표명되는 일은 극히 드물다. 오히려 역사적 개념들을 구성하는 내용은 대개 역사과학에 의해 수많은 직관적 소재로 이른바 *장식되*

어 있다. 우리는 역사적 개념이 때때로 직관적인 형상 속에 *숨어* 있고, 또한 이 형상을 그리는 데 윤곽이나 실마리밖에 제공하지 않는다는 것을 알고 있다. 그럼에도 우리는 이 형상을 중심 사안으로 여기고 개성적 현실의 모상으로 간주하는 경향이 있다. 그래서 사람들은 어떠한 *논리적 원리*가 어느 정도로 직관적인 역사적 서술의 토대가 되고, 역사적으로 *본질적인 것*을 결정하는지에 대해 잘못 생각할 수 있었다. 이뿐만 아니라 사람들은 여기에는 결코 어떠한 선택의 원리도 존재하지 않고, 역사는 현실적으로 있었던 것을 단순히 말할 뿐이라고 생각하기까지 했던 것이다. 이 경우에 사람들은 개별적인 것의 단순한 '기술'을 과학으로 보지 않는 것을 정당하다고 생각했기 때문에 역사를 우선 과학의 지위로 *끌어올려야* 한다고 생각하게 되었다. 그러나 사람들은 개념 구성에서 단지 *하나의* 원리만을 알고 있었기 때문에 역사에 자연과학의 일반화 방법을 권했던 것이다. 그런데 이 방법으로 역사과학의 본질을 이해하는 것은 불가능했다.

동시에, *개성화의 선택 원리가 간과*되어왔다는 사실은 다음과 같은 기이한 일이 생기게 된 이유를 설명하고 있다. 즉 *일반화의 선택 원리*라는 *하나의* 원리만을 강조하는 논리학은 역사를 자연과학의 일종으로 만들려는 불합리한 시도를 대개 인정했던 것이다.

물론 많은 역사가는, 여기에서 개진된 논리적 원리가 자신들 활동의 이론적인 본질을 올바르게 표현하고 있다는 것, 즉 이 논리적 원리가 *역사적 개성*과 *비본질적 이질성*을 비로소 구별할 수 있게 한다는 것을 인정하려고 하지 않을 것이다. 오히려 그들은 현실을 재현하는 일 이외에 자신들이 할 일은 전혀 없다고 생각할 것이다. 그들의 추앙을 받는 위대한 대가 중 한 사람은 분명히 그들에게 '본래 있었던 그대로' 서술하라는 사명을 제시했던 것이다.

그러나 이것은 내 논술의 정당성을 논박하는 아무런 증거도 되지 못한다. 확실히, 주관적인 자의를 갖고 사실을 왜곡하거나 *칭찬*과 *비난*을 통해 사실의 보고를 그르치는 서술에 대항해 랑케가 '객관성'을 요구한 것은 정당한 일이었다. 그는 특히 자의적인 역사 구성에 대해서는 반드시 사실을 존중하도록 지적해야만 했다. 그러나 그렇다고 해서 역사적 객관성이 주도적인 *선택*의 원리 같은 것과 무관하게 단순히 사실을 재현하는 데 있다고 생각하는 것은, 비록 랑케가 그렇게 믿었다고 할지라도 역시 잘못이다. '*본래* 있었던 그대로'라는 것에는 '개성 기술적' 방법과 마찬가지로 *문제점*이 잠재해 있는 것이지 문제의 *해결책*이 들어 있는 것은 아니다.

우리는 여기에서 랑케의 공식에 필적하는 유명한 자연과학 방법의 공식 하나를 떠올리게 된다. 키르히호프Gustav Robert Kirchhoff[63]는 "자연에서 일어나는 운동을 *완전하고 가장 단순한* 방식으로 기술하"는 일이 역학의 과제라고 말하고 있는데, 물론 이 명제는 '순수' 기술이라는 모호한 공론보다 확실히 더 고차적이기는 하다. 그러나 이것 또한 *방법론적으로*는 여전히 별다른 의미가 없다고 할 수 있다. 왜냐하면 무엇을 통해 '기술'이 완전하게 되고, 무엇이 '가장 단순한 방식'인가 하는 것이 바로 *문제*이기 때문이다.

따라서 이러한 표현들은 방법론적인 문제를 해결하는 데 유용한 것이 아니라 방법론적인 문제를 은폐하는 데만 유용할 뿐이다. 과학론으로서 논리학이 위대한 연구가들의 *작품*에서 자기 방향을 설정할 수밖에 없다고 하더라도 고유한 자기 활동의 본질에 관해 표명한 그들의 *말*을 반드시 고수할 필요는 없다. 알프레트 도베Alfred Dove[64]는 랑케가 *공감*의 중립성에 의하지 않고 *공감*의 보편성에 의해 일면적인 접근을 피한다고 말했는데, 이는 옳은 말이다. 이와 같이 '객관적' 역사의 대가大家를 잘 알고 있는 사람에 따르면, 그 대가조차 연구자로서 언제나 공감하는 인간이었던 것이다. 따라서 그는 자연 연구자들과는 근본적으로 다르다. 왜냐하면 자연 연구자들의 과학적 연구에서 '공감'은 아무런 역할도 할 수 없기 때문이다. 랑케가 원했던 것처럼 자신의 자아를 없앨 수 있는 역사가가 있다면, 그 역사가에게는 더 이상 과학적인 역사란 존재하지 않을 것이고, 모두 똑같은 의의를 갖거나 갖지 않고, 역사적 *관심*을 전혀 일으키지 않는 순전히 *이질적인* 국면들의 무의미한 혼합만이 존재할 것이다.

우리가 모든 존재자를 아무 의의도 없고 가치와도 관련 없는 것으로 생각한다 하더라도 세계 안의 *모든* 사물은 각각 자신의 '역사', 즉 자신의 일회적인 과정을 지니고 있다. 모든 사물이 자신의 '본성'을 갖고 있는 것, 다시 말해 보편적인 개념이나 법칙 밑에 귀속될 수 있는 것과 마찬가지이다. 그런데 일반적으로 *인간*에 대한 역사만 기술하길 원하고 또한 기술할 수 있는 상황은, 역사를 기술할 경우 의미 있는 사건을 의미 없는 사건과 구별하는 *가치*에 의해 우리가 인도되고 있다는 사실을 보여준다. 다시 말해 주도적 가치 없이 역사과학이 존재할 수 없다는 사실을 보여준다. 이 점에 대해서는 여전히 잘못된 생각이 대체로 지배적이다. 즉 문화 가치에 대한 본질적인 것과 비본질적인 것의 구별이 대체로 사료를 전승한 저자들에 의해 이미 이루어졌다든지, 혹은 그 구별이 경험적 연구에 종사하는 사람에게는 너무나 '자명한 것'이어서 어떤 일이 여기서 일어나는지 의식하지 못한다는 것이다. 따라서 사람들은 의미 있는 현실을 드러내는 현실의 *파악*과 *현실 그 자체*를 혼동하고 있다. 이와 같은 현실 파악의 본질과 그 당연함을 분명히 의식하게 하는 일이 논리학의 과제다. 가치와 무관하고 의미와 무관한 자연을 일반화하여 파악하는 것과 대립 관계를 이루는, 개성화하는 문화과학의 성격은 이 당연함에 근거를 두고 있기 때문이다.

문화 현상이 *가치* 관점에 의해 과학적으로 다루어질 경우 자연과 구별된다는 사실을 왜 앞에서 중요하게 다뤘는지 이제 우리는 알 수 있다. 오직 이를 통해서만 보편적 자연 개념의 내용과 다른 개성적 '문화 개념'의 내용이 이해될 수 있는 것이지 어떤 특수한 종류의 현실을 통해 이해될 수 있는 것이 아니라고 말해야 할 것이다. 그리고 이 구별의 특성을 더욱 명확히 드러내기 위해 역사적 개성화의 방법을 분명하게 *가치 연관적* 방법이라고 불러야 할 것이다. 이러한 방법은 자연과학과 반대의 방법이다. 왜냐하면 자연과학은 문화 가치를 고려하지 않을 뿐만 아니라 연구 대상과 문화 가치 간의 관계를 고려하지 않으며, 오로지 합법칙적이거나 보편 개념적 연관을 지향하는 연구이기 때문이다.

이 가치 연관이라는 말이 무엇을 의미하는지는 쉽게 밝힐 수 있다. 만약 사람들이 역사가에게 본질적인 것과 비본질적인 것을 구별할 줄 모른다고 지적한다면, 어떤 역사가든 이를 자신의 과학성에 대한 비난이라고 느낄 것이다. 따라서 그 역사가는 즉시, 다른 사람들이 말하는 것처럼, '중요한 것', '의미 있는 것', '흥미로운 것'만을 서술해야 한다고 인정할 것이다. 그리고 그는 지렁이를 발견하고 기뻐하는 사람을 경멸하는 눈으로 볼 것임에 틀림없다. *이러한 형태*에서 모든 것이 자명해지기 때문에 새삼스럽게 더 말할 필요가 없는 것처럼 보인다. 하지만 바로 여기에 *문제*가 숨어 있다. 그리고 이 문제는 오로지 역사적 객체와 *가치* 사이의 연관을 의식해야만 해결할 수 있다. 물론 가치는 문화의 *재화*에 담겨 있다. 이와 같은 가치 연관이 *없는* 경우에 사건들은 곧 '중요하지 않고', '의의가 없고', '지루하고' 우리가 이해할 만한 의미도 없다. 따라서 그 사건들은 역사적 서술에 포함되지 않는다. 반면 자연과학에서는 *이러한* 의미의 비본질적인 것이 존재하지 않는다. 그러므로 누군가가 역사가는 '중요한 것'과 '무의미한 것'을 *구별*할 줄 알아야 한다고 말할 경우, 여기에서 *함축적*으로 주장되고 있는 것은 '가치 연관'의 원리에 의해서만 *분명하게 표현된다*고 할 수 있다.

그럼에도 불구하고 *가치 연관*이라는 우리의 개념은 여전히 다른 측면에서도 해명될 필요가 있는데, 특히 이 개념과 혼동될 수 있는 개념들에 대립하는 하나의 순수 *이론적* 원리로 확립될 필요가 있다. 그렇지 않을 경우에는 마치 *과학적* 역사는 거부해도 좋거나 거부해야 할 과제들을 제시하는 것처럼 보일지도 모른다. 사실 적어도 개별 과학에서 모든 가치 관점이 배제되어야 한다는 것은 널리 퍼져 있는 하나의 신조다. 사람들은 오직 *현실적인* 것에 자기를 국한시켜야 한다는 것이다. 사물이 *가치 있는* 것인지 없는 것인지는 역사가들과는 아무 관계도 없다고 보는 것이다. 이에 대해 어떻게 말해야만 할 것인가?

어떤 의미에서 이 말은 매우 적절하다. 사실상 역사가의 일은 사물들이 *가치 있는* 것인지 그렇지 않은지를 결정하는 일이 *아니라 현실적으로 있었던 일*을 서술하는 것이라고 할 수 있다. 역사가는 이론적 인간이지 실천적 인간이 아니기 때문이다. 그러므로 우리는 우리의 역사 개념이 이들 명제가 올바르게 이해될 경우에는 결코 이 명제들과 모순되지 않음을 제시해야만 할 것이다. 이 목적을 위해서는 우리가 문화의 개념과 관련하여 *가치*와 *현실* 및 이들 상호 간의 관계에 대해 지금까지 논의해온 것을 우선 다시 한번 요약하고 오해를 방지하는 것이 좋을 것이다.

가치는 어떤 실재가 아니다. 물리적 실재도 아니고 심리적 실재도 아니다. 가치의 본질은 그 실재적인 *사실성*에 있는 것이 아니라 그 *타당성*에 있다. 그렇지만 가치는 실재와 *결합되어* 있으며, 이 결합에 대해 우리는 이미 앞에서 두 가지를 알았다. 첫째, 가치는 한 *객체*에 '담겨 있어' 이 객체가 *재화*가 되도록 만들고, 둘째, 가치는 *주관*의 *행위*와 결합하여 이 행위가 *가치 평가*가 되도록 만든다. 그런데 이 재화와 *가치 평가*란 사람들이 이것들과 결합되어 있는 가치의 타당성 여부를 묻고, 또 어떤 재화가 실제로 재화라는 명칭을 획득*하는지*, 혹은 가치 평가가 *정당하게* 이루어지는지를 확정하기 위한 일인 듯이 보이기도 한다. 우리가 대상들에 *실천적*인 태도를 취하려 할 경우에는 이런 방식을 취하고 있는 것이 사실이다.

그러나 여기서 이러한 것을 언급하는 것은 다만, 역사적 문화과학이 재화나 가치를 평가하는 인간을 연구할 경우 *그것*에 대해서 *어떠한* 해답도 제공할 수 *없다*는 것을 말하기 위해서일 뿐이다. 이와 동시에 역사적 문화과학은 *가치 평가*에 관한 진술을 하게 될 것이나, 대상의 *가치*를 실천적으로 *평가*하는 것이 결코 대상을 역사적으로 파악하는 것일 수는 없다. 우리는 이 자리에서 가치의 타당성이 이론적인 문제인지, 어느 정도까지 이론적인 문제인지, 또한 *철학*은 가치에 대해 어떠한 입장을 취하는지를 해명할 필요는 없다. *역사적인* 문제는 가치의 타당성이 아니며, 역사가의 과제는 적극적 혹은 소극적으로 평가하는 일이 아니다. 바로 여기에 역사적인 과학에서도 가치 관점을 제거하려 하는 주장의 확실한 정당성이 있는 것이다.

따라서 우리가 말하는 *가치 연관적* 방법이 이론적 과학으로서 역사의 본질을 나타내는 것이라면 *가치 평가적* 방법과 엄밀히 구별되어야만 한다. 다시 말해 역사에서 가치는 오직 주관에 의해 평가되어 *실제*로 어떤 객체가 재화로 간주되는 한에서만 고려된다. 그러므로 역사가 가치를 문제 삼는 경우라 할지라도 역시 역사는 결코 *가치를 평가하는 과학*은 아니다. 오히려 역사는 오직 *존재하는* 사실을 확립하는 과학이다.

릴Riehl[65]이 항변하듯이, 어떤 것을 '가치와 연관시키는 것'과 어떤 것의 '가치를 평가하는 것'이 동일하고 분리될 수 없는 정신의 판단 행위라고 보는 것은 옳지 못하다. 이와 반대로, 실천적인 평가와 이론적인 가치 연관은 논리적인 본질에서 볼 때 근본적으로 *다른* 두 가지 행위인데, 유감스럽게도 사람들은 이런 차이를 지금까지 충분히 깨닫지 못했던 것이다. 이론적인 가치 연관은 *사실 확립*의 영역에 머무는 데 반해 실천적인 가치 평가는 그렇지 않다. 문화인이 특정한 가치를 가치로 인정하고, 이러한 가치가 담겨 있어 의미 있게 된 재화를 산출하려고 하는 것은 명확한 사실이다. 역사가가 대개 암묵적으로 전제하고 있고 또한 전제해야만 하는 이 *사실*을 고려해야만, 역사에서 현실이 *본질적* 구성 요소와 *비본질적* 구성 요소로 구분된다. 경험적 과학에 종사하는 사람으로서 물을 필요도 없는 가치의 타당성을 고려함으로써 그러한 구분이 가능한 것은 결코 아니다. 물론 문화인에 의해 존중되는 가치 중에서 어떤 가치도 가치 평가와 무관하게 *타당한* 가치가 없다고 할 수 있다. 하지만 실제로 존중되는 가치의 실현이나 이러한 가치를 지닌 재화의 형성의 경우에는 오직 전체 현실에서 대상들에 대한 일정한 *선택*만이 중요하다는 점은 어쨌든 옳다. 그리고 이런 각각의 객체에서도 단지 그 객체가 지닌 내용의 일정한 *부분*만이 고려된다는 점 역시 옳다. 왜냐하면 이 부분이 객체의 내용을 가치에 의해 형성된 의미 형상의 담지자로 만들기 때문이다. 따라서 역사가에 의한 가치 평가 없이도 대상들과 가치 사이의 이론적 연관을 근거로 단순한 이질적 객체들과 구별되는 역사적인 개성들이 생겨나게 되는 것이다.

이때, 문화 재화의 실현을 *촉진*하는 것뿐만 아니라 그 실현을 *제어*하는 것 역시 역사적으로 중요한 의의를 지니고 있다는 것은 당연하다. 가치 적대적인 것도 우리가 이해할 만한 어떤 의미를 지니고 있다고 할 수 있다. 다만 단순히 이질적인 것, 가치와 관계없는 것만이 비본질적인 것으로서 제거될 뿐이다. 그리고 이러한 상황은 이미 어떤 객체를 가치와 문화 재화의 실현에서 *중요하다*고 간주하는 것이 결코 그 객체의 가치를 평가하는 것과 같은 의미가 아니라는 사실을 보여주는 데 충분할 것이다. 왜냐하면 가치 평가는 언제나 *긍정적*이든지 *부정적*이든지 둘 중 하나일 수밖에 없기 때문이다. 어떤 현실이 가치 연관에 의해 *의심의 여지 없이 중요한 의의*를 지니고 있다 하더라도, 이 현실이 갖는 긍정적 혹은 부정적 가치에 대해서는 *논쟁*이 벌어질 수도 있다.

그래서 예컨대 역사가가 *역사가*로서 프랑스 혁명이 프랑스나 유럽에 *이익을 주었는지 손해를 끼쳤는지*를 결정할 수는 없다. 이것을 결정하는 것은 하나의 가치 평가일 것이다. 이와 반대로 어떠한 역사가도 프랑스 혁명이라는 명칭으로 총괄되는 사건들이 프랑스나 유럽의 문화 발전에서 *의의 있고 중요한* 일이었음을 의심하지 않을 것이다. 따라서 이 개성을 지닌 사건들은 유럽의 역사를 서술하는 데 *본질적인 것*으로 수용되어야 한다는 것을 의심하지 않을 것이다. 이것은 실천적인 가치 평가가 아니라 가치와의 이론적 연관이다. 간단히 말해, 가치 평가는 언제나 *칭찬* 또는 *비난*으로 존재할 수밖에 없다. 그러나 가치와 *연관함*은 이 둘 중의 어느 쪽도 *아니다.*

따라서 우리의 의견은 바로 다음과 같다. 만약 역사가 칭찬이나 비난을 표명한다면, 역사는 실재적 존재에 관한 과학으로서 자신의 한계를 넘어서게 된다. 칭찬이나 비난은 오직 *타당성*이 증명된 하나의 가치 표준의 도움에 의해서만 근거를 갖는데, 이러한 일은 역사의 과제일 수 없기 때문이다. 물론 그렇다고 해서 아무도 역사가가 자신의 탐구 현상에 대해 가치 평가적인 태도를 취하는 것을 *금지*하지는 않을 것이다. 이뿐만 아니라 중요한 역사 저작 중에서 긍정적 혹은 부정적 가치 평가가 *전혀* 담겨 있지 않은 저작은 단 하나도 없을 것이다. 다만 강조하고 싶은 것은, 가치 평가가 역사적 개념 구성의 *개념*에 속하는 것이 아니라는 것, 현상들의 역사적 중요성이나 유의미성은 오직 주도적인 문화 가치와의 연관에 의해서만 표현되지 현상들의 긍정적 또는 부정적 가치와는 전혀 일치하지 않는다는 것이다. 그리고 그렇기 때문에 개성화하는 개념 구성은 이론적인 가치 연관 없이는 불가능하나 실천적인 가치 평가 없이는 논리적으로 가능하다는 것이다.

그러므로 릴이, 역사가가 어떠한 연관에서 사실을 고찰하는지에 따라 하나의 동일한 역사적 사실도 아주 다른 강조점을 획득하는 데 반해 이 사실의 객관적 가치는 변하지 않는다고 말한 것은 전적으로 옳다. 이 말은 릴이 생각하는 것처럼 이 책에서 개진된 견해가 *잘못임*을 입증하는 것이 아니라, 오히려 이 견해를 *지지*하는 데 도움이 될 뿐이다. 역사가가 단지 역사가인 한 역사가에게 '객관적' 가치란 아무 상관도 없는 것이다. 말하자면 역사가는 가치의 타당성에 대해 물을 필요가 없다. 바로 그 때문에 연관의 차이에 따라, 즉 역사가가 객체를 이론적으로 *고찰할* 때 취하는 주도적 가치 관점의 차이에 따라, 다양한 문화 가치에 의해 인도되는 다양한 개별 서술에서 '강조점', 즉 객체의 의의도 다를 수가 있는 것이다.

이와 마찬가지로 마이어Eduard Meyer[66]의 반론도 단지 역사적 개념 구성의 본질에 관한 나의 견해를 설명해주고 *확고히 하는* 데 도움이 될 뿐이다. 가치 관점이 본질적인 것의 선택에 어떤 조건을 부여하는지를 보여주기 위해, 나는 프리드리히 빌헬름 4세에 의한 독일 제국의 거부가 역사적으로 *본질적*인 데 반해, 그의 코트를 만든 재단사는 마찬가지로 현실적임에도 불구하고 역사적으로는 *중요하지 않다는* 것을 지적한 바 있다.[67] 마이어가 이에 반대하며, 물론 그 재단사가 *정치*사에서는 언제나 중요하지 않은 존재로 머물러 있겠지만 유행이나 재봉업이나 가격 등의 역사에서는 역사적으로 본질적이라고 충분히 생각할 수 있다고 한 말은 확실히 옳다. 이 때문에 나는 재단사의 예를 드는 대신 어느 역사적 서술에서도 본질적인 것이 될 수 *없는* 현실을 예로 선택하거나, 혹은 정치사에서 재단사가 비본질적임을 명확히 강조했어야만 했다. 그러나 이 점을 제외하고 본다면, 바로 이 마이어의 주장이야말로 주도적 *문화 가치*의 변화와 함께 역사적 *서술*의 내용도 변화한다는 것, 그리고 문화 가치와의 이론적 연관이 역사적 개념 구성을 규정한다는 것을 입증한다. 이와 동시에 객관적 가치의 *판정*과 역사의 가치 *연관*은 서로 완전히 다른 것이라는 점이 새롭게 드러난다. 만약 이 둘이 같은 것이라면 동일한 객체가 한쪽 서술에서는 본질적이고 다른 쪽 서술에서는 비본질적일 수는 없을 것이다.

일단 이론적 가치 연관의 본질과 더불어 이론적 가치 연관과 '실천적' 가치 평가 간의 차이가 분명해지면, 모든 개성을 삼켜버리는 일반화 방법의 카리브디스[68]를 피하려다 비과학적 가치 평가의 스킬라[69]에 빠져 과학적 인간으로서 완전히 파멸하지 않을까 하고 두려워할 필요는 없다. 하지만 무엇보다 이러한 염려는 역사가들이 가치 연관을 자기들의 과학적 활동의 필수 요소로 인정하길 거부하는 데 기여했다. 이에 조응하여 한편으로 람프레히트는 의기양양하게 나의 이 저서를 참조해도 무방하다고 믿었다. 그는, 아무리 문외한이라도 역사의 방법에 관한 나의 '훌륭한' 서술을 볼 경우 현실적인 과학적 사고와 명백히 모순적임을 오인할 리가 없다고 생각했으며, 이 때문에 나의 저서가 역사가들 사이에 가능한 한 널리 확산되기를 원했다. 그는, 역사가들이 자신들의 방법이 가치 연관을 전제로 하고 있음을 깨달은 후에는 자신들의 '자연과학적인', 이른바 몰가치적인 방법으로 전향할 것이라고 생각했던 것이다.[70] 람프레히트의 의기양양함과 역사에서 가치 관점에 대한 공포가 왜 부당한지는 이제 분명해졌을 것이다. 자연 연구와 마찬가지로 개성화하는 역사 역시 비과학적으로 간주되는 가치 평가를 피할 수 있는 것이다. 자연 연구와 역사는 다만 이론적 가치 연관에 의해서만 대립될 뿐이지, 이러한 가치 연관으로 인해 역사의 과학성까지 의심스러워지는 것은 아니다.

역사과학에서 가치 연관의 본질과 특히 가치 연관의 의의를 밝히기 위해 나는 다음과 같은 것을 부언하고자 한다.

우선 *용어상의* 문제에 관해 주의할 점이다. 사람들이 가치 관점에 의한 *모든* 고찰을 '목적론적'이라고 부르는 습관이 있기 때문에, 역사에서는 가치 연관적 개념 구성이라고 말하는 대신 목적론적 개념 구성이라고 말할 수도 있을 것이다. 예전에는 나 자신도 그렇게 말한 바 있다. 그렇지만 이런 모호하고 오해받기 쉬운 말은 완전히 피하든지 아니면 이 말의 의미를 정확히 제시하고 한계를 설정하는 것이 좋을 것이다.[71] 말하자면 이론적 가치 연관이 가치 평가와 엄밀히 구별되어야 할 뿐만 아니라, '목적론적' 개념 구성에 의해 역사 속의 어떤 것이 역사에서 다루어지는 인물들의 의식적인 목적 설정에 따라 *설명*되어야만 하는 것처럼 생각되어서는 안 될 것이다. 이것이 가능한지의 여부는 지금의 맥락에서는 우리 가 관여할 문제가 아니다. 이 문제는 역사의 *내용*과 관련된 문제이기 때문이다. 여기서는 다만 방법적 관점만이 명확히 의식될 것인데, 이 방법적 관점의 도움으로 역사는 현실의 이질적인 연속체가 개성적 형상들이 될 수 있도록 하는 데 한정될 것이다. 과학론은 이 형상들의 내용에 대해서는 결정 할 수 없다.

궁극적으로, '역사적 목적론'은 현실의 *인과적* 파악과 충 돌할 만한 어떤 것으로 해석되어서는 안 된다. 따라서 여기 서 논의된 방법론상의 문제들을 *인과론이냐 아니면 목적론 이냐* 하는 양자택일의 문제로 만드는 것은 잘못이다.[72] 개성 화하는, 가치 연관적 역사도 자신이 다루는 일회적인 개성적 현상들 사이에 존재하는 인과적 연관을 연구해야만 한다. 물 론 이 인과적 연관은, 비록 *개성적인 인과 관계*[73]를 서술하기 위해 역사적 개념의 구성 요소로서 보편적 개념이 필요하다 하더라도, 보편적 자연 *법칙*과 일치하지는 않는다. 여하튼, 재화의 실현에서 본질적으로 *중요한 근원*의 문제가 대두될 경우에도 역사에서 *본질적인 것*을 선택하는 방법적인 원리 는 가치에 의존한다는 사실이 중요하다. 이러한 '목적론'은 어떠한 방식에서도 인과성과 대립될 수 없는 것이다.

만약 우리가 역사적 현상이 오직 가치 연관적 개념 구성의 도움을 통해서만 하나의 *발전 계열*의 단계로 서술될 수 있음을 상기한다면, 가치 연관적 개념 구성의 본질은 더욱 분명해질 것이다. 일반적으로 고유한 *역사적* 범주로 인정되는 '발전'이라는 다의적 개념은 역사의 경우에는 우리가 역사적 개념 구성 일반의 주도적 관점을 획득할 때 근거로 삼은 원리와 동일한 원리에 의해 전적으로 지배받고 있다. 첫째, 역사적 발전은 계란에서 병아리가 태어나 성장하는 것처럼 임의적으로 몇 번이고 *반복되는 것*으로 해석될 수 없다. 오히려 역사적 발전의 경우 언제나 어떤 *일회적인* 발전 과정이 특수성의 측면에서 고려된다. 둘째, 이 발전 과정은 완전히 몰가치적인 일련의 변화 단계로 파악될 수 없고, 가치 연관에 의해 생겨난 어떤 사건의 강조점이 이 사건을 초래한 조건에 *옮겨지*는 한 이 발전 과정은 어떤 의의 있는 결과에서 볼 때 비로소 의의를 갖는 일련의 *단계*로서만 파악될 수 있다. 따라서 우리가 문화 현상의 *발전사*를 오직 개성화하는 가치 연관적 개념 구성에 의해서만 성립되는 것으로 말할 경우, 이는 다만 현실의 끊임없는 *생성*을 고려한 한층 더 포괄적인 표현일 뿐이다. 문화 가치가 현실적 객체의 단순한 이질성에서 좁은 의미의 개성을, 다시 말해 특성으로 인해 의의가 있는 것의 총체를 드러내는 것처럼, 역시 문화 가치는 시간적으로 진행하고 인과적으로 규정되는 어떤 발전 과정의 역사적으로 본질적인 요소들을 역사적으로 중요한 하나의 *개성적 발전*으로 결합시킨다.

나아가 이러한 역사적 발전 개념의 도움으로, 역사가가 *역사적인 영향력의 정도에* 따라 자신의 소재를 선택한다는 주장의 진의도 판정될 수 있다. 이 명제도 그 자체로서는 정당한 일면을 지니고 *있을* 것이다. 사실상 많은 사건의 역사적 의의는 오로지 이 사건들이 문화 재화에 미치는 *영향*에 기인하기 때문이다. 따라서 왜 어떤 것이 영향을 미치는 것이 아님에도 불구하고 역사적 의의를 가지면서 역사적으로 의의 있는 발전 계열에 속하게 되는지를 이해할 수 없는 경우가 종종 있다. 그러나 가치 관점이 소재 선택에서 기준이 된다는 생각을 받아들이면 우리는 그와 같은 사실을 이해할 수 있다. 이러한 생각에 반대할 경우에는 곧 잘못된 이해가 될 수 있다. *역사적* 영향은 단순한 몰가치적 영향 일반과는 일치할 수 없다. 즉 영향 그 자체만으로는 결코 역사적으로 본질적인 것을 판별할 기준을 제공할 수 없다. 실제로는 *어떤 임의의* 현상도 *어떤* 영향을 미치고 있는 것이다. 사람들은 내가 발을 구르면 천왕성이 떤다는 말을 하기도 한다. 그러나 이러한 영향은 대개 다른 영향과 마찬가지로 역사적으로 완전히 비본질적인 것이다. 오히려 '역사적으로 영향력 있는 것'은 다만 역사적으로 *유의미한* 영향을 미치는 것, 즉 우리가 어떤 이해 가능한 *의미*를 연결시키는 것뿐이다. 결국 이것은 문화 가치가 역사적으로 본질적인 것을 선택할 때 기준이 된다는 의미와 다름없다. 이론적 가치 연관을 근거로 해 역사적으로 본질적인 것이 *확립*될 때 비로소 사람들은 시선을 뒤로 돌려 원인을 묻거나 또 앞으로 돌려 결과를 물을 수 있는 것이다. 또한 고유한 특성을 지니면서 사건이 역사적으로 본질적인 것이 되게끔 만드는 어떤 것을 서술할 수도 있는 것이다.

그러므로 마이어74와 릴75이 말하는 것처럼, 만약 가치 관점에 의해서가 *아니라 오히려* 역사적인 영향의 정도에 의해서 역사에서 본질적인 것의 선택이 이루어진다면 이는 잘못된 반론이고, 이 반론의 근거 없음은 단지 '역사적으로 영향력 있는'이라는 표현의 *모호함*에 의해 은폐되고 있을 뿐이다. 만약 역사는 *역사적으로* 영향력 있는 것을 서술해야만 한다는 명제가 옳은 것이라면, 이 명제는 역사는 문화 가치에서 볼 때 *본질적인* 영향을 다루어야 한다는 사실을 달리 표현하고 있을 뿐이다. 단순한 영향의 원리는 가치 연관의 원리를 결코 *대체*할 수 없기 때문에 우리는 우리의 표현을 더 선호한다. 우리의 표현만이 중요한 점을 *모호하지 않게* 표명하고 있다. *어떤* 영향이 역사적으로 본질적이거나 의의가 있는지를 결정하는 가치 관점이 없을 경우에 *선택 원리*로서 역사적 영향의 개념은 아무 쓸모가 없다.

끝으로 역사적 발전의 개념은 오해를 피하기 위해 *진보의*

개념과 명확히 구분되어야만 한다. 이 구분은 다시 가치 평가와 가치 연관 사이의 구별을 토대로 이루어져야만 할 것이다.

단순한 변화의 계열이 *역사적* 발전과 동일시되기에는 내용이 너무 *적은* 것인 데 반해, 진보의 계열은 너무나 많은 내용을 지니고 있다. '진보'라는 말이 일반적으로 정확한 의의를 가질 경우, 진보는 *가치 상승*, 즉 문화 재화의 가치의 고양과 같은 것을 의미한다. 따라서 모든 진보나 퇴보에 관한 주장은 *긍정적인 가치 평가*나 *부정적인 가치 평가*를 포함하고 있다. 어떤 일련의 변화를 진보라 부르는 것은, 종종 뒤따르는 각 단계가 그 선행 단계보다 높은 정도의 가치를 실현하고 있다고 주장하고 있음을 의미한다. 그리고 이러한 가치 평가는 오로지 진보를 *측정*하는 기준으로서, 가치의 타당성에 대해서도 무엇인가를 동시에 발언하는 사람만이 할 수 있다. 그러나 역사는 가치의 타당성에 대해서 묻는 것은 필요로 하지 않고 대신 일정한 가치가 실제로 평가되고 있다는 사실만을 고려하기 때문에, 역사는 또한 어떤 하나의 변화 계열이 진보인지 퇴보인지를 결코 결정할 수 없다.

그렇기 때문에 진보의 개념은 역사*철학*에 속하는 개념이다. 역사철학은 실재적인 역사적 사건에 담긴 비실재적인 '의미'를 역사에서 드러나는 가치를 고려해 *해석*하고, 나아가 과거를 가치 있는 것이나 가치에 적대적인 것으로 *판정*하려고 한다. 이러한 유형의 역사철학적 서술이 어느 정도까지 과학으로 가능한지는 여기서 해결되지 않은 채 놓아두어도 좋다. *경험적* 역사 서술은 이런 역사철학적 서술과는 거리가 멀다. 모든 판정은 역사라는 말의 전문 과학적 의미에서 볼 때는 '비역사적인 것'이라 할 수 있다.

개성화하는 개념 구성과 가치 연관 사이의 관계에 관한 논술을 끝마치기 위해 이제 한 가지만 더 강조해두고 싶다.

우리가 고찰한 바에 따르면, 역사가는 역사가로서 자신의 서술을 이끄는 가치의 타당성에 대해 물을 필요가 없다. 그럼에도 역사가는 자신의 대상을 어떤 *임의의* 가치에 관련시키지는 않을 것이다. 오히려 역사가는 자신의 서술을 접한 사람들이 여러 특별한 재화는 아니라 할지라도 종교, 국가, 법률, 도덕, 예술, 학문의 보편적 가치들—— 이러한 것들의 고려 속에서 역사적으로 서술된 것은 중요한 것이 된다—— 을 자기 자신과 마찬가지로 일반적으로 가치로 *인정*하거나 아니면 적어도 가치로 *이해*하고 있음을 전제하고 있다. 그렇기 때문에 문화 개념을 규정할 때 가치 개념 일반을 문화 현상과 자연을 경계 짓는 데 결정적인 것으로 강조할 뿐만 아니라, 동시에 문화 가치가 실제적으로 보편적이라는, 즉 모든 *사람에 의해* 가치가 있다고 인정받든지 아니면 적어도 문화 공동체의 모든 구성원에 의해 타당한 것으로 *요구된다*는 점을 강조할 필요가 있었다.

이런 *문화 가치의 보편성*이 비로소 역사적 개념 구성의 개인적 *자의*를 제거하는 것이고, 또한 역사적 개념 구성의 '객관성'도 여기에 근거를 두고 있다. 역사적으로 본질적인 것은 여러 개인에게 의의 있어야 할 뿐만 아니라 *모든 사람에게 의의 있는* 것이어야 한다. 물론 철학적 관점에서 볼 때 역사적 객관성의 개념에 아직 하나의 문제가 숨어 있기는 하다. 그러나 현재 맥락에서는 이 문제를 제쳐놓아도 좋을 것이다. 여기서는 다만 역사의 *경험적* 객관성만 다루면 될 것이다. 즉 역사가가 사실로 확인될 영역에 머물러 있는지 그렇지 않은지의 문제일 뿐이다. 또한 문화 가치의 보편성과의 관련 속에서 경험적 객관성이 *원칙적*으로 보증된다는 점이 분명해져야만 할 것이다. 요컨대 어떤 일정한 재화가 하나의 문화 공동체 안에서 일반적으로 가치 있는 것으로 인정받는다는 것, 또는 사람들이 공동체 구성원에게 이런 가치가 담겨 있는 현실을 가꾸도록 요구한다는 것, 말하자면 문화를 촉진하도록 요구한다는 것은 *사실*이다. 그리고 이 사실은 다른 모든 사실과 마찬가지로 원칙적으로 확증될 수 있는 사실이고, 역사가는 이것에 만족할 수 있는 것이다.

이제 개성화의 방법을 규정하기 위해 보편적 문화 가치의 개념과 관련해 한 가지만 더 분명하게 덧붙여두려고 한다. 만약 위에서 말한 의미로 '객관적인' 역사적 서술이 단지 *일반적*으로 인정되는 가치에 의해 이루어질 수 있다면, 결국 특수한 것과 개성적인 것 자체에 관한 어떤 과학도 기본적으

로는 존재하지 않는다고 말하는 사람들이 옳은 것처럼 보인
다. 과학 안으로 들어가기 위해서는 특수한 것이 동시에 *보
편적 의미*를 가질 수밖에 없는 한, 또한 이러한 특수한 것의
보편적인 의미의 근거가 되는 것만이 과학에 의해 과학적으
로 서술되는 한, 이 말은 사실상 옳다. 사실 이 점은, 역사의
본질이 개개의 사실을 단순히 '기술'하는 것에 불과하다는
착각이 생겨나지 않도록 특별히 강조까지 해야 할 점이다.
역사도 자연과학과 마찬가지로 특수한 것을 '보편적인 것'에
종속시킨다.

　그러나 그럼에도 자연과학의 일반화 방법과 역사의 개성
화 방법 사이의 대립은 여전히 분명하게 *그대*로 남아 있다.
역사적으로 '보편적인 것'은 보편적인 *자연 법칙*이나 보편적
인 개념 —— 이 개념에서 개개의 특수한 것은 임의의 수많은
사례들 중 하나의 '사례'일 뿐이다 —— 이 아니라 *문화 가치*
다. 그리고 문화 가치는 오직 일회적인 것과 개성적인 것*에
서*만 서서히 나타날 수 있는 것이다. 다시 말해 문화 가치는
현실적인 것과 결합함으로써 이 현실적인 것이 문화 재화가
되도록 할 수 있는 것이다. 그러므로 내가 어떤 개성적인 현
실을 어떤 보편적 가치에 연관시킨다고 할 때, 이 개성적 현
실이 이를 통해 어떤 보편적 개념의 *유類적 사례*가 되지는 않
는다. 오히려 이 개성적 현실은 어떤 개성적 의미 형상의 개
성적 담지자로서 그 개성에 있어서 유의미한 상태로 남아 있

게 된다.

나는 다시 한번 모든 것을 총괄해보려 한다. 우리는 두 종류의 경험과학적 작업을 *개념적*으로 구분할 수 있다. 물론 그렇다고 해서 이것이 어디에서나 *실제적*으로 분리되어 있다고 주장하려는 것은 아니다. 나는 다만 '순수한' 형식을 끌어냈을 뿐이다.

한편에는 *자연과학*이 있다. '자연'이라는 말은 *대상*의 측면뿐만 아니라 *방법*의 측면에서도 자연과학의 특색을 잘 드러내는 말이다. 자연과학은 자신의 대상을 모든 가치 연관과 무관한 존재와 사건으로 보고 있고, 자연과학의 관심은 이러한 존재와 사건에 타당한 보편 개념과의 관계나, 더 나아가 가능하다면 보편 법칙을 인식하는 것을 향해 있다. 자연과학의 경우 특수한 것은 단지 '사례'에 불과하다. 이것은 *물리학*뿐만 아니라 *심리학*에도 마찬가지로 적용된다. 양자는 가치와 가치 평가의 관점에서 다양한 물체와 심리를 전혀 구별하지 않는다. 그리고 양자는 개성적인 것을 비본질적이라며 제거하고 통상적으로 *다수의* 객체에 공통적인 것만 개념 안에 받아들인다. 또한 어떤 객체도 원칙적으로 이러한 가장 넓은 의미에서 자연과학적 탐구를 벗어날 수 *없다*. 자연은 가치와 무관하게 일반화됨으로써 파악된 심리적·물리적 *전체* 현실이다.

다른 한편에는 *역사적 문화과학*이 있다. 이 과학을 지칭하는 말과 관련해, '자연'이라는 표현에 상응하면서 동시에 대상의 측면이나 방법의 측면에서 이 과학의 특색을 드러낼 수 있는 말이 우리에게는 없다. 따라서 우리는 자연이라는 말의 두 가지 의미에 조응하는 두 *가지* 표현을 선택해야만 한다. 이 과학은 *문화*과학으로서 보편적인 문화 *가치*와 연관된 객체, 즉 의미 있는 것으로 이해되는 객체를 다루고, *역사적* 과학으로서 이 객체의 *일회적* 발전을 특수성과 개성에서 서술한다. 이와 같이 문화 현상이 서술되는 상황은 이 과학의 역사적 방법에 개념 구성의 원리를 제공한다. 왜냐하면 역사적 과학의 경우 의미 담지자로서 주도적 문화 가치의 의의를 그 개성적 특성에서 지닌 것만이 본질적이기 때문이다. 그러므로 역사과학은, 자연과학이 *일반화하면서* 현실을 '자연'으로 간주할 때 현실에서 선택하는 것과는 전혀 다른 것을 *개성화하면서 동일한* 현실에서 '문화'로 선택한다. 왜냐하면 어떤 문화 현상의 의의는 대개 이 문화 현상을 다른 것과 구별하는 특성Eigenart에 근거를 두고 있는 반면 다른 것과 공통적인 것, 즉 이 문화 현상의 자연과학적 본질을 이루는 것은 역사적 문화과학에 비본질적이기 때문이다.

끝으로 *물체*와 *정신*의 대립에 대해 말해보자. 만약 '정신적'이라는 말이 심리적이라는 말과 같은 의미라면 문화과학이 문제로 삼는 것은 대체로 정신적인 현상일 것이다. 그러나 '정신과학'이라는 개념은 자연과학의 *객체*와 *방법*에 대항해 객체와 방법에 경계를 설정하지 못한다. 따라서 방법론에서는 이런 모호한 표현을 완전히 포기하는 것이 좋을 것이다. 그리고 정신적인 것과 *심리적인 것*을 동일시하는 전제에서라면, 이 표현은 두 개의 주요 그룹으로 과학을 *논리적으로* 구분하는 데 의의를 모두 잃었다고 할 수 있다. 실제로 정신과 물체의 원리적 구별이 심리적인 것과 물리적인 것의 구별을 뜻하는 것에 불과하다면, 정신과 물체의 원리적 구별은 오직 *자연과학 안에서만* 의의가 있다고 사람들은 즉시 말할 수 있을 것이다. 물리학은 단지 물리적 존재만 탐구하고 심리학은 단지 심리적 존재만 탐구한다. 이에 반해 역사적 문화과학은 특별히 이러한 원리적 구별을 고려해야 할 아무런 이유도 갖고 있지 않다. 역사적 문화과학은 이러한 구별을 명확히 고려하지 않고 심리적인 것과 물리적인 것을 자신의 개념 안에 *나란히* 받아들인다. 이상에서 볼 때 정신이라는 개념을 엄밀히 규정하지 않는 한 '정신과학'이라는 표현은 오히려 혼란을 일으킬 뿐이다.

단지 '정신'이라는 말에 '심리적'이라는 표현의 의미와 원리상 *구별되는* 의미가 결부되어 있을 때만, 비자연과학적 학과를 정신과학으로 부르는 것이 어떤 의미를 갖게 된다. 정신이라는 말은 일찍이 이런 의미를 갖고 있었다. 그러나 이때 사람들은 정신을 *가치*라는 개념과 분리할 수 없는 어떤 것, 즉 일반적으로 가치 있다고 인정된 형상과 특성을 갖는

'비교적 고도로' 발달된 심리적 삶으로 해석했다. 물론 이러한 형상과 특성은 오직 *문화* 안에서만 생길 수 있는 것이다. 그러므로 종교, 도덕, 법률, 학문 등과 같은 *재화*를 존중하고 *가꾸는* 존재로서, 간단히 말해 단순히 자연적 존재가 아닌 *문화인*으로서 인간은 단순히 심리적이지 않고 '정신적'이었던 것이다. 그래서 '정신과학'이라는 말의 *이러한* 의미는 우리가 문화과학이라는 말 속에서 이해하고 있는 것과 기본적으로 같은 것이 되는데, 이렇게 되면 쟁점은 용어상의 문제에 있게 될 것이다. 다만 '정신'이라는 말의 *예전* 의미가 오늘날에도 여운을 남기고 있기 때문에, 아니면 사람들이 근래에 정신이라는 말을 전혀 심리적·실재적이지 않은 의미 형상을 일컫는 명칭으로 사용하는 경향이 있기 때문에, 개별 과학의 연구자들이 정신과학이라는 용어를 고집하고 있는 것이다. 만약 정신과학을 심리적인 것에 관한 과학으로 이해한다면, 사람들은 결코 그것을 고집하지 않을 것이다. 그렇다면 이 표현은 적당하지 않은 표현이라는 것이 곧 자명해질 것이다. 따라서 심리학을 문화과학의 '기초'로 삼지 않으려는 사람들 사이에서 정신과학이라는 말이 오늘날 사용되고 있는 것은 오로지 이 말의 *모호함* 때문이고 동시에 원리상의 *불명료성* 때문이다.

다음과 같은 점에도 유의해야 한다. *심리적인 것*을 연구하는 과학이, 19세기에 *새로운 것*으로 성장해 기존의 자연과학적 세기와 다른 19세기 과학적 삶의 성격을 특징 지은 첫 번째 과학은 *아니었다.* 사람들은 전부터 심리적 삶을 탐구해왔다. 최근에 진행된 심리학의 진보가 기쁜 일이기는 하지만 최근 심리학은 대부분 *자연과학적* 시대의 심리학을 실마리로 삼는다. 철학자로서 스피노자주의에 가까운 범汎심리주의를 주장했고, 어쨌든 전혀 역사에 정향되지 않은 세계관을 주장했던 한 인물에 의해 정신물리학이 창시된 것은 우연이 아니다.[76] 19세기에 개별 과학의 영역에서 원리적으로 새로웠던 것은 무엇보다 *문화적* 삶을 탐구했던 위대한 *역사가*들의 업적이었다. 그들은 독일 관념론 철학에서 강력한 자극을 받았는데, 이 독일 관념론 철학은 자기 문제를 주로 역사적인 문화적 삶에서 끌어왔으며 그렇기 때문에 '정신'의 개념도 규정했던 것이다. 그런데 이러한 언어 사용은 시대에 뒤떨어진 것이고, 또한 전에는 정신적 삶이라고 불린 것이 오늘날에는 역사적인 문화적 삶이라고 불리고 있기 때문에, 우리가 체계적으로 근거를 제시한 역사적 문화과학이라는 용어는 오늘날의 상황에 적합한 역사적 정당성을 갖고 있다고 할 수 있다.

마침내 이런 고찰들은 앞에서 우리가 뒤로 제쳐놓았던 문제로 되돌아가게 된다. 즉 자연과학의 방법으로 남김없이 논의될 수 없는 것은 어떤 종류의 심리적 삶인지, 문화는 그 *정신적* 성격 때문에라도 자연과학의 독재에 종속되어서는 안 된다는 주장이 어떤 상대적 정당성을 갖는지의 문제다.

심리적 삶이 *단지* 심리적 삶 그 자체에 불과할 경우에 우리는 *그런* 심리적 삶의 통일성에서 앞서 주장된 것의 근거를 찾아낼 수 없었다. 이에 반해 우리가 역사적으로 본질적인 *문화적 인물*의 심리적 삶을 탐구하고 이것을 정신적이라고 부른다면, 사실상 여기서 우리는 일반화되어 구성된 개념에서는 마음대로 다룰 수 없는 독특한 종류의 '정신적' 통일성을 발견하게 된다. 그렇기 때문에 특수한 *정신과학적 방법*이 존재한다거나, 또는 자연과학의 방법을 취하는 설명 심리학과 원리상 구별되는 어떤 심리학이 새롭게 만들어져야만 한다는 견해가 생길 수 있다. 하지만 우리는 이 '정신적' 통일성의 본질을 *가치* 연관에 근거하는 것으로 해석했으므로 이 견해가 잘못된 것이라는 점을 간파할 수 있다.

괴테나 나폴레옹의 심리적 삶을 서술할 경우, 확실히 일반화하는 심리학의 개념을 통해서는 많은 일을 해낼 수 없다. 그의 심리적 삶에서 사실상 우리는 심리학적으로는 '설명'될 수 없는 *삶의 통일성*을 얻게 된다. 그러나 이 통일성은 주관의 논리적 통일성이라 할 '의식'에서 유래하지 않으며, *각각의* 자아를 하나의 닫힌 연관이 되도록 만드는 심리의 '유기적' 통일성에서 유래하지도 않는다. 오히려 이 통일성은 문화 가치에 대한 고려 속에서 규정된 심리적 연관이 의미 담지자로서의 *개성적* 통일성이 된다는 데 기인한다. 이때 개성적 통일성이 *보편적* 심리학의 개념에 포섭될 경우 그 통일성은 사라져버리게 될 것이다. 따라서 일반화될 수 없는 '정신적' 삶의 통일성은 문화적 인물의 개성적 통일성인데, 이 문화적 인물은 이것의 문화 의의에 대한 고려 속에서 분리되지 않는 *개성의 전체*로 결합된다. 이 경우에는 실재적인 심리적 삶의 분리 불가능성이 아니라 의미 형상의 분리 불가능성이 결정적인 역할을 한다. 따라서 문화적 인물의 이러한 '삶의 통일성'은 물체와 심리의 대립으로서 오늘날 널리 통용되는 자연과 정신의 대립과는 아무 관계가 없다. 그렇기 때문에 그러한 통일성을 탐구하기 위해 어떤 '정신과학적' 방법이나 새로운 심리학을 필요로 한다는 견해는 사라질 것임에 틀림없다. 역사적 통일성은 오늘날 이미 현존하는 자연과학적 심리학뿐만 아니라 심리적 삶에 관한 *모든* 보편적 이론에서도 멀리 벗어나 있다. 개성의 통일성은 다른 어떤 개성으로도 대체할 수 없기 때문에 유일무이한 문화 의의를 갖고 있다. 만약 사람들이 개성의 통일성을 고수한다면 오직 개성화하는 역사의 방법만이 개성의 통일성의 본질을 규명할 수 있을 것이다.

제11장

중간 영역

나는 법칙이나 보편적 개념을 탐구하는 자연과학과 역사적 문화과학을 대비함으로써 경험과학적 연구가 두 가지 그룹으로 구분되는 결정적 차이점을 발견할 수 있다고 믿고 있다. 그러나 이미 말한 바와 같이 자연과학의 영역에는 역사적인 방법이 침투해 있고, 문화과학의 영역에도 자연과학적인 방법이 침투해 있기 때문에 우리의 문제는 매우 복잡해질 것이다. 사실 과학적인 연구 활동은 양쪽 극단의 *중간*에서 이루어지고 있는데 우리는 이 책에서 다만 양쪽의 *극단*만을 제시하려 했을 뿐이라는 것을 다시 한번 강조해둔다. 그리고 우리가 염두에 두고 있는 것과 그렇지 않은 것이 완전히 명백히 드러나도록 과학적 개념 구성의 몇 가지 혼합 형식도 아울러 명확히 논해두고자 한다. 그러나 나는 여기서 가장 보편적인 논리적 원리를 제시하는 데 만족할 수밖에 없고, 좀 더 상세한 연구가 해결해줄 앞으로의 과제들을 제시할 수 있을 뿐이다.[77]

*자연과학*에서 나타나는 *역사적* 요소와 관련해, 근대에는 주로 생물학, 특히 이른바 *계통 발생적 생물학*이 문제가 된다. 주지하는 바와 같이 이 학문은 지구에 살고 있는 생물의 일회적인 발생 과정을 각 생물에 나타나는 특수성의 측면에서 서술하려 하기 때문에 흔히 역사적 과학이라고 되풀이되어 지칭되어왔다.

계통 발생적 생물학은 언제나 보편적 개념들에 의거해 연구하지만 이 개념들을 서로 연결하여 연구 대상인 *전체*가 그 *일회성*과 특수성의 관점에서 표현되도록 하기 때문에, 계통 발생적 생물학이 역사적 과학이라고 지칭되는 것은 정당하다. 따라서 계통 발생적 생물학은 퇴니스가 오해한 것처럼 '발전' 일반을 문제로 삼기 때문에 *역사적*인 것이 아니다. 발생학도 발전을 다룬다. 그러나 발생학은 임의적으로 자주 반복되는 것만 포함하는 객체의 *보편적* 개념을 구성한다. 따라서 실제로 아직까지는 알이나 정충이나 태아의 발생에 관한 하비William Harvey[78], 스팔란차니Lazzaro Spallanzani[79], 볼프 Kaspar Friedrich Wolff[80] 등의 연구에 나타나는 자연과학적 성격을 부인하려고 한 사람은 없었다. 그뿐 아니라 모든 종은 서서히 발생했고, 하나의 종이 다른 종으로 이행한다고 주장하는 *보편* 진화론조차 전적으로 일반화 방법, 즉 자연과학의 방법에 의해 구성되어 있고, 따라서 형식적 또는 *논리적* 의미에서도 '역사'와는 아무런 관계가 없는 것이다.

보편 진화론은 어떤 *특수한* 생물이 *최초로* 이 지구상에서 발생했으며, 어떤 생물이 *뒤이어* 발생했는지, 그리고 이후에 어떻게 인간이 *일회적인* 발전 과정 속에서 점차 현재의 인간으로 변해왔는지 하는 문제를, 특수한 현상을 보편적 개념의 *사례*로 이용하는 경우에만 거론하고 있다. 그러나 이런 문제들을 설명하고자 시도할 경우 그 서술은 *논리적* 관점에서 보면 *역사적인* 것이다. 이러한 종류의 시도는 근대에 와서 대두되었기 때문에 전에는 오직 자연과학적으로만 다루어졌던 물체계에도 이러한 유의 시도에서는 발전이라는 역사적 이념이 적용되거나 *전용*되었다고 말할 수밖에 없다. 이 점을 분명히 해두는 것은 중요하다. 왜냐하면 이렇게 함으로써만 물체과학의 논리적 구조가 명백해지기 때문이다. 또한 계통 발생적 생물학이 현존하고 있다는 사실은 역사에 *자연과학의* 방법을 적용해야 한다는 주장을 결코 정당화하지 못한다는 것이 분명해질 것임에 틀림없기 때문이다. 사람들은 헤켈 Ernst Haeckel[81]이 '자연 창조의 역사'를 서술한 것과 같은 방식으로 문화적 인류의 역사를 서술하려고 시도할지도 모른다. 그런데 이때에도 사람들은 결코 일반화의 방법, 즉 논리적 의미에서의 자연과학의 방법을 취하지 않고 개성화의 방법, 즉 역사의 방법을 취하게 될 것이다.

　그럼에도 불구하고 다른 한편으로 사람들은 계통 발생적 생물학의 연구를 자연과학에 속하는 것으로 간주하고 있다.

물론 이것은, 사람들이 '자연'이라는 말에서 역사에 대한 형식적 대립을 생각할 뿐만 아니라 또한 언제나 문화에 대한 대립을 생각하고 있기 때문에, 정당할 수 있다. 이런 경우에는 '역사적 자연과학'이라고 부르는 것도 의미가 있다. 하지만 이러한 생물학적 서술에도 역시 일회적인 생성 과정을 통합해 하나의 형식적 의미에서 역사적 전체를 이루게 하는 주도적 *가치* 관점이 결여되어 있는 것은 아니다. 인간은 계통발생적 발전 계열의 '정점'으로 간주되고 있다. 이에 따라 인간에게는 하나의 특성이 부여된다. 이 특성은, 어떤 *가치 연관과도 무관하게* 본래적으로 인간에게 귀속되어 있는 특징인가 하는 문제에서 볼 때 결코 '자명하지' 않은 특성이다. 여하튼 이 정점에서 사람들은 시선을 과거로 돌려 인간의 '선사先史'를 기술할 수 있고, 따라서 동시에 *문화*의 선사를 기술할 수 있다. 이때의 문화는 물론 아직 문화가 아니라 단어의 실질적인 의미에서 볼 때 자연에 불과하지만 역시 문화와 관계 지어질 수 있는 것이다. 이와 같이 여기서는 자연과학적인 이해와 역사적인 이해가 반드시 매우 밀접하게 서로 *연관되어 있다.* 그러나 그렇다고 해서 이러한 사정에서 우리의 과학 분류의 원리에 대한 *반론*을 제기할 수는 없을 것이다. 오히려 이러한 혼합 형식은 바로 우리의 원리에 의해 *혼합 형식*으로서 이해된다. 그리고 여기서 우리의 분류가 본질적인 방법론적 구별을 밝히고 있다는 사실이 새삼 명백해진다.

또한 생물학에서 나타나는 자연과학과 역사의 결합은, 이 결합의 연원을 이루는 다윈Charles Darwin의 이론이 어떻게 *성립하게* 되었는지 생각해본다면 이상할 것이 없다. 이 생물학자가, 그가 제시한 도태, 선택, 생존 경쟁과 같은 몇 가지 *기초적* 개념을 인간의 의미 있는 *문화적 삶*에서 차용했음은 다 아는 사실이다. 따라서 우리는 다윈과 관련해 발전된 사상들을 여기서 서술된 과학의 주요한 두 그룹 중 단지 어느 한쪽에만 귀속시킬 수 있다고 기대해서는 안 된다.

더욱이 유기체의 전체 계열을 단지 역사적 의미에서 발전일 뿐만 아니라 동시에 *진보*라고 보고 이 계열 안에서 *가치의 상승*을 인정하는 것은, 오직 이 단계적 계열의 도달점인 문화적 인류를 절대적 *선*으로 인정할 경우에만 가능하다. 특히 이러한 경우에는 가치 연관적인 역사적 고찰 방식보다 오히려 역사*철학*적 고찰 방식이 전제되어 있다. 그러나 이런 역사철학의 기초적 *원리*들은 흔히 사람들이 믿고 있는 것처럼 *자연*이나 자연과학 같은 것에서 얻어진 것이 결코 아니다. 사람들은 *문화 가치*를 자연 현상에 *전용轉用한다.*

역사철학적 사상은 가장 원시적 생물에서 시작해 문화인에 이르는 '진보'를 확인하려는 것인데, 이와 같은 역사철학적 사상들의 과학적 가치를 판정하는 일은 여기서 다룰 문제가 아니다. 자연과학적으로 고찰해, 이러한 발전은 진보도 퇴보도 아니다. 이것은 단순히 몰가치적 *변화* 계열로서, 이 변화 계열의 보편적 법칙, 즉 상이한 모든 단계를 한결같이 지배하는 법칙을 탐구할 필요가 있다. 그리고 명목상의 자연 과학적인 '창조의 역사'—— 이에 대해서 다윈은 아무 책임도 없다—— 에 대한 관심은 생물학계에서조차 점점 사라져 가는 것처럼 보인다. 사람들이 진화론에서 '세계관'을 위해 도출한 결론들은 철학에서 기묘한 혼란을 야기했을 뿐만 아니라 생물학 자체에도 그다지 기여한 바가 없다는 견해가 유력해지고 있다.

일반적으로 *계통 발생적* 생물학에 대한 관심이 퇴조해가는 것처럼 보인다. 물론 생명체를 연구하는 과학에 역사적 사상이 침투해 들어오는 일은 種 개념이 압축되어 생겨난 실재들이 영구히 파괴되어버림으로써 자유롭게 이루어져왔을 것이다. 이러한 생각은 우선 일반화 이론에 입각해서도 얻어질 수 있는 것이다. 하지만 생물학의 연구 작업이 일단 근본적으로 이루어진 후에는, 생물학은 더 이상 '계보'나 '조상彫像 진열실' 같은 것의 역사적 구성이 아니며, 오히려 유기적 생활의 내부에서 보편 개념적 관계들의 확정을 자신의 고유한 과제로 삼고 있는 것처럼 보인다. 그리고 이러한 노력이 현저해질수록 일종의 위기를 겪고 난 생물학은 더욱더 일반화하는 과학, 다시 말해 형식적 내지 논리적 의미에서도 하나의 자연과학인 것으로 다시 돌아갈 수밖에 없을 것이다. 이것은 예를 들어 베어의 경우처럼 항상 '개체 발생적' 발전론의 경향을 띠고 있던 다윈 이전의 생물학의 모습이다. 그리하여 생물학이 일반적으로 자연과학과 문화과학을 서로 대립시키는 우리의 시도와 모순되는 것처럼 보이는 구조를 갖게 된 것은, 역사철학적 사변에 의한 것을 제외하고 보면 다윈 자신에 의해서라기보다 오히려 소수의 '다윈주의자들', 특히 헤켈에 의해서였다. 그렇지만 헤켈에게서조차, 일반화의 요소와 가치 관계적·역사적인 요소가 뒤섞여 있는 상황임에도 개념적으로는 명확히 분리된다. 다윈의 다른 후계자들의 작업들, 예컨대 바이스만August Weismann[82]의 작업도 현저하게 일반화하는 성격, 또한 논리적 의미에서의 자연과학적인 성격을 지니고 있으므로, 이 작업은 모든 면에서 우리의 도식에 들어맞는다.

우리의 맥락에서 보다 중요한 것은 아마도 *문화과학*에서 방법상 *자연과학적인*, 즉 일반화적인 요소일 것이다. 지금까지 나는 의도적으로 엄밀한 의미에서 오직 일회적인 현상에 관계되는 *특유한* 역사적 개념 구성에 대해서만 논해왔다. 그리고 근본적인 논리적 원리를 해명하는 데는 이것으로 충분했다. 왜냐하면 역사적인 서술 *전반*은 언제나 일회적인 객체로서 결코 반복되지 않는 특성 속에서 고려되기 때문이다. 그러나 이제는 이 서술이 일면적으로 보이지 않도록 하기 위해 다음과 같은 것도 고찰해야만 한다.

현실의 문화적 의의는 언제나 특수한 것에 담겨 있게 마련이지만 동시에 특수와 보편의 개념은 *상대적*이다. 예컨대 우리가 독일인이라는 개념을 프리드리히 2세나 괴테 혹은 비스마르크Otto von Bismarck 등과의 관계에서 본다면, 그것은 아마도 보편적일 것이다. 그러나 우리가 이 개념을 인간 일반이라는 개념에 비추어 생각한다면 이 개념은 동시에 어떤 특수한 것이다. 따라서 우리는 이러한 *상대적으로 특수한 개념*을 또한 '상대적으로 역사적인 개념'이라고도 부를 수 있다. 그런데 문화과학의 경우에는 단지 진정한 의미에서의 개별자나 특수자가 갖고 있는 *특유한* 개성적 특성이 고려될 뿐만 아니라, 파악될 역사적 전체의 *부분*이 문제시될 때에는 객체들의 *그룹*에서 볼 수 있는 개성적 특성도 함께 고려된다. 실제로 여러 가지 *그룹 개념*을 통해 작업하지 않는 문화과학은 존재하지 않는다. 적지 않은 부문에서 이들 그룹 개념이 전면에 부각되어 문제의 중심이 되고 있다. 물론 이러한 상대적으로 역사적인 개념의 내용은, 예컨대 우리가 한 사람의 독일인에 대해 이해하고 있는 것이 결코 민족의 집단을 구성하는 *모든* 개인에게 공통된 것만을 포함하고 있지는 않은 것처럼, 관련된 보편 개념의 내용과 항상 일치할 필요는 없다. 이것은 역사적 개념 구성에 존재하는 형식 중 하나인데, 이에 대해서는 더 이상 논구하지 않겠다. 그러나 진정으로 보편적인 개념에서도 역시 역사적 개념 구성을 지도하는 *문화 가치*에 대해 동시에 *중요성*을 갖는 *특유한* 징표들이 발견될 수 있을 것이다. 다시 말해 이것은 대체로 *가장 초기의 발전 단계*에 있는 문화 현상이나, 다수 *대중*의 관심과 의향에 결정적으로 바탕을 두고 있는 문화 현상에 관련된 개념에서 발견된다.

이러한 경우에, 다수의 객체의 공통점을 총괄하는 과학적 개념 구성은 이 객체 그룹이 지니는 문화 의의의 관점에서 보더라도 본질적인 것을 역시 본질적인 것으로 볼 수 있다. 따라서 이를 통해 자연과학적 의의와 문화과학적 의의를 동시에 지니는 개념들, 그리고 경우에 따라서 일반화 서술에도 개성화 서술에도 사용될 수 있는 개념들이 성립된다. 흔히 볼 수 있듯이 이렇게 *일반화되어 구성된 개념 내용과 가치 연관적·역사적으로 구성된 개념 내용이 서로 일치되는 경우*에 동일한 연구자는 자연과학의 방법뿐만 아니라 역사의 방법에 의해서도 연구한다. 따라서 원시 문화의 연구, 언어학, 국민 경제학, 법률학 및 그 밖의 문화과학은 일반화되어 구성된 요소들을 지니고 있다. 이 요소들은 본래의 역사적인 작업과 밀접하게 결부되어 있어 오직 *개념적으로만* 그 작업에서 분리될 수 있는 것이다.

이러한 관계에서 볼 때, 헤르만 파울이 '원리과학'이라는 명칭을 부여한 연구의 정당성과 의의가 명백해진다. 물론 나는 "역사적으로 발전하는 객체의 보편적인 생활 조건을 탐구하고, 모든 변화 속에 한결같이 존재하는 요인을 그 본성과 작용에 따라 연구하는" 과학이 역사과학의 *모든* 부문과 같은 정도로 중요하다는 주장을 인정할 수는 없다. 왜냐하면 가장 엄밀한 의미에서 일회적이고 특수한 것이 고려될 경우에 어떤 원리과학의 보편적 개념은 기껏해야 개념의 *요소*로 사용될 수 있을 뿐이기 때문이다. 그렇지만 언어학과 같이 일반화되어 형성된 요소들을 특히 많이 지니고 있는 상술한 과학들에 대해서는 이러한 연구가 실제로 큰 의의를 가질 것임에 틀림없다.

같은 이유에서 일반화하는 *심리학*도 이러한 과학에서 일정한 역할을 하고 있다. 따라서 이러한 의미에서 이제까지의 논술이 *보완될* 필요가 있다. 그러나 그렇다고 해서 심리적 삶에 관한 이 과학을 결코 "더욱 고차적인 의미에서 해석된 *모든* 문화과학의 가장 중요한 기초"라고 지칭할 수는 없다. 왜냐하면 순수 개별자의 문화적 의의가 *상승하고* 이에 조응해 보편 개념적 연구가 일반적으로 사라짐에 따라서 심리학의 의의는 감소하기 때문이다. 바로 가장 중요한 문화 현상에서 그렇다. 종교, 국가, 학문, 예술의 역사에서 일회적인 개인은 결코 '비본질적'일 수 없다. 새로운 문화 재화의 창조에 대한 충동은 거의 언제나 개개의 *지도적 인물*에서 시작된다. 어떤 이론들에 집착한 나머지 고의로 역사적인 사실을 외면하려는 사람이 아니라면 누구나 이것을 알고 있다. 따라서 지도적 인물은 역사적으로도 중요한 의의를 갖게 될 수밖에 없다. 그리고 그것을 서술하는 것은 단지 상대적으로 역사적 개념들만을 가지고는 완성될 수 없는 것이다.

이러한 주장은 물론 역사를 위인들의 *의도*나 *행적*으로 '설명'하려고 하거나 모든 역사적 삶의 인과적 조건성을 부인하려고 하는 경향과는 아무런 상관이 없다. 사람들은 역사적인 인물들을 *꼭두각시*라고 부르고, 나폴레옹이나 비스마르크 스스로도 자신의 꼭두각시놀음을 *의식*하고 있었다고 즐겨 지적한다. 우리가 이것의 정당성 여부를 물을 필요는 없다. 왜냐하면 역사의 방법에 대한 결정은 이와는 상관없기 때문이다. 꼭두각시 역시 *개성적인* 현실이기 때문에 그들의 *역사*는 단지 *개성적* 개념으로만 서술될 수 있을 뿐 결코 보편적 개념들의 체계로 서술될 수는 없다. 꼭두각시를 조종하는 배후 또한 모든 현실과 같이 개성적인 것이다. 따라서 비록 역사가 단순히 꼭두각시들을 다룬 것이라고 할지라도, 언제나 역사는 어떤 개성적인 특수한 배후들이 한편에서는 이러한 역사적으로 중요한 꼭두각시를, 다른 한편에서는 저러한 역사적으로 중요한 꼭두각시를 조종했는지를 밝혀야만 할 것이다.

그 밖에도 역사적 인물을 꼭두각시와 비교하는 것은, 자연주의자들이 말하는 의미에서 본다면 그다지 적절한 것이 못된다. 꼭두각시들의 운동은 실로 언제나 *궁극적으로는* 행위하는 인간들의 *의*도로 환원될 수밖에 없기 때문이다. 따라서 모든 사건의 인과적인 조건성을 나타내기 위해서는 더 나은 비유를 선택해야만 한다. 이때 오직 중요한 것은, 모든 역사적 현상들의 절대적인 인과적 조건성을 확신하고 있는 사람이라 할지라도 역사를 보편적 *법칙* 개념을 가지고 서술할 수 없고, 인과적 연관 관계도 보편적 개념이 아니라 일회적이며 개성적인 실재이기 때문에 이것의 역사적 서술은 오히려 개성적 개념들을 필요로 한다는 것을 깨닫는 것이다. 이 점을 분명하게 깨닫는다면, 모든 사건의 인과적 조건성을 근거로 개개의 지도적 인물이 역사에서 중요하지 않다고 주장하는 자연주의자들의 모든 논변이 얼마나 쓸데없는 것인지를 동시에 알게 될 것이다.

그러나 나는 더 이상 이 문제를 다루지 않겠다. 왜냐하면 *일반화하는 문화과학*에 의해 우리의 원리적인 구분이 제한받을 수는 있으나 전적으로 철회될 수는 없다는 것이 이제는 명백해졌음에 틀림없기 때문이다. 즉 문화라는 개념은 일반화하는 문화과학에서도 객체의 선택을 규정할 뿐만 아니라 어떤 점에서는 이 객체의 개념 구성이나 서술을 가치 연관적으로, 그리고 역사적으로 만들기도 한다. 말하자면 문화과학에서 개념의 보편성은 한계를 가지고 있고, 이 한계는 문화 가치에 의존적이다. 그러므로 문화과학에서 보편 개념적 관계의 확정이 아무리 중요하다 해도, 만약 이 연구가 문화과학적 의의를 상실하지 않으려면 역시 언제나 비교적 보편성이 적은 개념을 사용해야만 할 것이다. 따라서 이러한 점에서도 자연과학과 문화과학 간에 경계선이 그어져 있는 것이다.

이 경계선은 사실상 매우 빈번하게 그리고 철저하게 문화과학에 대한 해악을 초래하기 때문에, 이 경계선을 가능한 한 분명히 밝혀야 할 것이다. 오늘날에는 흔히 *가장 원시적인 단계*에서 나타나는 문화 현상을 이른바 원시 민족의 경우에서 즐겨 찾고 있다. 이 원시 민족한테서 '가장 단순한' 모습을 띤 문화 현상을 알게 될 것이라고 믿기 때문이다. 확실히 이러한 믿음은 정당하다고 할 수 있다. 그러나 이러한 원시 민족의 연구를 통해 우리에게 더 가까운 문화 현상에 대한 이해도 획득된다고 전제할 경우, 실제로는 연구된 현상에 전혀 포함되지 않은 것을 투사하여 해석하는 일이 없도록, 또한 이렇게 함으로써 문화 객체의 역사적인 개념을 이미 문화로 불릴 수 없는 현실에까지 확대하는 일이 없도록 주의해야만 할 것이다.

예컨대 사람들이 '예술'이라고 간주하는 하나의 활동이 실제로 문화 재화에서 우리가 우리 사이에서 예술이라고 부르는 어떤 것과 공통성을 가지고 있는지를 철저히 확인해야 할 것이다. 이 일은 오직 예술에 대한 *역사적 문화 개념*의 도움을 통해서만 가능하다. 역사적 문화 개념은 미학적 가치 개념을 근거로 형성된다. 이에 대한 지식은 대부분 얻기 어려운 것인데, 우리가 이에 대해 아무것도 알지 못하고 있는 한,

어떤 임의의 원시 민족의 창작품——이 창작품의 경우 미적 가치가 그 생산자나 수용자에게 경우에 따라서는 전혀 문제가 되지 않는다——을 끌어들이는 것은 예술학에 혼란만 일으킬 뿐이다. 또한 상술한 이유로 인해 원시 문화 연구에서 보편적 개념을 통해, 즉 일반화의 방법을 통해 많은 성과를 거둘 수 있기 때문에 원시 문화의 연구를 진정 과학적인 연구로 보는 것은 어떠한 상황에서도 근본적으로 잘못이다. 그리고 이렇게 획득된 보편성도 더욱 높은 문화 발전을 고찰하는 데 '치명적으로' 작용한다.

보편적 개념은 *경제적* 삶을 대상으로 하는 문화과학에서 가장 광범위한 공간을 차지하게 될 것이다. 일반적으로 경제적 활동들이 따로 분리될 수 있는 경우에는 사실상 오직 *대중*만 고찰되기 때문이다. 따라서 이런 문화과학에서 본질적인 것은 대개 비교적 보편적인 개념의 내용과 일치할 것이다. 예컨대 어떤 특정한 시대의 어떤 특정한 민족에서 농부나 공장 노동자의 역사적 본질은 거의 틀림없이 모든 개개의 표본에 공통적이고, 따라서 자연과학적 개념을 구성할 수 있는 것이다. 그러므로 여기서는 순수하게 개성적인 것은 뒤로 물러서고 보편 개념적 관계의 확립이 가장 넓은 공간을 차지하게 될 것이다.[83] 그 밖에, 여기서 역사과학을 하나의 일반화하는 자연과학으로 만들려는 노력이 왜 그처럼 자주 모든 역사는 근본적으로 경제의 역사라고 하는 주장과 함께 나타나게 되었는지를 이해할 수 있다.

그러나 동시에 바로 여기서, 역사를 *단지* 경제사나 자연과학으로서만 다루려는 시도가 얼마나 온당치 못한가 하는 것이 가장 명백히 드러난다. 쉽게 알 수 있듯이 이러한 시도는 본질적인 것과 비본질적인 것을 나누는, 완전히 *자의적*으로 선택된 원리에 근거를 두고 있다. 말하자면 이것은 완전히 비과학적인 *정치적 당파성* 때문에 선택된 원리에 근거를 두고 있는 것이다. 이러한 시도를 이미 콩도르세Marquis de Condorcet에게서 찾아볼 수 있다. 이른바 *유물 사관*은 그러한 전체적인 경향의 극단으로서 그런 시도의 전형적인 사례를 보여준다. 유물 사관은 대체로 독특한 사회민주주의적 희망에 의존하고 있다. 주도적인 문화 이상은 민주주의적이기 때문에 과거에 대해서도 위대한 인물들을 '비본질적'으로 간주하고 오직 민중에게서 나오는 것만을 인정하는 경향이 있다. 따라서 역사의 기술은 '집단주의적'이 된다. 더 나아가 프롤레타리아의 입장이나 이론가들이 대중의 입장이라고 여기는 입장에서는 주로 동물적인 가치가 더욱더 중요시된다. 그 결과 동물적인 가치와 직접적 관계에 있는 것, 즉 경제적 삶만이 '본질적인 것'이 된다. 따라서 역사는 또한 '유물론적으로' 되는 것이다. 그렇다면 이것은 단지 이론적으로 가치와 연관되는 경험적인 역사과학이 결코 아니고, 실천적으로 가치를 평가하고 강압적·무비판적으로 *구성하는 역사철학*이다.

이뿐만 아니라 유물 사관에서는 절대적으로 정립된 가치가 표준이기 때문에 이 가치에 대해 *의의 있는* 것만이 유일하게 진정한 *존재자*로 바뀌며, 따라서 경제적 문화 이외의 다른 모든 문화는 단순한 '반영'이 된다. 따라서 형식적인 관점에서 볼 때 플라톤적 관념론이나 *개념 실재론*의 구조가 보여주는 것처럼 전적으로 *형이상학적인* 견해가 생겨난다. 그리고 *가치*들은 진정 유일하게 *실재적인 것*으로 간주된다. 둘 사이의 차이는 머리와 가슴의 이상理想 자리에 위胃의 이상이 등장하고 있다는 점뿐이다. '이데올로그'인 라살Ferdinand Lassalle[84]조차 노동자들에게, 그들의 선거권을 위胃의 문제로 해석하고 위胃의 온기가 국민의 전신으로 퍼져나가도록 역설하고 있다. 왜냐하면 오랫동안 이것에 저항할 만한 권력이란 없기 때문이다.[85] 이러한 입장에서 인간 전체의 발전이 결국 '먹이 터를 위한 투쟁'으로 간주된다 하더라도 이상할 것은 없다.

'사적 유물론'의 근거가 되는 가치 관점이 일단 밝혀지면 우리는 이와 같은 역사 기술의 *객관성*에 대해 어떻게 생각해야 할지 알 수 있다. 이 객관성은 과학의 소산이기보다는 오히려 당리당략의 소산이다. 종래에 역사가들이 경제적 삶을 너무나 *무시*하고 있었음은 부인할 수 없는 사실이다. 경제사는 이를 *보충하는* 고찰로서 확실히 가치를 지니고 있다. 그러나 경제사를 *유일하게* 본질적인 것으로 보고 모든 것을 이 것과 연관시키려고 하는 시도는 모두, 지금까지 일반적으로 시도되어온 그 어떤 것과도 견줄 수 없는 *가장 자의적인 역 사 구성*이라고 볼 수밖에 없다.

제12장

양적 개성

이러한 *제한*들을 따를 경우, 우리가 문화과학과 자연과학을 서로 대립시키는 의미는 더 이상 오해될 리 없다. 경험과학을 두 *가지 주요 그룹*으로 나누려는, 처음에 설정된 과제는, 이 과제가 논리적으로 서로 대립되는 두 개의 기본 경향을 설명하는 것이 가능하다는 점에서는 해결되었다고 보아도 좋을 것이다. 하지만 여기서 개진된 시도는 기존의 의견과는 매우 다른 것이기 때문에, 물론 동의를 얻기도 했지만 여러 방면에서 공격을 받기도 했다. 이 책처럼 요점을 개괄적으로 제시하는 것을 중심으로 삼는 서술에서는 모든 이의에 일일이 항변할 수 없다. 이 때문에 나는 몇 군데에서 명시적으로 추후에 *보충할 것*을 예시한 바 있다. 이제 나는 최소한 아직도 의심이 풀리지 않은 가장 중요한 문제점들의 해명을 시도하고자 한다.

첫째, 자연과학적으로 *일반화하*는 방법은 어떤 경우에도 *개별적이고 특수한 것*을 파악할 수 없다는 데 대해 사람들이 이의를 제기할 수 있다. 따라서 자연과학의 방법에 따른 역사 개념이 *논리적*으로 모순이라는 것을 인정하려고 하지 않을 것이다.

둘째, 사람들은 *가치 관점 없이*도 개별화하는 개념 구성이 가능하다고 주장할 수 있다. 따라서 역사의 개념을 원리적으로 가치 연관의 개념과 연결시키는 것은 잘못이라고 주장할 수 있다.

끝으로, 이 두 가지 항의가 모두 해결되었다 하더라도 사람들은 역사적 문화과학의 *객관성*을 *문제가 있는 것*으로 보고, 문화과학의 객관성에 대립하여, 결코 문화과학의 객관성은 도달할 수 없는 모범인 자연과학의 객관성을 제시할 수 있다. 우리는 이 세 가지 의문점을 차례로 검토하고자 한다.

*물리학과 천문학*은 거의 언제나 자연과학의 방법을 취하는 학문 분과에서 특수하고 개별적인 것을 파악하는 것과 관련된 실례로 거론된다. 이것은 결코 우연이 아니다. 그 이유는 어렵지 않게 찾을 수 있다. 이들 두 과학은 연구 대상에 *수학*을 응용한다. 왜 사람들이 물리학과 천문학의 개념을 통해 개별적 실재가 남김없이 파악될 수 있다고 여기는지를 이해하기 위해서는, 현실의 모든 이질적 연속을 극복하는 수단으로서 과학이 취할 수 있는 두 가지 길에 대해 앞서 말한 것을 상기해보기만 하면 된다.[86] 그러면 우리는 이러한 관점에 그릇된 생각 또한 존재하고 있다는 것을 아주 쉽게 알아차릴

수 있다. 다시 말해 현실은 이들 두 과학을 통해서도 자연과 역사라는 우리의 논리적 기본 대립이 문제시되지 않는 방식으로만 개념화된다는 것을 알아차릴 것이다. 우리는 이 목적을 위해 *새로운* '개성'의 개념만을 이해하면 된다. 이 새로운 개성의 개념은 전혀 파악할 수 없는 모든 현실의 단순한 이질성뿐만 아니라 가치 연관에 의해 생겨나서 역사적 개념 속에 들어오는 개성과도 원리적으로 구별되는 것이다. 우리는 이 새로운 개념을 현실의 단순한 이질성으로서의 *질적 개성*과 마찬가지로 질적인 *역사적* 개성에 대립시켜 *양적 개성*의 개념으로 규정할 수 있다.

자연과학의 몇몇 분과는 개념을 구성할 때 현실에서 *계산*되고 *계량*될 수 있는 것에만 국한하고 있다. 따라서 *양적인* 규정들만이 결국 물체계의 *가장 보편적인* 이론을 형성하게 된다. 순수한 기계적 해석은 순수한 양적 해석과 서로 부합한다. 그런데 *개념*과 *현실*을 흔히 혼동한 결과로서, 오직 개념적 분리의 덕택에 존재하는 물리학의 순수하게 양적인 세계도 현실적인 물체와 같이 그 자체로 하나의 *실재*라고 보는의견이 생겨나게 된다. 더 나아가 *오직* 양적으로만 규정된 것이 '참된' 물리적 현실이고, 모든 *질*은 전적으로 '주관' 속에 존재하여 단순한 '현상'에 속한다고 보는 결론이 곧바로 도출된다.

이와 같은 종류의 냉철하지만 아주 환상적인 *형이상학*

── 여기서 이에 대해 더 상세히 논구할 수는 없다[87] ── 에 의해 지배받고 있는 사람은 과학적 개념 구성의 본질을 결코 이해하지 못할 것이다. 우리의 과학론은 사실상 다음과 같은 전제, 즉 *현실*이 앞서 말한 것처럼 *질적으로 이질적인 연속체*이고 경험적 학문 분과가 이런 *경험적* 현실을 인식하는 의미를 지닌다는 전제에서만 타당성을 갖는다. 사람들이 이러한 전제를 고수한다면, 대상을 *계량화하는* 자연과학은 우리의 이론에 쉽게 들어맞게 된다. 말하자면 바로 이 자연과학은 *현실*의 개성과 언제나 *질적*인 역사의 개성을 자기 개념 속에 결코 받아들일 수 없다는 것이 분명해진다.

물론 다음과 같은 사실은 인정해야 한다. 물리학의 순수한 양적인 세계는 일반화하는 개념 구성을 통해 남김없이 인식될 수 있다. 순수한 양적인 세계의 '개성'은 심지어 *계산*될 수도 있다. 왜냐하면 이런 세계의 내용은 모든 무한한 이질성을 상실했기 때문이고 동질의 연속은 수학의 도움을 통해 개념적으로 완전히 지배될 수 있기 때문이다.

우리는 동질적 공간의 모든 임의의 점을 수단들 ── 여기서 중요한 문제는 아니다 ── 을 통해 정확히 규정할 수 있다. 따라서 이런 순수한 양적인 세계를 *실재*로 보는 사람들은 몇 가지 보편적 공식을 서로 조합하기만 하면 이런 '현실'의 개성을 파악할 수 있다. 그런데 사실상 *이런* 개성은 보편적인 것들의 교차점과 다름없다. 이를 바탕으로 사람들은,

예컨대 쇼펜하우어가 어떻게 공간과 시간을 곧바로 개성화의 원리로 부르게 되었는지 또한 이해하고 있다. 그래서 오늘날에도 여전히 많은 사람들은 어떤 것이 *어디에, 언제* 있는지를 제시하면 현실의 진정한 *개성*이 결정된다는 믿음을 갖고 있다.

그러면 이것은 어떤 전제에서만 타당성을 가질까? 17세기의 *합리주의적* 형이상학의 입장에서 본다면, 단순한 *연장延長*, 즉 데카르트나 스피노자Benedict de Spinoza의 연장extensio을 물리적 현실과 동일시할 수밖에 없다. 또한 수학의 선이 점에서 성립되듯이 이 '현실'의 최종적 부분, 즉 '원자'에서 물체가 성립되는 것으로 생각할 수밖에 없다. 물론 *이러한 경우에* 사람들은 물체의 모든 부분의 '개성'을 자연과학적 개념의 도움을 통해 남김없이 인식할 수 있다고 생각할 수 있다. 그러나 물리학에서 인식되는 이런 순수한 양적인 세계가 우리 모두가 생각하는 현실이라는 단어의 의미에서 볼 때는 *어떤 현실도 아니라는* 것을 정말 증명할 필요가 있을까? 물리학의 세계에서 나타나는 이러한 개성을 인식할 수 있는 것이, 물리학의 세계가 양적으로 규정한 개념들을 통해서는 인식할 수 없는 모든 것을 *제거*한 데 기인하는 것은 아닐까? 물리학 세계의 순수한 양적인 '개성'은 우리가 경험적 현실의 개성으로 이해하는 것과 공통점을 가지고 있을까? 마찬가지로 이것은 역사에서 개성으로 고찰되는 것과 명칭 이상의 공통점을 가지고 있을까?

순수하게 양적인 것은 이것으로만 본다면 *비현실적인 것*이다. 단순한 '연장'은 아직 아무런 물리적 *실재성*도 갖고 있지 않다. 사람들이 오직 개념적으로 완전히 지배하고 있는 동질적 연속은 오히려 모든 *현실*이 우리에게 보여주는 이질적 연속과 매우 뚜렷한 *대립*을 이루고 있다. 우리는 지금까지 현실의 이러한 개성에 대해서 말해왔다. 따라서 우리는 보편들의 교차점이라고 생각될 수 있는 *그러한* '개성', 그리고 공간적 또는 시간적으로 순수하게 양적인 규정들에 의해 확정될 수 있는 *그러한* '개성'을 현실의 개성이라고 불러왔을 뿐, 역사적 개념 구성의 문제에서 중요성을 갖는 특성을 현실의 개성으로 불러온 것은 결코 아니다. 사람들은 수학적 자연과학의 본질을 이해하기 위해서도 이 개념들을 엄밀히 구별해야 한다. 현실적인 개성과 수학적 물리학에 의해 지배 가능한 개성 사이에는 단지 *한 가지* 공통점만이 있는데, 이 공통점은 현실적인 개성 *또한* 언제나 공간이나 시간상의 일정한 위치에 있다는 것이다. 그러나 이것*만*으로는 개성이 아직 개성으로 규정되지 않을뿐더러 이것만으로는 그 *내용*도 전혀 규정되지 않는다. 그러므로 아무리 많이 보편성들을 '분리'시킨다 하더라도 이것을 통해서는 —— 양적인 공간과 시간을 제시할 수 있다는 것을 도외시한다면 —— , 일회적 현실에 고유하게 존재하는 것으로서 이런 현실을 특수하고 유일무이한 하나의 개체로 만드는 것에 대해서는 *아무 것도* 파악할 수 없을 것이다.

이 경우에, 우리가 그 특수성과 개성에서 고찰하고 있는 현실적 사물을 얼마나 크게 혹은 얼마나 작게 생각하는지는 중요하지 않다. 일반적으로 우리에게 이미 알려진 현실과 더불어 어떤 한 개념 아래 포섭될 수 있는 또 하나의 *현실*이 있는 이상, 우리는 모든 현실과 마찬가지로 이 현실을 이질적 연속체로, 즉 개념적 인식을 통해서는 원리상 완전히 밝혀질 수 없는 것으로 전제해야만 한다. 이 사상을 극단까지 밀고 가기 위해서 모든 물체는 '전자'로 되어 있다고 생각하는 물리학의 세계상을 생각해보자. 이 전자에 의해 물리적 현실은 *남김없이* 파악될까? 물론 파악될 수 없다. 보편적 유개념의 모든 사례처럼, 전자들도 물리학에 의해 단지 단순하고 동일한 것으로 *간주되고* 있을 뿐이다. 만약 전자를 현실이라고 이해한다면, 이 전자는 공간을 *채워야만* 한다. 우리는 전자가 절대적으로 동질이라고 생각할 권리를 가지고 있을까? 어떻게 우리는 이러한 실재를 받아들이게 되는 것일까? 우리에게 알려진 모든 물체는 다른 어떤 물체와도 상이하고, 모든 물체는 그 특성에서 물리적인 세계 전체와 마찬가지로 비합리적이다. 따라서 물리학이 관여하는 *모든* 물리적 사물도 그러할 것이다. 현실은 결코 '원자'일 수 없고, 말의 논리적 의미에서 '최후의 것'일 수 없다. 현실적 원자는 언제나 다양하며 개체적이다. 우리는 이 밖의 다른 어떤 현실도 *알지* 못한다. 따라서 원자들의 개성이 *물리학적 이론*에서 아무리 *비본질적*이라 하더라도 우리는 현실로 인식되는 원자를 달리 *생각할* 권리가 없다.

요컨대, 물리학의 연구가 *결코 최종에* 이를 수 없다는 사실에서도 현실의 이질적 연속성은 뚜렷하게 드러난다. 물리학이 도달하는 것은 언제나 *끝에서 두 번째의 것*에 지나지 않는다. 마치 이것이 *최종의 것*에 이른 것처럼 보이는 것은, 물리학이 자신의 개념들에 포함되지 않은 것을 *무시하고* 있는 데 기인한다. 점이 선의 부분인 것처럼 좀 더 큰 물체의 부분을 이루는 물체는 개념적 *허구*의 일종이고, 또한 선 위에서의 위치에 의해 그 전체적 현실이 남김없이 규정되는 물체라는 것도 개념적 *허구*의 일종이다. 그것은 이론적 *가치*의 개념, '이념'의 개념, '과제'의 개념이지 실재의 개념은 아니다.

이뿐 아니라 우리는 한 걸음 더 나아가 고찰해야만 한다. *수학적 선*의 동질적 연속조차 명목상으로 그 선을 '만들고 있는' *점*들의 동질적 불연속과는 원리적으로 다르다. 사실상 선은 결코 점들이 *모여 형성될* 수 없다. 그런데도 현실의 이질적 연속을 엄밀한 의미에서 '원자들'의 동질적 불연속으로, 즉 단순하고 서로 동일한 것들의 동질적 불연속으로 생각할 수 있을까? 또한 이런 남김없이 인식될 수 있는 형상이 바로 현실이라고 생각할 수 있을까?

순수하게 양적으로 규정된 기계적 개념에 사로잡힌 나머지 *현실적* 개성이 수학적 물리학의 개념을 통해 파악된다는 것을 믿기 위해, 사람들은 자신의 살아 있는 삶의 매 순간 현실 속에서 *체험하는* 것을 완전히 *망각하고* 있음에 틀림없다. 수학을 적용하고 동질적 연속을 개념에 끌어들임으로써 도출된 것이 표면적으로는 개성 내지 현실에 가까운 것처럼 보이나 그것은 사실상 *현실에서 가장 먼 것*을 의미한다. 왜냐하면 개성적 현실은 결코 동질적이지 않기 때문이고, *수학적*으로 '개성화된' 모든 것은 순수하게 양적인 모든 것과 마찬가지로 그 자체만으로는 비실재적이기 때문이다. 어쨌든 수학적으로 규정된 양적 개성은 현실의 개성이 아니며, 마찬가지로 그것은 역사적 개념으로 파악되는 개성도 아니다. 이것을 새삼스럽게 증명할 필요도 없을 것이다.

　사람들이 이러한 점을 이해한다면, 자연과학적 법칙 개념을 통해서는 과학에서 어떤 현실적 개성도 파악될 수 없다는 주장에 대한 반대 사례를 *천문학*에서 찾지는 않을 것이다. 확실히 과거와 미래를 불문하고 천문학은 고유명사로 지칭되는 각 천체의 *궤도*를 정확하게 계산할 수 있고 일식과 월식을 일 초의 몇 분의 일까지 예언할 수 있다. 또한 천문학은 그러한 현상이 과거에 일어난 개성적 *시점*을 제시할 수 있기 때문에 역사적인 사건들을 *연대순으로* 확정하는 일도 가능하게 한다. 따라서 이미 천문학은 우리가 생각할 수 있는 가장 완전한 인식이라고 종종 여겨졌고, 이에 따라 '세계 법칙'의 이상이 발전되었다. 이러한 세계 법칙을 이용하면 현실의 전체 전개 과정을 그 모든 개성적 단계 속에서 남김없이 *계산*할 수 있을 것이라고 생각되기도 했다. 특히 뒤 부아 레몽 Emil Heinrich Du Bois-Reymond[88]은 이러한 사상을 대중화시켰고 이로써 자연과학의 미래의 가능성에 대한 가장 놀라운 생각들을 세상에 널리 전파했다. 이 생각들은 기이하게도 논리학 저작들에도 나쁜 영향을 미쳤고, 마침내 세계의 전체 역사적 진행은 행성의 궤도처럼 원리상 자연과학적으로 예언될 수 있다는 주장까지 만들어내기에 이르렀다.

여기서 이와 같은 *세계 법칙*의 사상 속에 숨어 있는 논리적 모순의 혼란을 완전히 풀어내면 논의가 너무 확장될 것이다. 우리의 목적을 위해서는 이러한 세계 형상의 *출발점*이 이미 잘못되었고 이러한 세계 형상에는 확고한 기초가 결여되어 있음을 제시하는 것으로 충분하다. 우리는 다음과 같은 것을 물으면 된다. 천문학은 천체에 관해 *무엇을* 계산할 수 있고 *무엇이* 그 법칙들 안에서 파악되는가? 이에 대한 대답은 간단하다. 천문학이 천체의 개성에서 남김없이 파악하는 것은 오직 객체의 *양적* 규정들뿐이라는 것이다. 예컨대 천문학은 각 천체가 과거에 존재했던 *시점과 공간적 위치*, 현재에 존재하고 있는 시점과 공간적 위치, 미래에 존재할 시점과 공간적 위치를 그 '개성'에 따라 제시할 수 있다. 따라서 일정한 역사적 사건이 어떤 일식과 *시간적*으로 일치한다는 사실이 역사적 자료에 의해 이미 *알려져* 있다면, 사람들은 이 사건이 일어난 날짜까지도 계산할 수 있다. 그러나 그 사건과 일식과의 시간적 일치는 이미 정해져 있었을 것이다. 천문학은 그 *날짜*라는 양적 규정 이외의 다른 것을 제시할 수는 없다.

그렇다면 천문학에 의해 과연 어떤 *현실적* 개성이 파악되는 것일까? 양적 규정들은 임의의 모든 규정과 마찬가지로 *또한* 개성에도 속하기 때문에 이 양적 규정들을 '개성적'이라고 부를 수 있으나, 이런 시공간적 개성은 우리가 역사에서 현실의 개성이라고 이해한 것과는 결코 일치하지 않는다는 점을 이미 명시한 바 있다. 천체들의 전체적인 특성을 고려한다면 천문학의 '개성적인' 공간과 시간의 제시는 오히려 전적으로 *보편적*이다. 왜냐하면 어떤 *임의의* 물체의 표본 역시 동일한 양적 규정들을 가지고 있다면 공간과 시간상의 동일한 위치에 존재할 수 있으므로, 이 표본은 개성적인 *질적* 특성을 전혀 가지고 있을 필요가 없기 때문이다. 물론 이때 개성적인 질적 특성은 표본의 개성을 이루며, 경우에 따라서는 개성화하는 과학에서 본질적인 것이 된다. 개성적으로 질적인 규정과 개성적으로 양적인 규정 간의 연관 관계가 천문학에서도 전적으로 '우연적인 것'이라면, 일반화하는 과학이 아무리 진보한다 하더라도 이런 양적 개성과 질적 개성 간의 틈을 결코 해소시킬 수 없을 것이다. 왜냐하면 우리는 순수한 양의 세계를 떠나 질적인 현실로 옮겨가자마자 *동질적* 연속에서 *이질적* 연속 속으로 들어가게 되기 때문이다. 이와 더불어 대상을 개념적으로 *남김없이* 지배할 가능성은 모두 사라지게 된다.

따라서 수학적 물리학의 구성물들을 현실의 질적인 것과 *동격화하는* 일이 가능하다 하더라도, 이는 사람들이 생각했던 것과 달리 우리의 결론에 아무런 변화를 가져오지 않는다.[89] 물론 정신물리학이 시도하는 이러한 동격화가 *자의적인 것*은 아니다. 그러나 이러한 동격화가, 질적으로 *개성적인 것*이 양적으로 '개성적인 것'과 정확히 그리고 *남김없이* 일치한다고 주장할 수는 없다. 그리고 바로 이 점만이 우리의 맥락에서 중요한 것이다. 질적인 것과 관련해서는 언제나, 단지 질적인 것에 관한 보편적 개념만이 양적인 규정 속에 포함되어 생각될 수 있다. 따라서 법칙 개념을 사용하여 질적 개성 자체로 나아간다는 것은 수학적 물리학의 우회로를 통해서도 절대 불가능하다.

예컨대 정확히 규정된 일정한 양에는 정확히 규정된 일정한 높이의 음$\frac{}{}$, 즉 정확히 규정된 일정한 질의 음이 대응한다는 것을 내가 알고 있다 하더라도, 이 경우의 음에서는 단지 임의적으로 빈번히 *반복되는* 것만이 고려될 뿐이다. 다시 말해 이 음이 다른 무수한 음과 공통으로 갖고 있는 높이만 고려될 뿐이지, 결코 이 음을 일회적이고 개성적인 현실로 만드는 것이 고려되는 것은 아니다. 아니면 혹시 사람들은, 모든 *현실적* 음이 모든 현실적 인간과 마찬가지로 오직 일회적으로 존재한다는 것, 모든 개개의 *현실적* 감각 성질이 다른 모든 감각 성질과 구별된다는 것을 의심하길 원한단 말인가?

오직 보편적 개념들을 통해서만 생각하고 현실의 하찮은 개성에는 *주의하지* 않는 습관 때문에, 말하자면 음을 들었을 때 단지 개념적으로 규정 가능한 높이만을 고려하는 습관 때문에, 사람들은 현실적인 음이 무엇인지를 *간과*할지도 모르고, 음을 양적 규정과 완전히 동등한 것이라고 믿을지도 모른다. 그러나 이런 사유 습관이야말로 우리가 배격하는 것이다. 우리가 다른 현실적 형상들을 '단순한' 감각 성질로 생각할 경우, 이 형상들의 질적 개성을 파악하는 것이 불가능하다는 사실은 즉시 명백해진다. 음의 경우 개성적 차이는 비본질적이나 그렇다고 해서 개성적 차이가 좀 덜 현실적인 것은 확실히 아니다. 음의 질적 개성은 자연과학의 개념 속에서는 파악되지 않는다.

그러므로 양적인 것과 질적인 것은 어떤 틈에 의해 단절되어 있고, 미래의 정신물리학이라 할지라도 이 틈 사이에 다리를 놓을 수 없을 것이라는 점은 분명하다. 17세기의 합리론은 '단일'하고 단순히 '연장'되어 있는 모든 물체에는 마찬가지로 단일한 감각이 '병렬적으로' 설정될 수 있다고 믿었을 것이고, 따라서 현실을 기하학적으로 다룰 수 있다고 믿었을 것이다. 그러나 오늘날 드디어 우리는, 합리적 '세계들'은 고작해야 대상을 일반화하는 추상의 산물에 불과하다는 것을 알게 되었고, 물론 그렇다고 해서 합리적 세계가 이론적으로나 실천적으로 무가치하게 되는 것은 아니지만 결코 개성적 현실과는 일치하지 않는다는 것을 알게 되었다.

이러한 이유들로 인해 물리학과 천문학, 또는 심지어 정신물리학을 끌어들이는 것은 우리의 당면한 문제들에서 볼 때 아무 의미가 없다. 동질적인 것에서 이질적인 것으로 나아가는 것은 결국 우리 앞에 원리상 끝없는 다양성을 드러내게 하는 것이고, 언제나 비현실적인 것에서 현실적인 것으로 나아가는 것이며, 또한 합리적인 것에서 비합리적인 것으로 나아가는 것과도 일치한다. 우리는 단지 계량화될 수 없는 것을 *제외*함으로써만 비합리적인 현실에서 합리적인 개념으로 나아갈 수 있고, 이 경우 질적인 개성적 현실로 *귀환*하는 것은 영구히 불가능하다. 왜냐하면 우리는 우리가 개념 속에 *집어넣은* 것보다 많은 것을 개념에서 결코 *얻어내지* 못할 것이기 때문이다. 마치 보편성의 복합체가 개성적인 것으로 되돌아가는 것처럼 *보이는 경우*는, 우리가 모든 임의의 *점*을 지배할 수 있는 순수한 양적인 유형의 관념적 존재를 구축하고 나서 이 같은 개념적 세계를 실제로는 아무런 '점'도 존재하지 않는 개성적 현실과 혼동하기 때문에 일어난다.

이와 관련해, 최근에 철학에서도 자주 거론된, 자연 법칙과 관계있는 또 하나의 이의 제기에 대해 언급하겠다. 모든 운동은 점차 열로 변하고 모든 강도의 차이가 균형을 이루는 경향이 강해지기 때문에 세계에는 일반적인 '저온으로 인한 우주의 종말'이 틀림없이 닥쳐올 것이라고 논하고 있는 이른바 *엔트로피 원리*는 분명히 *일반화하는* 개념 구성의 산물이다. 그런데 이를 통해 동시에 가장 포괄적인 의미에서 '세계사'의 *일회적인 전개 과정*이 규정되는 것처럼 보인다. 더구나 사람들은, 세계는 아무도 태엽을 감아주지 않는 시계 장치처럼 마침내 정지할 수밖에 없다는 이 이론을 바로 세계의 *유일한* 발전 법칙이라고 불렀다.

물론 이것이 과연 옳은지 그른지에 대한 고찰은 역사적 *문화*과학의 방법에서 볼 때는 아무런 의미가 없다. 왜냐하면 아무도, 우리에게 알려져 있는 *인류 역사*의 시기에 이 법칙의 결과가 확인될 수 있음을 주장하지는 않을 것이기 때문이다. 그러나 *논리적* 관심에서 보면, 이 경우에도 자연과학적으로 일반화하는 고찰 방식과 역사적으로 개성화하는 고찰 방식이 필연적으로 갈라진다는 일반 원리는 깨어지지 않음을 제시하는 것이 중요하다. 이 목적을 위해서는 칸트의 *이율배반설*을 통해 누구나 알고 있을 만한 몇 가지 사상에 대해서만 상기해보면 된다.

만약 엔트로피 원리가 물체계의 모든 임의의 부분을 유적 사례로 포괄할 수 있는 보편적 개념일 뿐만 아니라 실제로 *역사적 법칙*이라면, 이 법칙은 가장 엄밀한 의미에서 *일회적인 세계 전체*에 적용될 수 있을 것이다. 왜냐하면 오직 그럴 경우에만 이 법칙이 이러한 '역사적' 전체의 역사에 대해 무엇인가 말할 수 있을 것이기 때문이다. 그러나 바로 이러한 적용은 물리적 세계 *전체*라는 유일하게 용인되는 개념에 생각이 미치면 바로 불가능해진다. 현실은 내포적intensiv으로도, 외연적extensiv으로도 완전히 규명될 수 없다. 즉 현실에서 나타나는 이질적 연속은 이미 우리가 살펴본 바와 같이 미시적인 것에서뿐만 아니라 거시적인 것에서도 *한계*가 없다. 따라서 제한되어 있어 완전히 규명될 수 있는 양을 전제로 하는 법칙을 세계 전체에 적용하는 것은 불가능하다. 따라서 에너지의 *제한된* 양이 더 이상 중요시되지 않는다면 저온으로 인한 우주의 종말이라는 개념은 즉시 의미를 상실하게 된다.

사람들은 에너지의 양이 *불변*이라는 열역학의 제1법칙과 관련된 사실을 종종 깨달았고, 이를 통해 기이하게도 *현실*이 제한되어 있음에 틀림없다는 결론을 도출해내곤 했다. 그러나 이 결론은 다시금 실재와 우리 개념과의 허용될 수 없는 합리주의적 혼동에 기인하거나, 현실은 그 내용적 규정을 고려해볼 때도 과학을 향해 있다는 것을 전제로 하고 있다. 사실상 사람들은, 물리학의 세계가 '유일한' 현실이 아니라고 결론 내릴 수 있을 뿐이다. 그리고 이 세계의 모든 부분이 *유적 사례*로서 세계 전체에 속한다는 전제에서만 열역학의 제1원리나 제2원리 역시 세계 전체에 적용될 수 있다고 결론 내릴 수 있을 뿐이다. 그러나 이때 각 부분은 완결되고 *유한한 것*으로 생각되어야 할 뿐만 아니라 또한 이런 관점에서 세계 전체와는 원리적으로 *다른 것*으로 생각되어야 한다. 이 사상을 한 방향으로 일관되게 생각해볼 경우 우리는 다음과 같이 단정할 수 있다. 열이나 운동 에너지의 양이 유한하다고 가정한다면, *시간적인* 의미에서 현실의 *시작점*을 설정할 수 없기 때문에 저온으로 인한 우주의 종말은 이미 오래전에 일어났을 것이다. 그리고 만약 열이나 운동 에너지의 양이 무한히 크다고 가정하고 이런 가정이 의미 있다고 한다면, 저온으로 인한 우주의 종말은 결코 일어날 수 없을 것이다.

그러므로 만약 엔트로피 원리가 옳다면 엔트로피 원리는 단지 *닫힌 것*으로 *생각되는*, 세계의 임의의 각 *부분*에 대해서만 타당할 뿐이다. 이 원리는 우리에게 세계 *전체*의 일회적인 전개 과정이나 역사에 대해 아무것도 말해주지 못한다. 따라서 기본적으로 이 원리는 자연 법칙적인 필연성을 통해서는 세계의 어떤 현실적 부분의 *역사*에 대해서 아무것도 말해주지 못한다. 왜냐하면 실제로는 세계의 현실적 부분 중 어떤 것도, 아무도 더 이상 태엽을 감아주지 않는 시계처럼 언젠가는 정지할 수밖에 없을 정도로 완전히 닫혀 있는 것이 아니기 때문이다. 오히려 이 경우에는 다음과 같이 생각할 수 있다. 즉 세계의 임의의 각 부분은 *더욱* 높은 온도를 가진 다른 부분과 인과적으로 결합되게 마련이고, 이를 통해 그 부분의 온도도 다시 *올라가게* 되어, 새로 태엽을 감아준 시계처럼 어떠한 부분도 결코 정지하는 일이 없을 것이다. 그리고 이러한 과정은 세계가 원리상 한계가 없기 때문에 몇 번이고 *반복*될 수 있고, 따라서 한 부분의 역사는 엔트로피 원리와는 *반대의 방향*으로도 진행될 수 있다. 또한 이 경우 우리에게 알려진 대부분의 세계의 부분에서 실제로 관찰되는 것과 같은 열량의 부침 현상이 나타날 수 있다.

물론 이것은 논리적인 *가능성*들에 불과하다. 그러나 여기서는 *보편적* 법칙이 필연성을 가지면서 역사적인 전체의 *일회적인* 전개 과정도 동시에 규정하는 경우란 *없다*는 것을 제시하는 일이 중요한 문제인 만큼 이러한 논리적 가능성을 제시하는 것으로도 충분하다. 엔트로피 원리도 세계 전체의 일회적 전개 과정, 즉 '세계사'에 대해서는 아무것도 말해주지 않는다. 단지 임의의 각 부분, 또한 동시에 닫힌 부분에 대해서만 무엇인가를 말해줄 뿐이다. 이때 이 모든 부분은 유적 사례로서 보편적 법칙에 종속된다. 그리고 법칙의 의의는 바로 이와 같은 보편성에 근거를 두고 있다. 이 법칙은 모든 자연 법칙과 마찬가지로 '가설적인' 형식을 띠게 된다. 즉, *만약* 닫힌 물체의 전체가 존재*하는* 경우에는, 저온 현상으로 인해 우주의 종말이 일어날 것임에 틀림없다. 그러나 세계의 물체의 전체나 어떤 역사의 전체 모두 절대적으로 닫혀 있지 않다. 말하자면 이 원리는 *역사적*으로 아무런 의의가 없다고 말할 수 있다.

이외에 한번 더 언급하고자 하는 것은, 이와 같은 논술들이 경험과학을, 일반화하는 자연과학과 개성화하는 문화과학의 두 그룹으로 구분하는 데 본질적인 것이 아니라는 점이다. 우리는 가치의 관점을 문화의 전前 단계나 문화의 다른 공간적 조건들로 옮김으로써 문화의 개념을 넓게 확대시켜 생각할 수 있다. 그러나 전체를 닫힌 것으로 전제한다고 하더라도 우리는 엔트로피 원리의 논의가 역사적 의의를 지니게 될 만한 역사적 전체라는 개념에는 결코 도달할 수 없을 것이다. 여기에서도 단지 *자연 법칙*과 *역사* 간의 원리적이고 보편적인 *논리적 분리*만이 제시될 수 있을 뿐이다.

여기서 주로 문제시되고 있는 것은 순수한 양적인 개념 구성과 수학에 대한 그릇된 파악을 논박하는 일이기 때문에, 나는 이 논술을 *괴테*의 말과 함께 끝맺고 싶다. 괴테는 체계적인 과학적 철학자가 아니었지만 대신에 *현실적인 것*에 대한 탁월한 감각을 지니고 있었다. 리머Friedrich Wilhelm Riemer는 다음과 같은 괴테의 말을 전하고 있다. "수학 공식들은 이것들의 영역, 즉 공간적인 것 이외의 것에 사용되면 완전히 생기 없고 생명 없는 것이 되어버리는데, 이러한 방법은 매우 미숙하다고 할 수 있다. 그럼에도 세상에는 수학자들이 신봉하는 망상, 즉 오직 수학에서만 구원을 찾을 수 있다는 망상이 성행하고 있다. 하지만 수학도 모든 방법과 마찬가지로 우주를 설명하기에는 충분하지 않다. 왜냐하면 모든 방법은 특수한 것으로서 단지 특수한 것에 대해서만 타당할 뿐이기 때문이다."

제13장

몰가치적 개성

비록 역사적 문화에 영향을 미치고 이 때문에 개성을 통해 중요성을 갖지만 그 자체가 문화 현상은 아닌 현실들에 가치의 관점을 적용해 생각해보면, 우리는 앞에서 언급한 두 번째 이의에 대해 어떻게 말해야 할지 짐작할 수 있게 될 것이다. *문화 가치 없이도 현실을 개성화하면서 다룰 수 있을까?* 이 물음에 대한 결정이 과학을 구분하는 데 본질적인 의의를 갖는다면, 우리는 이에 대한 해답을 찾기 전에 우선 왜 이 물음만이 제기되어야 하는지를 명확히 알고 있어야 한다.

　우리는 전과학적 삶에서 유래하는 언어의 의미뿐만 아니라 더 나아가 과학적 개념들까지도 자유롭게 사용하기 때문에, *임의의* 어떤 현실에 대해서도 개념 요소들의 일정한 조합을 통해 *단지 이 현실*에만 적합한 서술을 고안할 수 있다. 즉 우리는 이 현실에 대해 개성적 내용을 지닌 개념을 구성할 수 있다. 그리고 이것은 전적으로 우리의 마음에 달려 있다. 물론 우리는 문제의 객체가 어떤 의미에서든 우리에게

'관심'이 있거나 '중요'할 경우에만 그렇게 할 것이다. 이는 곧 그 개체가 가치와의 연관 속에 있다거나, 또는 어떤 뚜렷한 의의가 그 객체에 담겨 있음을 의미한다. 그러나 의심의 여지가 없는 사실은, 우리가 *원하기만* 한다면 완전히 중립적이고 의의가 담겨 있지 않은 대상들도 그 개성에 따라 서술할 수 *있다*는 것이다. 이 경우에는 의지의 작용이 이 개성을 '중요하게' 만들고, 가치 연관을 만들어낸다.

그러므로 *문화 가치*와 연관을 맺지 않고 대상을 개성화하는 서술이 가능한지에 대해 의심할 필요는 없다. 그러나 이것만으로는 *과학*을 구분하는 데 아직 아무 의의가 없다. 이러한 개성적 개념들은 완전히 자의적으로 구성되기 때문이다. 그리고 이 점은, 우리가 원했기 때문에 개성을 서술했던 경우들뿐만 아니라, 우리가 인정하는 가치와 결부됨으로써 우리의 뚜렷한 의도 없이 해당 객체들의 개성적 개념이 구성되었을 경우들에도 해당된다. 모든 사람들은 현실에서 찾을 수 있는 *실천적* 의의 때문에 현실의 개성을 알고 있다. 그런데 이러한 의의는 과학적 개념 구성과는 아무런 상관이 없다. 따라서 우리가 제기할 물음은, 문화의 보편적인 가치 관점에 이끌리지 않으면서 어떤 객체의 개성을 *과학적*으로 서술할 수 있는지의 문제일 것이다.

그렇지만 이 물음도 여전히 충분히 규정된 물음은 아니다. 왜냐하면 여기서 과학적 서술은 과학적으로 더 가공될 *자료*

를 단순히 제공하는 것이 아니라, 그 자체 안에서 과학적인 *완결*에 이르는 것으로만 이해되기 때문이다. 사실상 처음부터 우리는, 자료를 발견하게 되는 과정이 과학을 논리적으로 분류하는 것과 아무런 관계가 없다는 것을 지적했다. 그러므로 여기서 과학적 완결이라는 개념은 논리적으로 엄밀한 의미로 받아들여져야만 한다. 완결을 추구하는 과학적 연구의 관점에서 본다면, 단지 더 가공되어야 할 자료로 간주되는 성과에 때때로 만족하는 연구자도 있다. 만약 과학론에서 이처럼 단순히 *자료 수집* 정도로 볼 수 있는 *것조차* 완결된 과학적 개념 구성과 동일선상에서 논의된다면, 이 과학론은 결코 과학의 체계적 분류에는 이를 수 없음이 처음부터 명백해진다.

이제 개성화하는 개념 구성의 과학적 *완결*이 보편적 문화 가치와 갖는 연관 없이도 가능한지를 다시 한번 묻는다면, 그 대답은 부정적일 수밖에 없다. 이를 여러 예에서 쉽게 알 수 있다. 우리는 앞에서 이미 *지리학*이 과연 자연과학에 속하는지 문화과학에 속하는지 불확실하다는 점을 언급한 바 있다.[90] 실제 다루어지는 것처럼 지리학은 대개 두 종류의 개념 구성의 혼합체다. 그러나 우리는 개념적으로 그 구성 요소를 엄밀히 구별할 수 있다. 만약 지구 표면이 *문화 발전의 무대*로 간주된다면, 가치 관점은 문화 그 자체에서 문화의 성립에 필수적이고 문화의 발달에 영향을 미치는 지리적 조건들로 *옮겨지게* 된다. 이에 따라 지구 표면은 지리학 내의 문화과학적 관심 때문에 그 *개성적* 측면에서 본질적인 것이 된다. 따라서 이 경우 지리학의 개성화하는 개념 구성은 보편적 문화 가치에 의해 지도되고, 적어도 역사적 생물학과 마찬가지로 우리의 도식 틀 속에 들어오게 된다. 뿐만 아니라 *지리학적*이 아니라 *지질학적*이라 불리는 *보편적* 이론을 구성해야 할 경우에도 *동일한* 객체들이 중요시된다. 그런데 이 경우 문제가 되는 것은 일반화하는 개념 구성이다. 그 특성과 개성에 의해 문화의 역사에서 중요성을 갖는 하천, 해양, 산맥 등의 각각의 형성은 단지 *유적 사례*로만 고려될 뿐이다. 그리고 지리학에는 지구 표면의 특정 부분을 문화와 무관하게 *개성화하는* 서술도 있는데, 이 서술은 우리의 도식 속에는 들어올 수 없는 것으로 보인다.

그렇지만 이러한 지리학적 서술이 가장 넓은 의미에서, 역사에 대한 것이면 그 *어떠한* 관계도 일반화하는 이론과 *어떠한* 관계도 갖고 있지 않은 경우라면, 우리는 이것을 잘 만들어놓은 *자료 수집*이라고 간주하면 될 것이다. 언젠가는 이러한 사실을 깨닫는 것이 역사적으로나 자연과학적으로 중요해질 수 있을 것이다. 여하튼 이 경우에는 재료를 수집하려는 *의지*가 관련 대상들을 '중요하게' 만들며 가치 연관을 형성시킨다. 이 가치 연관에 의해 개성이 본질적인 것이 된다. 그러나 우리는 이런 서술을 과제와 목표에 입각해 있는 과학의 체계적 분류 안에 배열하고 *싶은* 생각은 전혀 없다. 따라서 이러한 서술도 우리의 방법론에서 나타나는 근본적인 견해의 차이, 즉 단지 연구의 *완결*에만 관계한다는 견해의 차이를 문제 삼을 수 없다.

이와 같은 논의는, 대상을 개성화하기는 하지만 객체들의 문화 가치와 맺는 연관은 결여하고 있다고 생각되는 모든 서술에도 해당된다. 이러한 서술이 현존하는 것은, 서술된 객체들이 어떤 이유에서든 유난히 *이목을 끌고*, 이목을 *끄는* 모든 것이 그러하듯 이를 통해 모든 사람의 *관심*을 불러일으키는 상황에서 비롯된다. 따라서 이 경우에는 가치 연관이 나타난다. 이를 통해 사람들은, 하나의 객체가 문화 가치에 대해 아무런 의의를 지니고 있지 않음에도 이 객체의 개성을 알고자 하는 욕구가 생기는 이유를 이해할 수 있다. 반면에 이 서술은 그 자체로서 완결된 과학도 아니다. 다시 말해 자연과학적 이론과의 모든 관계가 결여되어 있는 한, 이러한 순수 *사실적인* 지식을 결코 완성된 과학에 속하는 것으로 볼 수 없다.

예컨대 문화적 의의를 결여하고 있으나 그 개성에 의해 우리의 관심을 *끄는* 객체의 하나로 달을 들 수 있다. 따라서 과학의 논리적 분류에서 달에 관한 서술을 실례로 들 경우에는 주의를 해야만 한다. 어떤 점에서 달은 천체에 관한 *보편적* 이론을 구성할 때 필요한 자료로 간주된다. 달은 유일하지 않으며 다른 위성도 '달'을 갖고 있기 때문이다. 그러나 실제로는 종종 달이 갖고 있는 *개성적* 측면에서 달이 서술되기도 한다. 그리고 이러한 서술은 문화과학적 관점 없이 이루어진다. 이러한 서술은 사람들 대부분의 삶 속에서 개체로서 '어떤 역할을 하고' 있는 우리의 '친숙한 달'에 대한 관심의 결과이거나── 이 경우에는 이 관심과 이 관심에서 생겨나는 가치 연관 역시 *비과학적*이다── , 아니면 상세한 월면도月面圖의 경우나 일정한 지리학적 서술의 경우처럼 앞으로 개념적으로 *가공될 것*을 기다리는 과학적 *자료*에 지나지 않는다. 후자의 경우에는 단지 가공에 대한 이러한 생각만이 달의 개성을 *중요하게* 만든다. 따라서 우리는 이미 이러한 서술이 우리의 과학적 서술의 분류에는 배열될 수 없는 이유를 알 수 있다.

이러한 사례를 통해 중요한 원리를 밝힐 수 있을 것이다. 만약 객체가 중요하지 않거나 관심을 끌지 않는다면, 즉 *가치*와 아무 *관계*가 없다면, 이러한 객체의 개성은 문제도 되지 않는다는 것은 자명한 이치다. 그리고 개성화하는 서술 역시 이 서술을 지도하는 것이 *보편적* 가치 내지 문화 가치일 경우에 *한해서만 과학적*이라고 부를 수 있다. 이 보편적 가치가 결여되어 있을 경우 객체들은 단지 유적 사례로서 과학적 의의를 갖게 된다. 결론적으로 가치 연관은 *추후에* 과학적으로 가공한다는 생각에 의해 산출될 수 있고, 이를 통해 대상을 개성화하는 서술이 생겨날 수도 있으나, 이러한 서술은 보편적 문화 가치와 맺는 연관을 결여하고 있기 때문에 단지 자료 수집으로만 간주되어야 할 것이다. 단순한 *사실의 확립*만으로는 과학이 될 수 없다.

이러한 과학의 개념에 대해 너무 *편협*하다고 생각하는 사람들은, 단순한 준비 작업과 자료 수집을 무시하는 개념 없이는 체계적으로 조직된 과학론이란 결코 있을 수 없음을 의아하게 여길지도 모른다. 과학적 삶은 확실히 그 자체로 *역사적* 삶이다. 우리의 이론에 의하면, 과학적 삶 *전체*의 다양성이 문제될 경우, 이 삶은 보편적 개념들의 어떠한 체계 속에서도 남김없이 파악될 수 *없다.* 예를 들어 많은 사람이 북극의 모습에 큰 관심을 갖고 있다. 이 관심은 과학적인 관심일까? 대부분의 경우 그렇지 않다. 과학적인 사람들에게는 남극과 북극의 개성적인 모습이 단지 보편적 이론 구성을 위한 재료로서 고려되는 것일까? 이러한 물음에 *논리학*은 관여할 수 없다. 따라서 이러한 종류의 사례는 논리적 논증으로도 사용되어서는 안 된다. 이러한 사례에는 그것에 대한 논의를 방법론적으로 효과 있게 만드는 보편적인 유형적 의미가 결여되어 있다. *체계*를 구성하려는 과학론은 다만 과학들의 *주요* 형식과 *근본* 형식을 정돈할 수 있을 뿐이다.

보편적 가치의 관점에 의해 이루어졌음이 증명되지 않은 개성화하는 서술이 여기저기에서 등장하고 있다. 그런데 사람들이 이 서술을 단지 *준비 작업*으로 인정하는 것에 반대한다 하더라도 이러한 *예외적 사례*가 우리의 시론에 대한 반증의 사례가 될 수는 없다. 지리학자가 방향을 설정하기 위해 지구상에 그어놓은 상상의 선과 마찬가지로, 현실이 우리가 방향을 설정하기 위해 긋고자 하는 선에 정확히 일치하지 않는다는 점이 이 책의 처음부터 설명되었기 때문이다. 물론 그렇기 때문에 이러한 선이 가치를 상실하는 것은 결코 아니다. 특히 여러 가지 개별적인 특정한 예외가 존재한다 하더라도, 경험과학적 연구의 두 *가지 주요 경향*이, 일반화하는 자연과학과 개성화하는 문화과학이라는 개념에 의해 *논리적으로*, 그리고 *사실적으로* 훨씬 더 심화된 특징을 갖는다는 사실에는 아무런 변함이 없다. '정신'이라는 말이 기존의 함축적인 의미를 상실하고 심적인 것 내지 심리적인 것이라는 의미와는 다른 뜻에서 일반적으로 인정될 만한 새로운 의미를 아직 획득하지 못하면서 이후 자연과학과 정신과학이라는 관례적인 대립은 매우 공허해져버렸다.

　이 시론은 세부적 문제에 대한 좀 더 상세한 논리적 해명을 포기할 수밖에 없기 때문에 여기서는 더 이상 논의하지 않기로 한다.

제14장

문화사의 객관성

이제는 앞에서 말한 이의 중에서 단 하나만이 남아 있다. 이것은 역사를 통한 문화의 '객관적' 서술이라는 개념에 관한 것이다. 결국 이것은 우리의 논의를 지금까지 일부러 보류한 물음으로 이끌고 있다. 아마도 많은 사람에게 있어서 다른 어떤 것보다 바로 이 물음에 대한 해답이 자연과학과 문화과학 간의 관계를 결정 짓는 데 관건이 될 것이기 때문에, 이제 나는 이 물음에 대해 논의해야만 할 것이다. 또한 이 물음에 대해 해명하는 것은 문화과학이라는 표현의 정당성을 더 널리 알리기 위해서도 바람직한 일이다.

역사적 소재 선택과 모든 역사적 개념 구성을 좌우하는 것이 *가치*라고 한다면 —— 우리는 다음과 같이 물을 수 있고 물어야만 한다 —— 이로써 역사과학에서 *자의*는 언제든지 배제될 수 있는 것일까? 물론 전문적인 연구에서 주도되는 가치가 *사실상* 보편적으로 인정되고 있는 가치라는 것을 내세울 수 있는 한, 나아가 *이론적 가치 연관*을 엄격하게 고수하고 있는 한, 이런 전문적인 연구들의 객관성은 앞의 물음으로 인해 흔들리지 않는다. 그러나 여기서 간과해서는 안 될 것은, 사실상 이 객관성은 특히 일반화하는 자연과학의 객관성과는 *비교*할 수 없는 것처럼 보이는 독특한 *종류*의 객관성이라는 것이다.

가치 연관에 의한 서술은 언제나 일정한 범위의 사람들에게만 타당한데, 이들은 주도적 가치를 직접 평가하지는 않더라도 가치로서 이해하고, 동시에 단순한 개인적인 평가 이상의 것이 중요함을 인정하는 사람들이다. 이런 점에서 나타나는 의견의 일치는 비교적 매우 넓은 범위에서 이루어질 수 있다. 확실히 유럽인은 일반적으로 역사과학의 저작을 읽을 때 종교, 교회, 법률, 국가, 학문, 언어, 문학, 예술, 경제 조직 등에 담겨 있는, 앞서 말한 문화 가치를 가치로 이해할 것이다. 따라서 이런 가치가 본질적인 것을 선택하는 데 주도적인 역할을 한다면, 즉 역사적 서술을 중요하거나 의의 있는 것으로 제한한다면, 사람들은 이를 *자의적*이라고 여기지는 않을 것이다. 그러나 가치 연관에 의한 서술의 객관성이 언제나 단지 다소 넓은 범위에 속하는 문화인들에게서만 성립할 경우, 이 객관성은 *역사적으로 제한된 객관성*이다. *전문* 과학적 관점에서 볼 때는 이 문제가 그다지 중요한 문제가 아닐지라도, 보편적인 *철학적* 관점에서 보거나 자연과학적 입장에서 본다면 그 안에서 과학적인 *결함*을 발견할 수 있다.

즉 문화 가치의 *타당성*에 대한 아무런 물음 없이 실제로 이 문화 가치가 일반적으로 인정받고 있다는 것에만 원칙적으로 만족한다면, 사람들은 역사과학의 토대가 성립된 것과 똑같이 역사과학의 토대가 다시 소실될 가능성이 있다고 볼 것임에 틀림없고, 더 나아가 바로 역사가 자신들도 이러한 가능성이 개연성을 갖고 있다고 생각할 것임에 틀림없다. 이와 같이 본질적인 것과 비본질적인 것을 구별하는 역사적 서술에는 이 서술을 일반적으로 '진리'로 간주하기에는 의심스러운 성질이 담겨 있다. 과학적 진리는, *의식적*이지는 *않더라도* 이론상 *타당한* 것과 일정한 관계를 갖고 있어야 한다. 즉 많든 적든 간에 그것에 접근해 있어야 한다. 이것을 전제하지 않고 진리에 대해 말하는 것은 더 이상 의미가 없는 일이다. 만약 역사적 서술을 지도하는 문화 가치의 타당성을 원칙적으로 도외시한다면 역사에서는 오직 순수하게 *사실적인 것*만이 *참된 것*으로 고려될 것이다. 하지만 모든 역사적 *개념*은 단지 일정한 *시대*에만 타당하다. 말하자면 이것들은 진리로서는 타당성을 전혀 갖지 못한다. 왜냐하면 이것들은 *절대적*으로 타당하거나 시간을 초월하여 타당한 것과는 어떤 특정한 관계도 갖고 있지 않기 때문이다.[91]

당연히 특정한 세대의 연구자들에 의해 형성되었던, 자연과학에서 나타나는 대상을 일반화하는 개념들도 다음 세대에 의해 다시 *수정*되거나 혹은 완전히 *해체*되게 마련이다. 이 세대 역시 자신들이 구성한 개념이 새로운 개념으로 대체되는 것을 감수하지 않으면 안 된다. 따라서 역사가 부단히 *새롭게* 씌어져야 한다는 것이 결코 역사의 과학성을 반박하는 항변이 되지는 못한다. 비단 역사뿐만 아니라 모든 과학이 이러한 운명을 지니고 있기 때문이다. 그러나 우리는 자연 법칙에 관해서는 비록 우리에게 *알려져* 있지 않은 경우라 할지라도 *무조건* 타당하다고 생각한다. 따라서 우리는, 일반화하는 과학들의 다양한 개념이 절대적으로 타당한 진리에 많든 적든 접근해 있는 데 반해 역사적 서술들은, 마치 바다의 파도처럼 덧없이 일어나는 *사실적 평가*의 가치만이 역사적 서술의 개념 구성의 주도적 원리가 되고 있는 동안에는 결코 절대적 진리와는 아무런 관계도 갖지 않는다고 전제해도 될 것이다.

단순한 사실들을 배제하면, *다양한 문화권*이 존재하는 만큼 *다양한 역사적 진리*가 존재한다. 이러한 역사적 진리 각각은 본질적인 것의 선택에 관한 한 똑같이 타당하거나 타당하지 않다. 따라서 역사과학에서 나타날 수 있는 *진보의 가능성*은 고사하고 역사적 진리의 개념조차 이것이 순수하게 사실적인 것과 관계를 갖지 않는 한 일반적으로 폐기될 수밖에 없는 것처럼 보인다. 그러므로 우리는 사실적으로 인정된 역사적 문화 가치가 *가깝*든 *멀*든 어쨌든 관계를 맺고 있는 초역사적 *가치*의 *타당성*과, 이를 통해 형성된 의미 형상을 전제해야만 하는 것은 아닐까? 그리고 비로소 이를 통해서만 역사의 객관성이 자연과학의 객관성과 *대등해질* 수 있는 것은 아닐까?

여기서 전제된 문제는, 역사적 개별 연구의 성과를 통일적인 하나의 *전체*로 통합해 *전체* 인류의 발전을 서술하는, 엄밀한 의미에서 *보편적 역사*를 성취하려는 시도를 생각해볼 때도 뚜렷이 드러난다. 가치를 오직 순수하게 사실적으로 인정하는 것에만 국한시킬 경우 인류사는 언제나 특수한 문화권의 입장에서만 씌어질 것이다. 따라서 모든 사람이 그 주도적인 가치를 가치로 승인한다는 의미로는, 인류사가 모든 사람에 *의해서*든 모든 사람에 *대해서*든 결코 타당하지 않을 것이고 '이해'조차 될 수 없을 것이다. 요컨대 *경험적* 객관성을 지닌 '세계사'란 존재하지 않는다. 이러한 세계사가 있다면 이것은 이미 알려져 있는 모든 인류에 *대해* 논해야 할 뿐만 아니라 모든 인간에 *대해* 본질적인 것을 받아들여야만 할 것인데, 이것은 불가능한 일이기 때문이다. *보편적 역사*의 입장에 설 경우 역사가는 경험적으로 보편적이며 실제로 어디서나 인정되는 문화 가치를 더 이상 갖고 있지 않다. 그러므로 보편적 역사는 오직 순수한 *사실적* 인정의 틀을 원칙적으로 *넘어서서* 타당성을 주장하는 주도적 가치에 입각해서만 씌어질 수 있는 것이다.

이것이, 보편적 역사를 연구하는 학자가 그 스스로 타당성을 정당화할 수 있는, 내용적으로 정밀하게 *규정된 가치 체계*를 필요로 한다는 의미는 아니다. 그러나 보편사가는, *어떠한 가치가 절대적*으로 타당하다는 것을 전제해야 하고, 그의 가치 연관적 서술의 바탕이 되는 가치는 절대적으로 타당한 것과 무관하지 않음을 전제해야 한다. 오직 이를 통해서만 역사가는, 자신의 서술에 본질적으로 수용한 것이 절대적으로 타당한 것에 비추어보아도 의미가 있다고 인정하도록 다른 사람들에게 요구할 수 있기 때문이다.

끝으로, 문화 가치의 타당성에 대한 문제에는 또 다른 어떤 문제가 밀접하게 관련되어 있음을 살펴보자. 나는 특히, 자연과학이 물체과학인 한 자연과학은 역학에 확고히 기반을 두고 있는 데 반해 문화과학에는 통일성과 *체계적 분류가* 결핍되어 있음을 지적했다. 마찬가지로 심리학이 문화과학의 토대가 될 수 없다는 것도 밝혔다. 그러나 그렇다고 해서 심리학을 대신할 만한 다른 것이 전혀 없다고 할 수 있는가?

어떤 점에서 우리는 이 물음에 부정적으로 대답해야만 한다. 역학이 그러하듯이 *정초적* 과학은 *일반화*의 방법이나 자연과학의 방법으로 다루어지는 과학에서만 존재할 수 있기 때문이고, 서로 연관된 개념들의 체계에 의해 전체 영역 자체가 포괄되는 과학에서만 존재할 수 있기 때문이다. 그래서 가장 보편적인 과학은, 앞에서 말한 바와 같이 물체과학에 대해 역학이 그러하듯, 다양한 영역에서 개념 구성에 대해 *내용적*으로 중요한 의의를 갖는 경우에만 '정초적인' 역할을 하게 된다. 그러나 역사적 삶을 하나의 *체계*에 넣을 수는 *없다*. 그렇기 때문에 문화과학이 *역사의* 방법을 취하는 한, 문화과학에서는 역학과 같은 종류의 *정초적* 과학은 생각될 수 없다.

그럼에도 나는 문화과학이 시간의 경과에 따라 점차 하나의 통일적 *전체*로 결합될 가능성이 전혀 없다고는 말할 수 없다고 믿는다. 오히려 문화 개념은 객체들을 규정하고, 역사적 방법을 취하는 문화과학에 개념 구성의 주도적 원리를 제공하는데, 이런 *문화* 개념이 결국 문화과학에 통일적인 *연관 관계*도 부여할 수 있는 것이다. 물론 이러한 견해는, 우리가 문화의 개념을 실제로 일반적으로 인정된 가치의 총체로서 *형식적* 관점에서 소유하고 있을 뿐만 아니라, 이 가치의 *내용*의 관점과 가치의 체계적 연관의 관점에서도 소유하고 있음을 전제한다. 하지만 이러한 문화 가치의 체계를 경험적인 차원에서 일반적으로 승인하는 것에 대해 여기서 다시 논의할 수는 없다. 이제 우리는 실제적인 평가를 불문하고 당연히 인정받아야 할 문화 가치의 *타당성* 문제에 새롭게 직면하게 된다.

이와 같이 역사의 *객관성* 문제, 즉 *보편사*의 개념과 *경험적 문화과학들의 체계*의 개념은 우리로 하여금 경험적으로 주어진 사실적 평가를 초월하게 한다. 실제로 우리는 무엇이 타당한 가치인지에 대해 이미 확정되어 얻어진 지식의 존재는 전제할 수 없을지라도 객관적 가치의 타당성과 이에 대한 지식에 적어도 서서히 *접근*할 수 있다는 가능성은 전제해야만 한다. 문화과학이 자신의 *객관성*, *보편성*, *체계적 연관*의 측면에서 *진보*했는지의 문제는 객관적이고 체계적으로 짜여진 *문화 개념*을 형성하는 데 진보했는지에 달려 있다. 다시 말해 그 문제는 타당한 가치의 *체계*를 근거로 하고 있는 가치 의식에 도달하느냐에 달려 있다.

간단히 말해 문화과학의 통일성과 객관성은 우리의 문화 개념의 통일성과 객관성에 의해 제약된다. 그리고 다시 이 문화 개념의 통일성과 객관성은 우리가 평가하는 *가치*의 통일성과 *객관성*에 의해 제약된다.

나는 이 결론을 이끌어내면서 결코 일반적인 동의를 얻으리라 기대해서는 안 된다는 점을 충분히 알고 있다. 오히려 사람들은, 만약 이것이 진정 하나의 결론일 경우에는, 바로 이 결론을 통해서 문화과학적 연구의 체계적 완결이 갖는 *문제점*이 가장 분명하게 드러난다고 생각할 것이다. 왜냐하면 가치 문제의 의의에 대한 이해가 아무리 증대한다 하더라도 주관적인 가치의 타당성을 넘어서는 *가치의 타당성*에 대한 언명은 객관적으로 정당화될 수 없으므로 *과학성*과 조화될 수 없다는 확신이 오늘날 아직도 거의 일반적으로 퍼져 있기 때문이다.

따라서 다음과 같은 것을 다시 한번 강조하려 한다. 역사적 *전문* 연구의 객관성은, 문화 가치가 본질적인 것을 선택할 때 주도적인 관점을 제공한다는 상황에 의해 결코 위협받지 않는다. 왜냐하면 역사가는 자신의 연구 대상의 의미를 결정하는 가치가 일반적으로 인정되고 있는 가치라는 점을 *사실*로 제시할 수 있기 때문이고, 이를 통해 역사가는 경험과학이 일반적으로 이를 수 있는 최고의 *경험적* 객관성을 획득하기 때문이다. 하지만 경험적인 전문 연구의 범위를 *넘어서면*, 사실상 여러 난점들이 생긴다. 사람들은 다음과 같은 의문을 제기할 수 있다. 만약 문화과학의 *전체*가 *분류*나 *연관* 관계의 측면에서 볼 때 문화 가치 체계에 좌우된다면, 이것은 곧 문화과학이 개인적인 희망들이나 의견들의 복합체를 기반으로 삼고 있음을 의미하는 것이 아닌가?

나는 이런 의문에 모든 점에서 만족스러운 답변을 간단히 내릴 수 있다고 기대하지 않는다. 과학과 가치의 타당성이나 과학과 가치의 체계 사이의 관계는 경험적 과학의 분류 문제를 훨씬 넘어서는 어려운 문제들[92]을 지니고 있기 때문이다. 그러나 나는, 만약 문화과학에서 순수하게 *경험적인* 의미의 객관성을 *넘어서는* '객관성'이 요구된다면, 과연 어떤 것이 절대적으로 필요한 *전제*인지를 제시하려 했던 것이다. 절대적으로 보편타당한 *가치*는 개성적 의미 형상의 담지자인 우리의 문화 재화가 많든 적든 구현하고 있는데, 이 절대적으로 보편타당한 *가치*는 일반화하는 과학이 추구하는 절대적으로 보편타당한 자연의 *법칙*에 대응하고 있음에 틀림없다. 이를 통해 적어도 우리가 직면하고 있는 *양자택일*의 문제가 명백해질 수 있다.

최상의 차원에서 문화*과학*을 연구하길 *원하기* 때문에 본질적인 것의 선택을 절대로 *타당한 것*으로 정당화하려는 사람은 자신의 주도적 문화 가치에 대해 숙고하고 이 가치의 타당성을 *정초할* 필요가 있다. 정초되지 않은 가치를 설정해 연구하는 것은 사실상 과학과 모순된다고 할 수 있다. 그러므로 결국, 전문 과학적 입장에서 볼 때는 아니지만, 모든 역사적 개별 서술을 모든 문화 발전의 전체 역사라는 통일적 전체로 총괄해야만 하는 *보편사적* 입장에서 볼 때, *역사철학*[93]이 없는 역사과학은 존재하지 않는다.

만약 이에 반해 사람들이 과학적 사유에서 가치의 타당성을 무시하고, 또한 문화 세계에서 어떤 임의의 다른 현상이라는 의미 외에 다른 어떤 의미도 인정하려고 하지 않는다면, 우리에게 많이 알려지지 않은 수천 년에 걸친 인간의 발전——비교적 변함 없는 인간 본성의 비교적 사소한 변이에 지나지 않는다——은 철학적 입장에서는 물론이요 자연과학적 입장에서도, 마치 거리에 굴러다니는 돌멩이들 사이에 존재하는 차이나 밭에서 익어가는 이삭들 사이에 존재하는 차이와 마찬가지로 *비본질적인 것*으로 보일 것임에 틀림없다. 이러한 경우에, 우리가 역사의 세계를 의미 있고 이해할 수 있는 것으로 간주하는 것은 우리가 어떤 문화권에 대한 일시적인 가치 평가에 *사로잡혀* 있음을 의미하는 것에 불과하다. 따라서 이 경우에는 일정한 문화권의 전문 연구들을 넘어서는 역사적 과학은 존재하지 않는다고 말할 수 있다. 이러한 양자택일의 문제를 최소한 분명히 해두어야 할 것이다.

그런데 나는 여전히 한 발짝 더 나아가려고 한다. 내가 여기서 *양자택일*의 문제를 언급한다 해도, 그러한 언급이 마치 과학적 인간은 제2의 입장, 즉 *순수한 자연과학적* 입장으로서 몰가치적 입장을 취할 수 있고, 동시에 이 입장을 하나의 철저한 자연과학적 '세계관'으로 확장시킬 수 있음을 의미하는 것은 아니다. 물론 자연과학적 세계관은 타당한 가치 표준을 전제할 필요가 없으며, 이런 본질적인 *무전제성* 때문에 장점을 지니면서 *문화과학적* 입장과 구별된다고 할 수 있다. *자연주의*는 이것이 가능하다고 믿고 있을 것이다. 그러나 그것은 자기기만에 불과하다. 확실히 자연과학적 입장에서 볼 때 모든 현실은 의미와 무관한 자연으로 *간주될* 수 있고, 따라서 문화 전체도 의미와 무관한 자연으로 *간주될* 수 있다. 이러한 고찰에서는 모든 가치 관점의 금지가 가능할 뿐만 아니라 필수적이다. 하지만 과연 이 입장을, 모든 역사적 개념 구성이 이 입장에서 보면 자의적이라고 생각할 수밖에 없을

만큼, *유일하고* 올바른 철학적 입장이라고 여겨도 좋은 것
일까? 오히려 자연과학 내에서 모든 가치의 타당성을 도외
시하는 것은 바로 자연과학이 원리적으로 자신의 연구를 자
연과학적 *전문* 연구에 제한하고 있음을 의미하는 것이 아닐
까? 그렇기 때문에 철학에서 *보편적인* 고찰을 통해 이를 보
완하는 일이 *이론적*으로도 필요한 요구가 아닐까?

나는, 역사의 어떤 부분에 대해서는 자연과학조차 우리가
발전시킨 연구의 논리적 원리들을 *과학적인* 것으로 인정해
야만 할 것이고, 또한 자의적으로 사실을 파악하고 자의적으
로 정돈하는 일 ── 이것은 하나의 역사적 문화권의 평가에
매몰되어 있는 사람들에게만 타당하다 ── 을 훨씬 넘어서
는 것이 문제시되고 있음을 인정해야만 할 것이라고 믿는다.
역사의 이러한 부분은 바로 *자연과학의 역사* 그 자체다. 자
연과학 역시 가치 있는 역사적 *문화 산물*의 하나다. 전문 과
학으로서 자연과학은 스스로 이 점을 무시할지도 모른다. 그
러나 만약 자연과학이 자기 시선을 오직 자연 객체로 돌리는
것이 아니라 자기 자신에게 돌린다면, 앞서 말한 의미에서
역사적 발전이 자신보다 선행해왔음을 부정할 수 있을까?
자연과학의 경우 이 역사적 발전의 일회적이고 개별적인 전
개 과정은 반드시 객관적 타당성을 지닌 가치 표준의 관점에
서, 즉 과학적 진리라는 *이론적 가치*의 관점에서 고찰되어야
만 하는 것은 아닌가? 사건들 속에서 자연과학의 역사에 대

해 본질적인 것과 비본질적인 것을 구별하기 위해 우리는 과학적 진리라는 *이론적 가치*에 사건들을 연관시켜야만 하는 것은 아닌가?

그러나 자연과학이 이와 같은 의미에서 역사적 과학을 동일한 문화 발전의 *부분*으로 인정한다면, 자연과학은 왜 다른 부분의 역사를 과학으로 인정하지 않는 것일까? 인류는 오*직* 자연과학의 영역에서*만* 타당한 가치를 지닌 문화 재화를 이룩해놓은 것일까? 모든 가치 타당성을 도외시하고 있는 자연과학은 이 물음에 답할 수 있는 어떠한 관점도 결여하고 있다. 따라서 우리는 사물의 역사적 파악과 역사의 권리를 위한 싸움에서 *자연과학*에 두려움을 느낄 필요가 전혀 없다. 역사적·문화과학적 관점은 오히려 자연과학적 관점보다 *상위에 있다*. 왜냐하면 역사적·문화과학적 관점이 훨씬 더 포괄적인 관점이기 때문이다. 단지 자연과학만이 문화 인류의 역사적 산물인 것이 아니고, 논리적 내지 형식적 의미에서 '자연' 자체도 하나의 논리적 *문화 재화*, 즉 인간의 지성을 통한 현실의 타당한 *해석*, 다시 말해 객관적으로 가치 있는 *해석*과 다름없다. 자연과학은 그러한 해석에 담겨 있는 가치의 절대적 *타당성*과 이 가치에 의해 형성된 의미 형상의 절대적 *타당성*을 언제나 전제해야만 한다.

물론 아직 또 다른 하나의 '입장'이 있다. 사람들은 어쩌면 이 입장을 '철학적' 입장이라 부르고, 이 입장은 *결코 아무것*

도 전제하지 않는다고 믿을지 모른다. 니체는 짧은 우화를 하나 만들어 "인간의 지성이 자연 속에서 얼마나 가련하고, 얼마나 허망하고 덧없으며, 얼마나 쓸모 없고 변덕스러운지"를 예증하려고 했다. 이 우화는 다음과 같다. "무수한 태양계 안에서 섬광을 발하면서 쏟아져 나온 우주의 어느 변두리 한 구석에 일찍이 별이 하나 있었는데, 그 위에서 영리한 동물들이 인식 활동을 시작했다. 이것은 '세계사'에서 가장 오만하고 가장 거짓된 순간이었다. 그러나 이것은 다만 한순간에 불과했다. 자연이 몇 차례 호흡을 하고 나니 그 별은 굳어버렸고, 영리한 동물들은 사멸하지 않으면 안 되었다." 이와 같이 사람들은, 우리가 과학적인 인간답게 다행히도 *어떠한* 가치의 타당성도 인정할 필요가 없다고 생각할지 모른다.

이러한 입장은 사실상 사람들이 원하는 대로 일관성을 갖는다. 그러나 이 일관성은 *모든* 과학의 객관성, 즉 문화과학과 자연과학의 객관성을 *똑같이* 파괴하고 있다. 더구나 이 '입장'은 오직 자연과학과 문화과학의 장구한 발전 과정 이후에만 획득될 수 있었기 때문에, 즉 *이 입장 자체*가 세계사의 '가장 거짓된 순간'의 한 *부분*이기 때문에, 이 입장의 '일관성'은 동시에 모든 비일관성 중에서 최대의 비일관성이든가 아니면 자신의 고유한 그림자를 뛰어넘으려는 *과학적* 인간의 어리석은 시도일 것이다. 과학적 인간은 자기가 과학적 인간이기를 포기하려 하지 않는다면 이론적 가치의 타당성을 *절대적*으로 전제해야 한다.

역사가 의미 있는 것과 의미 없는 것을 구별하기 위해 문화 가치와의 어떤 연관을 필요로 한다고 해서 역사에서 과학의 성격을 박탈하는 것은 공허하고 *부정적인 독단론* 이외에 아무것도 아니라고 나는 생각한다. 오히려 어떤 과학이든 하나의 과학에 종사하는 사람은 누구나 자기 스스로가 생장해온 배경인 문화적 삶의 개성적인 의의 이상의 의의를 암묵적으로 전제하고 있다. 예컨대 우리가 자연과학이라고 부르는 지적 발전의 한 부분과 같은 개개의 계열을 전체의 문화발전에서 떼어내길 원하고, 또한 오로지 이 부분에만 이론적 가치와의 연관 속에서 고려된 객관적 의의를 인정해주는 것은 극도의 자의적 태도라 할 것이다. 그러므로 객관적 문화 가치의 포괄적 체계에 대한 숙고를 단순히 무의미한 과제라고만 말할 수는 없다.

물론 어떠한 철학도 이러한 체계를 단순한 개념들에서 *구성*할 수는 없다. 오히려 철학은 체계의 내용적 규정을 위해 역사적 문화과학들 자체와 밀접하게 접촉할 필요가 있다. 그리고 철학은 *역사적인 것 속에서 초역사적인 것에 접근하는 것*을 바랄 수 있을 뿐이다. 즉 타당성을 요구하는 문화 가치의 체계는 단지 의미 충만한 역사적 삶에서만 발견될 수 있고, *역사적 삶에서* 서서히 이룩될 수 있다. 왜냐하면 여기서 제기되는 문제는, 어떤 보편적이고 *형식적인* 가치가 부단히 변화해 내용적으로 다양한 역사적인 문화적 삶과 이 삶의 개성적 의미 형상의 기초를 이루는지, 그리고 어디에 우리 모두 유지와 촉진을 위해 노력하고 있는 *문화 일반의 가치 전제*가 존재하는지의 문제이기 때문이다. 그러나 이러한 연구의 본질을 더 세밀하게 논의하는 것은 철학에 귀속되는 것이며 이 논의는 경험적 과학들을 분류하려는 우리의 시도를 훨씬 벗어나게 될 것이다. 여기서는 다만 하나의 목표를 제시하는 것으로 그쳐야 할 것이다.[94]

문화과학의 *경험적* 객관성 —— 경험적 과학들을 분류하는 데 이것만으로 만족해도 무방하다 —— 에 대해서는 다음과 같은 것을 상기하면 충분하다. 객관적 가치의 타당성은 철학의 노력과 마찬가지로 문화과학의 연구에 전제가 되는 것인데, 우리는 기본적으로 모두 이러한 객관적 가치의 존재를 믿는다. 혹시 과학적인 유행의 영향 속에서 그렇지 않다고 상상하는 경우라 할지라도 결국 누구나 *믿고* 있다. 왜냐하면 "인간은 자신 위에 이상을 갖지 않고서는 정신적인 의미에서 똑바로 걸어갈 수 없기" 때문이다. 그러나 이런 이상을 성립시키는 가치들은 "발견되는 것이고, 하늘의 별처럼 문화의 진보와 더불어 서서히 인간의 시야에 들어오는 것이다. 그것은 *낡*은 가치도 아니고 *새로운* 가치도 아니다. 그것은 가치 *그 자체*인 것이다". 아무도 '철학적 비판주의'의 저자에게서 비과학적인 열광을 예상하지는 않을 것이기 때문에, 나는 릴[95]의 이 아름다운 문구를 더욱 강조하고 싶다. 우리가 과학에 종사할 때, 예컨대 정신적인 의미에서 똑바로 걷기 위해 필요한 것을 무시해도 괜찮은 것일까? 나는, 사려 깊은 사람이라면 아무도 이러한 일을 우리에게 요구하지 않을 것이라고 생각한다.

리케르트의 문화과학론과
철학의 과제

1. 문화과학을 정립한 철학자, 리케르트

리케르트Heinrich Rickert(1863~1936)는 단치히에서 태어났다.[96] 그는 민족 자유주의적인 정치가이자 독일 제국의 국회의원이었던 동명의 하인리히 리케르트의 아들로 태어나 어린 시절에 이미 비스마르크 시대의 유명 인사들을 알게 되었다. 이 중에는 데멜Richard Dehmel과 홀츠Arno Holz 같은 유명한 자연주의 문필가도 있었다. 그는 문학적인 소양을 살려 베를린에서 문학과 역사 공부를 시작하나 곧 철학으로 전공을 바꾼다. 그러나 베를린과 스트라스부르크에서, 특히 취리히의 아베나리우스Richard Avenarius에게서 배운 실증주의와 경험비판론에 실망하게 된다. 그는 마르크스Karl Marx와 니체에게 잠시 관심을 두었다가 마침내 철학사가인 빈델반트[97]의 철학에서 사유의 안식처를 찾게 된다. 이러한 계기를 통해 이제 그는 칸트 철학을 계승하고 또한 넘어서려는 신칸트주의의 틀 안에서 자신의 철학적 시도에 다가갈 수 있었다.

리케르트는 1888년에 스승인 빈델반트에게 박사학위 논문인 〈정의론定義論, Zur Lehre von der Definition〉을 제출한다. 이 논문은 순수 인식론적이고 방법론적인 관심을 바탕으로 정의의 개념을 논한 것인데, 이 논문의 주제는 그가 나중에 빈델반트의 과학론을 발전시켜 보다 심층적으로 전개할 과학론의 토대가 되었다. 빈델반트는 스트라스부르크 대학 총장 취임 연설인 〈역사와 자연과학〉(1894)에서 과학론의 이원적 체계에 대한 주제를 다루었다. 이것은 리케르트가 교수 자격 논문인 〈인식의 대상Der Gegenstand der Erkenntnis〉이후 꾸준히 다룬 주제다. 리케르트는 1896년 릴의 후임으로 프라이부르크 대학의 철학과 교수가 된다(1916년부터는 빈델반트의 뒤를 이어 하이델베르크 대학의 교수로 재직한다). 그가 1896년에서 1902년 사이에 출간한《자연과학적 개념 구성의 한계Die Grenzen der naturwissenschaftlichen Begriffsbildung》는 서남학파(바덴학파)의 신칸트주의를 대표하는 저작으로서, 문화과학을 위한 방법론을 제시하고 있다. 비슷한 시기의 강연에서 비롯된《문화과학과 자연과학Kulturwissenschaft und Naturwissenschaft》(1898)에서 그는 문화과학에 대한 더욱 체계적인 논증을 전개한다. 또한 그는 이 책에서《자연과학적 개념 구성의 한계》를 참조할 것을 지시하면서 자신의 주장에 대한 여러 논쟁적 비판들에 대한 답변을 시도한다. 뿐만 아니라 이 소책자는 신칸트주의 문화철학에 대한 입문서로서 가치를 지니고 있다. 왜냐하면 리케르트는 이 책에서 경험과학의 구분 원리를 제시하는 형식적 과학론에서 벗어나 가치철학적인 차원에서 사유할 것 역시 요구하고 있기 때문이다. 그의 가치철학은 그가 1910년경부터 《로고스*Logos*》란 잡지에 기고한 논문들에서 완성된다. 이 논문들은 나중에 《철학의 체계*System der Philosophie*》의 첫 번째 권인 《철학의 보편적 정초*Allgeine Grundlegung der Philosophie*》(1921)에 수록된다. 《철학의 체계》는 철학의 체계를 구축하려는 오랜 기간에 걸친 심층적인 시도의 결과물임에도 불구하고 미완성으로 남게 된다. 첫 출간 이후 더 이상 보충되어 출간되지 않았기 때문이다.

리케르트가 1936년 하이델베르크에서 사망했을 때, 그가 대변했던 신칸트주의는 이미 당시 새롭게 등장한 철학 사조인 현상학, 실존철학, 신실증주의 등과의 경쟁에서 뒤처지며 예전의 주도적인 위치를 잃어가고 있었다.

2. 신칸트주의의 두 경향

헤겔의 죽음(1831) 이후, 독일에서 지배적인 위치를 점하고 있던 형이상학적 관념론 철학은 몰락해갔다. 니체는 "신은 죽었다"라는 선언을 통해 모든 형이상학으로서의 철학의 종말을 함축적으로 표현했다. 이제 자연과학의 시대, 역사적 교양의 시대, 유물론의 시대가 열리게 되고 철학 그 자체가 몰락해갔다.[98]

이러한 위기를 맞아 철학의 복권을 주장하는 움직임이 일어났다. 그중 하나가 바로 '신칸트주의'이다. 이 학파의 형성에 촉발제가 된 인물은 《칸트와 그 아류*Kant und Epigonen*》를 쓴 오토 리프만Otto Liebmann과 《유물론의 역사*Geschichte des Materialismus*》를 쓴 랑게Friedrich Albert Lange였다. 이 학파 구성원들의 공통된 특징은, 칸트의 인식론을 철학의 근본으로 삼았다는 것이다. 철학의 복권 작업은 우선 철학과 과학의 기초인 인식론의 복권을 통해 수행되었다. 물론 인식론의 복권이 철학을 인식론으로 환원하는 것을 의미하지는 않는다. 오히려 철학의 본질적 주제로서 '가치'와 '문화'가 새롭게 논의되기 시작한다. 신칸트주의는 칸트에 의해 확립된 비판주의를 더욱더 철저히 밀고 나가는 동시에 비판주의를 모든 문화 영역으로 널리 확대해 적용하려 했다.

신칸트주의는 일반적으로 '인식론적 칸트 운동'으로 인식된다. 신칸트주의는 대개 코헨Hermann Cohen[99], 나토르프Paul Natorp[100]로 대표되는 마르부르크학파Die Marburger Schule와 빈델반트, 리케르트로 대표되는 서남학파Die Südwestdeutsche Schule로 구분된다.

마르부르크학파는 일반적으로 개념주의 또는 논리주의 경향이 강했다. 카시러와 같이 문화에 관심을 둔 인물들도 있었지만 중심 문제는 칸트의 '선험적 연역'에 뿌리를 둔 인식론과 과학의 방법론의 확장이었다. 세계의 인식은 '실증적인 과학 자체'의 영역에 속하기 때문에 이 학파의 철학의 대상은 삶이나 세계의 인식이 아니라 과학적 인식의 과정으로 제한되었다. 이때 이 학파는 감각을 독립된 인식의 원천으로 보지 않았고, 오직 사유의 논리적·과학적 활동에만 관심을 두었다. 인식과 인식 대상은 과학에서 독립되어 존재할 수 없으며, 과학에 의해서만 특정한 논리적 구성물로 존재할 수 있다. 따라서 대상은 우리의 사유의 산물인 관념 도식과 일치해야만 진리가 된다. 마르부르크학파에서는 마치 철학이 인식론과 동일한 것처럼 보였다. 코헨이 윤리학을 다룰 때도 그 형식과 타당성만이 중심 문제였고, 따라서 형식주의라는 비판을 면하기 어려웠다.

리케르트가 속한 서남학파도 마찬가지로 칸트에게 배운 선험주의적인 인식론을 토대로 당시 형성되고 있던 개별 과학의 원리와 방법, 즉 역사과학이나 문화과학의 원리와 방법에 대해 논의했다. 따라서 서남학파의 철학적 경향도 순수 인식론으로 규정될 수 있다. 그러나 서남학파의 철학적 경향을 인식론주의로 환원할 경우, 이 학파의 문화철학적 핵심을 간과해 결과적으로 이 학파의 문제의식을 올바로 보지 못하는 오류에 빠질 수 있다.

19세기 말에는 개별 과학의 성장, 정치적 이데올로기 투쟁, 생활 세계의 변화 같은 당시의 상황으로 인해 삶의 보편적 정향성에 대한 욕구가 서서히 등장하고 있었다.[101] 이러한 의미와 가치의 혼돈의 시대는 결국 보편적 가치의 정당화의 문제를 불러일으켰다. 다시 말해 이러한 상황은 올바른 문화 형성의 조건을 인식하기 위한 사유의 필요성을 촉진했던 것이다. '허무주의적' 시대 분위기에서 비롯된, 보편적 가치의 정당화 문제는 사실상 신칸트주의의 주제일 뿐만 아니라 20세기 전환기의 대부분의 사상가들, 예컨대 베르그송, 뒤르켐Émile Durkheim, 딜타이, 지멜Georg Simmel, 베버 등의 주제이기도 했다.

마르부르크학파가 철학적 분석을 과학적 인식에 제한하고 자연과학에 모든 원리상의 우선권을 주는 코헨의 '좁은 지성주의'의 영향을 받았으며[102] 나중에야 비로소 나토르프와 카시러에 의해 철학적 분석을 비과학적 영역의 문화적 객체로 확장시킨 반면, 서남학파는 처음부터 문화와 가치를 사유의 중심에 놓았고 철학적 사유의 방향을 문화철학으로 잡았다. 말하자면 문화와 가치의 개념, 그리고 그 타당성의 문제는 서남학파의 과학론과 철학 일반의 기본 문제가 되었다. 최근에는 이렇게 신칸트주의를 문화철학적 관점에서 해석하는 연구들이 새롭게 등장하고 있다.[103]

3. 리케르트의 과학론

19세기 말에 학문의 이상으로 간주되던 자연과학에 반기를 들면서 인간의 '삶'과 관련된 새로운 학문을 정당화하는 시도들이 등장했다. 이러한 시도들은 기본적으로 학문의 원리와 방법을 이원적인 차원에서 다루는데, 크게 두 가지 경향으로 나뉜다.

그 하나가 19세기 말 역사주의 논쟁이 정점에 달했을 때 발표된 《정신과학 입문*Einleitung in die Geisteswissenschaften*》(1883)[104]에서 딜타이가 시도한, 자연과학과 정신과학의 이원적 구분이다. 딜타이는 자연과학은 '외부로부터' 대상을 '설명'하고 정신과학은 '내부로부터' 대상을 '이해'하는 것으로 간주한다. 그는 '내적 체험'에 의해 접근되는 역사적·사회적 세계 내의 삶의 통일성이 정신과학의 대상이며, 이런 대상에 대한 심리적 *이해*가 정신과학의 방법이라는 주장을 전개했다. 이때 정신과학은 바로 인간의 자기 인식을 가능하게 해준다. 왜냐하면 역사적 존재인 인간은 정신과학을 통해 역사적·사회적 세계의 연관, 즉 '객관화된 정신'을 이해함으로써 자기 인식에 도달할 수 있기 때문이다. 딜타이는 정신과학적 인식의 영역에서 '사회의 외적 조직äußere Organisation der Gesellschaft'에 '문화의 체계Systeme der Kultur'를 대비시키고 있음에도 불구하고 '문화과학'이라는 용어 대신에 정신과학이라는 용어를 사용했다.

학문을 이원적으로 구분하는 두 번째 시도는 리케르트에 의한 문화과학과 자연과학의 구분이다. 리케르트는 딜타이를 강하게 비판한다. 왜냐하면 리케르트가 볼 때 정신과학이 획득하려는 역사적·사회적 세계 내의 삶의 통일성은 사실상 심리적 삶의 통일성에 불과하며, 이런 심리적 삶은 정신과학의 독점적 대상이 아니라 동시에 자연과학의 대상이기도 하기 때문이다. 게다가 딜타이가 제시한 '심리적' 이해는 역사적 인식의 상대성을 극복하는 데 적합한 방법이 아니기 때문이다. 리케르트에 따르면, 주관적인 경험 상태가 정신과학의 기초로 간주될 경우 역사적 인식의 상대성은 결코 극복될 수 없다.

리케르트가 과학론에서 이룬 탁월한 업적은 첫째, 과학이 과학의 대상 그 자체에 따라 구분되는 것이 아니라 대상에 대한 우리의 인식 관심에 따라 구분된다는 통찰 속에서 자연과학과 문화과학을 구분하고 더불어 문화과학의 독자성을 정당화한 것이다. 둘째, 대상을 개성화하는 역사적 방법과 가치에 대한 체계적 논의를 통해서 칸트가 자연과학을 위해 이룩한 성과, 즉 자연과학의 인식론적·방법론적 정초를 문화과학에서도 가능하도록 시도한 것이다.

그가 과학론에서 자연과학과 구분되는 다른 쪽의 과학을 지칭할 때 기존의 정신과학이라는 용어 대신에 문화과학이라는 명칭을 사용한 것은 딜타이류의 '심리주의'의 찌꺼기에서 벗어나기 위해서다. 이제 리케르트의 과학론의 내용은 무엇인지, 문화과학의 본질은 무엇이며 어떻게 문화·역사적 인식의 객관성이 보장될 수 있는지를 간략히 살펴보기로 하자.

(1) 과학적 개념 구성의 과제

리케르트의 과학론은 '현실의 비합리성'이라는 전제에서 출발한다. 현실의 비합리성은 두 가지 측면에서 논의될 수 있다. 하나는 현실 속의 어디에서도 "명확하고 절대적인 경계를 찾아볼 수 없고 오직 서서히 진행되는 *이행*만 발견된다"[105]는 것이고, 다른 하나는 "세계 속의 어떤 사물과 어떤 현상도 다른 것과 완전히 동일하지 않다"[106]는 것이다. 리케르트의 이와 같은 현실의 비합리성에 대한 전제는 현실에 대한 존재론적 논증, 즉 존재자의 본질에 대한 이론을 뜻하지는 않는다. 이 전제에서는 세계에 대한 우리 인간의 의식이 문제시되고 있기 때문에 리케르트의 전제는 존재론적인 테제라기보다는 현상학적 테제라고 할 수 있다.

"이질적 연속체"로서 비합리적인 현실은 인식 주체인 인간에 의해 직접적으로 인식될 수는 없다. 즉 현실에 대한 직접적 모사로서의 인식론은 불가능한 것이다. 모사론의 거부는 바로 비합리적 현실 개념에서 도출된다고 할 수 있다. 인식의 가능성은 단지 현실을 변형시켜 '합리적으로' 만드는 과학적 개념 구성의 도움을 통해서만 확보될 수 있다. 다시 말해 현실을 인식하기 위해서는 우선 현실에 인식을 가능하게 하는 어떤 형식이 있어야 한다. 따라서 리케르트에게 인식은 "'현상'의 기술을 통한 모사가 아니라 *변형*이라는 것, 더욱이 인식은 현실적인 것 그 자체와 비교하면 언제나 *단순화된 것*Vereinfachen일 뿐이라는"[107] 것이다. 따라서 과학적 개념 구성의 과제는 현실의 무한한 다양성을 극복하는 데 이르는 것이라고 말할 수 있다.

(2) 자연과학

자연과학적 개념 구성의 과제는 현실의 무한한 다양성을 극복하는 데 있다. 그런데 이러한 자연과학적 개념 구성은 일반화의 방법을 취하면서 현실을 절대적으로 단순화시킨다. 자연과학은 현실을 단지 하나의 관점에서 고찰한다. 자연과학의 관심은 오직 하나의 대상이 다른 대상과 공통으로 갖는 것만을 향하고 있다고 말할 수 있다. 이와 같이 자연은 보편적인 관점 속에서 인식되는 현실이다. *"우리가 현실을 보편적인 것과 관련시켜 고찰할 경우에 현실은 자연이"*[108] 된다. 자연과학은 현실의 개성적 구성 요소를 보편적인 개념 (법칙)에 종속시키고, 이를 통해 개성적 현실에서 가능한 한 멀리 떨어짐으로써 다양한 현실을 극복하는 데 이른다. "즉 아무리 깊이 들어간 분석이라도 현실의 다양한 내용을 *남김*

없이 논구할 수 없다는 것, 그 밖에 자연과학은 분석의 결과를 확정적으로 서술할 때 단지 여러 가지 특수한 객체에서만 발견되는 것을 모두 무시해버린다는 것, 따라서 자연과학은 개개의 사례를 분석하는 중에도 항상 보편적 개념에 도달한다는 것이다."[109] 자연과학은 이 대상이 다른 대상과 어떤 점에서 구별되는지, 또한 이 대상에서 특수하고 개성적인 것은 무엇인지를 다루는 것에 대해서는 무시해야 한다.

그렇다고 해서 자연과학 그 자체를 거부하거나 그 유용성을 간과해서는 안 된다. 왜냐하면 "우리는 오직 현실에서 *보편적인 것*만 *미리* 말할 수 있으며, 바로 그렇게 함으로써 현실에 올바르게 대처할 수 있"[110]기 때문이다. "만약 세계가 일반화되고 *단순화되어* 있지 않다면, 세계를 계산하고 지배하는 일은 결코 이루어지지 못했을 것이다. 일반화하는 개념 구성에 의해 극복되지 않는 한, 개성적이고 특수한 것의 끝없는 다양성은 우리를 *당혹케* 할 것이다. *개성적* 내용에 대한 개념으로는 이런 *하나의* 경우를 넘어서 결코 다른 장소와 시간에 이를 수 없을 것이다."[111]

따라서 우리에게 중요한 것은 자연과학 및 자연과학적 개념 구성의 유용성을 인정하되 그 한계 역시 명확히 파악하는 것이다. 리케르트가 볼 때 우리의 경험적 현실은 개성적인 성격을 지니고 있다. 자연과학의 한계는 바로 이러한 개성적인 현실 그 자체에서 찾을 수 있다. 자연과학은 자연과학적 개념과 개성적인 현실 사이의 틈을 극복할 수 없기 때문이다. 자연과학은 바로 이 틈을 무시함으로써 현실을 지배하는 힘을 갖는 것이다. 이 개념과 현실의 틈을 무시하지 않고 이 틈에 다리를 놓을 수 있는 다른 개념 구성의 가능성은 존재하는가? 리케르트는 이 문제에 대한 해답을 구하기 위해 문화과학에 대한 논의로 넘어간다.

(3) 문화과학

리케르트는 가치와 연관해서 문화적 산물이나 사건의 특성과 의미를 드러내는 경험과학의 총체를 문화과학이라 규정하고 이를 엄밀하게 '역사적 문화과학'이라 칭한다. 역사적 문화과학이라는 용어 중 '역사'는 과학의 방법적 측면을 가리키고 '문화'는 과학의 대상을 가리킨다. 즉 대상의 측면인 *문화*과학으로서 보편적인 문화 *가치*와 연관된 객체, 즉 의미 있는 것으로 이해되는 객체를 다루고, 방법의 측면인 *역사적* 과학으로서 개성화의 방법을 통해 문화 객체의 특수성과 개성을 서술하는 것이다.[112] "우리는, 어떠한 *가치*와도 관련이 없고 이해 가능한 어떠한 의미도 지니고 있지 않은 현실, 따라서 처음에 말한 의미에서 단순한 '자연'으로 간주되었던 현실에 대해서는 논리적 의미에서 대개 자연과학적인 *관심*만 지니고 있음을 알게 될 것이다. 그리고 이러한 현실의 경우에는, 개개의 현상이 그 *개성*이 *아니라* 오직 대체로 보편적인 개념의 *사례*로 문제시되고 있음을 알게 될 것이다. 이에 반해 의미와 가치를 지닌 문화 현상들이나 문화의 전前 단계로서 관계되는 사건들의 경우에는 사정이 다르다. 즉 이러한 경우에 우리는 특수하고 개성적인 것과 이것의 *일회적인 과정*에도 관심을 갖게 된다. 따라서 우리는 이것들을 역사적으로 개성화하면서 알려고 하는 것이다."[113] 다시 말해 문화과학은 가치가 담겨 있어 의미와 의의를 갖는 문화 객체를 다루는데, 사실상 이러한 객체의 문화적 의의는 개성적이다. 따라서 대상을 개성화해 연구하는 방법인 역사적 개념 구성에 의해서만 문화적 의의에 담겨 있는 개성적 통일성이 온전히 드러나게 된다.

리케르트는 현실을 인식하는 관점에 따라 역사적 문화과학과 자연과학을 구분한다. 특수하고 개성적인 것을 고려하면서 현실을 인식하는 관점이 바로 역사적 문화과학을 이끄는 관점이다. 따라서 그는 '개성적 현실' 때문에 한계를 갖게 되는 자연과학과 대립되는 의미에서 역사적 문화과학을 '현실 과학'이라고 칭한다. 역사적 문화과학은 법칙과학인 자연과학보다 훨씬 더 현실과 밀접한 관계를 갖기 때문이다. 즉 역사적 문화과학에서는 대상을 개성화하는 역사적 개념 구성을 통해, 과학적으로 서술될 수 없는 현실의 "단순한 *이질성*"에서 "*서술될 수 있는 개성을*" 이끌어내는 것이 가능하기 때문이다.[114] 역사적 문화과학이 이끌어내는 이러한 '개성적 현실'

은, '단순한 이질성'으로 인식되는 현실 그 자체와 일치하지 않는다 하더라도 모든 개성을 법칙 속에 종속시키려는 자연과학보다는 현실 그 자체에 훨씬 더 가까이 다가가 있다.

(4) 가치

리케르트에 따르면, 가치는 인식 주체가 현실의 무한한 다양성 속에서 본질적 요소와 비본질적 요소를 구별할 때 필요한 본질적인 척도다. 이러한 가치 연관은 역사적 문화과학의 기초를 이루는 것으로서, "역사적 소재 선택과 모든 역사적 개념 구성을 좌우"[115]한다. 리케르트는 인식을 주도하는 가치를 "문화 가치"로 정의한다. 문화 가치는 보편적으로 인정되고 있는 사회적 가치로서, 특정한 (역사적) 공동체에서 모든 사람들이 공통적으로 인정하는 가치다. 교회, 종교, 민족, 법률, 국가, 경제, 과학, 예술 등의 가치가 바로 공동체에서 공통적으로 인정되는 가치들이다. 역사는 이런 보편적인 가치를 현실에서 본질적인 것과 비본질적인 것을 선택하는 원리로서 필요로 한다. 보편적 가치는 역사적 해석에 보편타당성을 제공하고, '역사적 개성'을 모든 사람들에게 의미 있는 것으로 만들기 때문이다.

하지만 개인적인 주관적 가치들이 제외된다고 해도, 다시 말해 일반적으로 인정받는 사회적 가치가 인식을 주도하는 관점의 표준이 된다 해도 이런 보편적 가치는 리케르트가 요구하는 정도의 역사적 문화과학의 객관성을 만족시킬 수 없다. 이런 보편적 가치는 경험에서 얻어진 것이어서 역사의 변화와 함께 변하기 때문이다. 따라서 이 가치가 지닌 타당성은 다만 경험적인 차원에서의 타당성일 뿐이다. 리케르트의 전제에 따르면, 보편적 가치는 "제한된 객관성"[116]을 만들어내기 때문에 과학으로서의 역사적 문화과학의 요구에는 부합되지 않는다고 할 수 있다. 역사적 개념의 객관성은 자연 법칙의 객관성에 조응해야 한다. 리케르트에게 이러한 역사적 개념의 객관성은 인식을 주도하는 '가치의 타당성' 여부에 달려 있다. 리케르트는 "문화과학의 통일성과 객관성은 우리의 문화 개념의 통일성과 객관성에 의해 제약된다. 그리고 다시 이 문화 개념의 통일성과 객관성은 우리가 평가하는 *가치*의 통일성과 *객관성*에 의해 제약된다"[117]고 말한다.

리케르트에 따르면, 문화과학이 객관성을 얻기 위해서는 인식을 주도하는 가치가 절대적이고 무조건적으로 타당한 가치로서 실제적인 타당성과 현실성 없이도 존재하는 가치라는 전제가 반드시 필요하다. 다시 말해 문화과학은, 일정한 가치가 무조건적으로 타당하고 이런 가치와 인간적인 가치는 일정한 관계를 맺고 있다는 형식적인 '초경험적 전제'를 필요로 한다.[118] 이런 가치는 의식에 의존하고 있지 않기 때문에 '초월적'이다. 보편적 법칙이 절대적으로 타당하다는 전제를 통해 자연과학의 객관성이 보장되듯이, 초월적 가치가 절대적으로 타당하다는 전제를 통해 문화과학의 객관성이 보장된다. 물론 문화과학은 경험과학으로서 이런 초월적 가치와의 연관에 관심을 두지 않아도 된다. 그러나 철학은 이런 초월적 가치와의 연관이 반드시 필수적임을 보여주어야 하고, 역사적 문화과학과의 밀접한 접촉을 통해 "타당성을 요구하는 문화 가치의 체계"[119]를 확립해야만 한다.

4. 리케르트가 본 철학의 과제

리케르트의 본질적인 철학적 관심이 과학론을 통해 자연과학과 대립되는 다른 과학으로서의 문화과학을 정초하는 데만 있지는 않았다. 사실 그는 과학의 본질과 방법을 규명하는 방법론 혹은 인식론의 문제뿐 아니라 문화철학으로서의 가치철학의 정립을 철학의 과제로 삼았다. 경험과학의 논리적 본질에 대한 분석은 가치철학의 문제로 나아가는 전 단계라고 할 수 있다.

리케르트는 기본적으로 철학을 인식의 최고 형식으로 생각했다.[120] 철학은 '현실 과학'도 아니고 '개별 과학'도 아니다. 철학은 과학과 달리 세계의 특정한 부분을 인식하는 데 만족하지 않으며, 철학은 세계 전체의 보편성에 대한 비판적이고 이론적인 인식이다. 그러나 실제로는 철학이 개별 과학과 대립 관계에 있어서는 안 된다. 철학은 개별 과학의 경험적 실재론과 조화를 이루면서 개별 과학의 새로운 연구 단계에 연결될 수 있어야만 한다. 철학은 세계를 전체적으로 파악하는 보편과학으로서, 반드시 일정한 체계를 이루어야 한다.

리케르트는 엄밀한 의미에서 철학이 곧 과학이라고 생각했다. 철학의 과제는 실천을 지시하거나 삶의 방향을 제시하기 위한 세계관으로서 존재하는 것이 아니라 이러한 세계관의 이론을 제공하는 것이다. 다시 말해 철학은 다양한 세계관들을 과학적으로 설명하는 것이다. 철학과 세계관은 서로 교환될 수 없는, 서로 상이한 특수한 과제를 지니고 있다. 따라서 철학은 세계관과 구별되어야 한다.121 세계관은 엄밀한 의미에서 전前과학적인 것이거나 비과학적인 것이다. 세계관은 개별 인간에게 개인적 차원에서 삶의 방향을 제시하는 역할을 한다. '전인적全人的' 인간(딜타이), 삶을 철학의 중심에 놓은(니체) 삶의 철학이나 실존을 중심에 놓은(키르케고르Søren Kierkegaard, 하이데거Martin Heidegger) 실존철학의 주장에 대항해 리케르트는 이론적인 인간과 철학의 과학적 입장 및 체계적 성격을 변호한다. 그는 철학의 과학적이고 체계적인 성격이 결핍될 경우 철학은 '파괴와 몰락의 현상'에 빠지게 된다고 보았다.

인간의 삶과 관련해서 볼 때, 전과학적 및 비과학적인 성격을 지닌 세계관이 어떤 점에서는 과학적 철학보다 많은 성과를 가져온 것이 사실이다. 어떤 철학자가 세계 전체를 이론적으로 인식하길 원할 경우, 그 철학자는 삶의 철학이 제기하는 문제들이 이론적·과학적으로 대답할 수 없는 물음이라 생각하고, 그 문제들에 대해 직접적인 대답을 내놓지는 않을 것이기 때문이다. 그러나 철학은 세계관적 철학의 태도를 취해서는 안 된다. 리케르트가 생각하기에, 반反체계적인 삶의 철학이나 실존철학은 결코 철학이 아니다. 삶의 철학에서 '삶'은 자연주의적이고 생물학적이며, 실존철학에서 '실존'은 개인주의적이기 때문이다. 리케르트에 따르면, 과학적 철학이 인식의 보편성에서 전과학적 세계관보다 훨씬 우월하다.

물론 이론적·과학적 입장 역시 대상을 체험하지 않고 '단지' 대상에 대해 사유하기 때문에 일면적이다. 그러나 바로 이를 통해 철학은 '전인적' 인간의 소박한 세계관적 입장보다 더 많은 것을 파악하게 된다. '이론적 과학의 생산적인 일면성'이 철학을 진정한 초개인적인 보편성으로 이끄는 데 반해, 비과학적 세계관의 입장에서 얻어진 개인적 보편성은 철학을 제한된 일면성으로 이끈다. '전인적' 인간은 자신의 고유하고 작은 세계를 결코 넘어설 수 없다. 개인적 삶의 일면성은 이론의 일면성에서 성립되는 보편성을 통해서만 극복될 수 있다. 오직 이러한 보편성이 세계 전체의 총체성에 대한 열린 시야로 우리를 이끌고, 내용적·방법적인 일면성에서 우리를 해방시킬 수 있다.

단순한 자연주의적 삶과 문화 사이에는 커다란 심연이 놓여 있다. 리케르트에 따르면, 철학은 세계, 즉 문화적 삶의 모든 측면을 이론적으로 인식하는 과제를 안고 있다. 리케르트는 문명과 문화를 구분한다. 단순히 자기 보존 수단의 의미를 띠고 있는 문명과 달리, 문화는 "그 가치 때문에 가꾸려고 하는 재화의 총체"[122], 즉 '절대적인' 보편타당성을 지니며, 역사적 상대성에서 벗어나 있는 초역사적 가치를 지니는 문화 재화의 총체다. 이와 같이 문화 세계는 초월적 가치 세계를 기반으로 하고 있는 것이다. 따라서 문화 세계에 대한 파악은 초월적 가치의 세계를 인식함으로써만 가능하다.

결론적으로 철학은 문화철학으로서 역사적 문화 재화들의 다양성을 파악하는 동시에 이것들의 기초를 이루고 있는 '가치 체계'를 선험적으로 확립하는 가치철학이 되어야만 한다. 즉 철학은 모든 가치를 현실과의 연관 속에서 고려하면서 인간 현존재의 의미를 총체적이고 통일적으로 획득해야만 하는 과제를 지니고 있다.

리케르트의 《문화과학과 자연과학》은 그의 철학의 핵심을 요약해 보여주는 책이라고 할 수 있다. 이 책은 한편으로는 이러한 경험과학으로서의 문화과학적 연구 작업에 정당성을 부여하고 인식론적 기초를 제공한다. 다른 한편으로는 가치의 보편적 체계를 규명해야 하는 철학의 과제의 중요성을 제시한다. 이 책은 문화적 산물들과 사건들이 지닌 특성과 의미를 경험적으로 인식하는 학문인 문화과학 연구자에게 필요한 책일 뿐만 아니라 철학의 본질적 과제를 인식하려는 철학자에게 자극을 주는 책이기도 하다.

1 (옮긴이주) 이 책 15~17쪽을 참조하라.

2 (옮긴이주) 이 책 16쪽을 참조하라.

3 (옮긴이주) 트뢸치Ernst Troeltsch(1865~1923)는 베를린 대학교 철학 교수로서 신칸트학파의 영향을 받아들인 종교철학을 구상했으며 종교사학파를 대표하는 조직신학자로서 두각을 나타냈다. 그리고 막스 베버의 영향으로 그리스도교에 대한 종교사회학적 연구에서 탁월한 업적을 남겼으며 역사주의를 둘러싼 역사철학과 문화철학의 고찰에도 중요한 기여를 했다. 대표적인 저서로는《그리스도 교회 및 집단의 사회 이론*Die Soziallehren der Christlichen Kirchen und Gruppen*》(1912),《역사주의와 역사주의의 문제들*Der Historismus und seine Probleme*》(1922),《역사주의와 역사주의의 극복*Der Historismus und seine Uberwindung*》(1924) 등이 있다.

4 (옮긴이주) Ernst Troeltsch,《전집*Gesammelte Schriften*》, 2권 (Tübingen: Mohr, 2판 1922), 717쪽.

5 (옮긴이주) 리케르트의 인식론은 다음 저작에 나타나 있다. Heinrich Rickert,《인식의 대상*Der Gegenstand der Erkenntnis*》(Tübingen: Mohr, 1892, 6판 1928).

6 (옮긴이주) 리케르트의 과학론은 다음 저작에 나타나 있다. Heinrich Rickert, 《자연과학적 개념 구성의 한계*Die Grenzen der naturwissenschaftlichen Begriffsbildung*》(Tübingen: Mohr, 1896~1902, 5판 1929); 《문화과학과 자연과학*Kulturwissenschaft und Naturwissenschaft*》(Tübingen: J. C. B. Mohr, 1899, 6·7판 1926).

7 (옮긴이주) 리케르트의 가치론은 다음 저작에 나타나 있다. Heinrich Rickert, 〈삶의 가치와 문화가치Lebenswerte und Kulturwerte〉(1911), 〈가치의 체계Vom System der Werte〉(1913), Rainer A. Bast (Hrsg.), 《철학논문집―하인리히 리케르트*Philosophische Aufsätze― Heinrich Rickert*》(Tübingen: Mohr Siebeck, 1999), 37~106쪽.

8 (옮긴이주) 신칸트주의에 대해서는 이 책의 해제 중 '신칸트주의의 두 경향'(279쪽 이하)을 참조하라.

9 (옮긴이주) Otto Liebmann, 《칸트와 그 아류*Kant und Epigonen. Eine Kritische Abhandlung*》, 1865(초판), (Hrsg.) Bruno Bauch(Berlin: Reuter & Reichard, 1912), 96·109·138·156·216쪽.

10 (옮긴이주) '정신과학'은 1849년 시엘J. Schiel이 밀John Stuart Mill 의 《논리학 체계*A System of Logic*》(1843)를 번역하면서 최초로 사용한 명칭으로서, 일반적으로 밀이 '도덕과학'이라고 지칭한 것에 대한 대응어라고 알려져 있다. 그러나 독일에서 '정신과학'이란 명칭은 이미 1787년부터 등장했다. 이에 대해서는 Alwin Diemer, "Geisteswissenschaften", *Historisches Wörterbuch der Philosophie*, (Hrsg.) Joheim Ritter 외, 3권(Basel/Stuttgart: Schwabe & Co. Ag Verlag, 1974), 211~215쪽을 참조하라.

11 (저자주) 이러한 문장이 이미 이 책 1판에 있지만 내 시도의 의미는, 형식과 내용에서 볼 때 사실상 완전히 따로 떨어져야 하거나 실제로 분리돼 있는 여러 전문 과학을 마치 내가 두 개의 그룹으로 나

누기를 주장하고 있는 것처럼 끊임없이 오해받아왔다. 나는 언제나 그렇게 할 생각이 없었다. 따라서 과학론에 대한 이런 유형의 모든 이의는 내게는 해당되지 않는다. 이러한 관점을 대표하는 것은 예컨대 빌브란트R. Wilbrandt의 〈'문화과학'의 입장에서의 국민 경제학의 개혁. 하나의 반反비판Nationalökonomie vom Standpunkt der 'Kulturwissenschaften'. Eine Antikritik〉《국가학 논총Zeitschrift für die gesamte Staatswissenschaft》(1917), 345쪽 이하)에 나타난 의견이다. 전혀 사태에 부합하지 않는 이 논문이 사태에 부합한 생각이라면서 내게 이의를 제기하고 있는데 이러한 이의는 근거 없는 것이다. 내가 경제적 삶을 문화로 간주하고 또한 이것을 역사적으로도 취급할 수 있다고 말했다고 해서 '국민 경제학'이 단지 역사적 문화과학일 뿐이라든가 또는 역사적 문화과학이 되어야 한다고 주장한 것은 결코 아니다. 그러한 결정은 논리학의 권한 밖에 있다. 논리학은 전문적 연구가 행하는 것을 '개혁'해야 하는 것이 아니라 이해해야 하는 것이다.

12 (저자주) 비록 사람들이 폰 *바이체커*von Weizsäcker〔〈비판적·사변적 자연 개념Kritischer und spekulativer Naturbegriff〉,《로고스*Logos*》6권 (1916), 186쪽〕처럼, 칸트주의가 자연 개념의 내용을 구성할 때, 18세기에는 과학 전체 안에서 중심적 의의를 갖고 있었으나 19세기에는 그 지위가 완전히 변해버린 수학적 자연과학의 이상에 너무 치우쳐 있었다고 말할지라도, 이러한 *형식적* 규정은 방법론의 경우에는 확고히 유지되어야 할 것이다.

13 (옮긴이주) 생명 현상의 발현은 비물질적인 생명력이라든지, 자연 법칙으로는 파악할 수 없는 원리에 의해 지배되고 있다는 이론이다. 생기론은 일반적으로 목적론을 근거로 하며, 생물 현상의 합목적성이 자연적 원인에 의해서는 설명될 수 없다는 입장에 서 있다.

14 (저자주) 《언어사의 원리*Prinzipien der Sprachgeschichte*》(1880, 3판

1898). 또한 《게르만 언어학의 방법론*Methodenlehre der germanischen Philologie*》, 파울Hermann Paul의 개관이 있는 2판의 특별본(1987). 끝으로 《역사과학의 과제와 방법*Aufgabe und Methode der Geschichts-wissenschaften*》(1920).

15 (저자주) 《사회과학의 방법론 연구*Untersuchungen über die Methoden der Sozialwissenschaften*》(1883).

16 (저자주) 《학문론 논문 전집*Gesammelte Aufsätze zur Wissenschaftslehre*》(1922). 이 논문들은 1903년부터 1920년까지 개별적으로 발표된 것이다. 나의 다음 논문을 참조하라. 〈막스 베버와 그의 학문관Max Weber und seine Stellung zur Wissenschaft〉, 《로고스》 15권(1926), 222쪽 이하.

17 (저자주) 역사에서 독일 관념론이 갖는 의의에 대해서는 다음을 참조하라. 트뢸치Ernst Troeltsch, 〈칸트의 종교 철학에서 역사적인 것Das Historische in Kants Religionsphilosophie〉, 《칸트 연구*Kantstudien*》 9권(1902); 라스크Emil Lask, 《피히테의 관념론과 역사*Fichtes Idealismus und die Geschichte*》(1902); 딜타이Wilhelm Dilthey, 《헤겔 청년사*Die Jugendgeschichte Hegels*》(1905). 독일 철학자들의 이념과 근본적으로 대립되는 사상을 가진 철학자들에게 독일 철학자들의 이념이 얼마나 강력한 영향을 미쳤는지에 대해서는 멜리스Georg Mehlis의 《콩트의 역사철학*Die Geschichtsphilosophie* A. *Comtes*》(1909)에 아주 상세하게 증명돼 있다.

18 (저자주) 벨로프Georg von Below의 매우 탁월한 논문 〈새로운 역사의 방법neue historische Methode〉(《역사 잡지*Historische Zeitschrift*》 81권, 속편 45권, 193쪽 이하)을 참조하라. 왜 방법론에 관한 경우에는 논쟁이 거의 모든 방면에서 그렇게 심하게 일어나는지 국외자로서는 알 수가 없다. 방법론적인 문제를 다시 한번 끄집어낸 람프레히트Karl

Gottfried Lamprecht의 공적은 부인할 수 없다. 그러나 *논리적인* 정초 없이는 이 영역에서 성공할 수 없다. 따라서 람프레히트가 개인 심리학적 방법이나 사회 심리학적 방법 등 논리적 의의가 막연한 표어를 가지고 연구 활동에 임하는 이상, 그와 토론하는 것은 성과가 없다. 그의 역사적인 저작들이 그의 '방법'과 일치하지 않는 것은 명백하다. 그는 모든 역사가와 마찬가지로 일회적인 역사적 발전을 일회성의 관점에서 기술하는데, 이때 그는 '자연과학적' 방법을 취하지 않고 뒤에 논의하게 될 의미에서 나타나는 *개성화하는 가치 연관적인* 방법을 취하고 있다. 유형주의, 선정주의 등과 같은 보편적 개념이나 표어의 많고 적음이 방법의 논리적 성격을 결정하는 것은 아니다. 슈펭글러Oswald Spengler의 책《서구의 몰락*Untergang des Abendlandes*》도 이런 문제에 대해 아주 모호한 태도를 취하고 있다. 이 책이 (전에 나온《교육자로서의 렘브란트*Rembrandt als Erzieher*》나 체임벌린Houston Stewart Chamberlain의 《19세기의 기초*Grundlagen des neunzehnten Jahrhunderts*》처럼) 세계대전 후에 나타난 혼란스러운 분위기 속에서 선풍적인 유행을 일으킨 것은 그럴 만한 이유가 있다. 물론 이 책이 여러 부분에서 재미가 없는 것은 아니지만, '세계사 형태학'의 사상, 즉 일반화되는 역사적 삶의 생물학 사상을 새로운 방법이라고 공표하고 있는 점 같은 것은 문헌에 정통한 사람이라면 누구든지 다소 소박하게 여길 것임에 틀림없다. 슈펭글러가 기획하는 이런 '형태학'의 *논리적* 정초는 이 책이 씌어지기 오래전에 이미 논파된 것이다.

19 (저자주) 딜타이, 〈기술적·분석적 심리학의 이념Ideen über eine beschreibende und zergliedernde Psychologie〉, 《프로이센 왕립학술원 보고서 *Sitzungsberichte der königlichen preußen Akademie der Wissenschaften*》(1894), 1399쪽 이하를 참조하라.

20 (저자주) 내가 1898년 이 책의 내용을 가지고 최초로 강연했던 곳에서 활동하는 학자 중에는 지금도 여전히 논리학에서 애용되고 있는 정신과학이란 말을 자연과학과의 경계를 위해 변호한 사람은 *아무도* 없었다. 그리고 최근에는 문화과학이라는 표현이 더욱 빈번히 사용되고 있다.

21 (저자주) 이런 방법은 내가 나의 책《자연과학적 개념 구성의 한계. 역사적 과학에 대한 논리적 입문*Die Grenzen der naturwissenschaftlichen Begriffsbildung. Eine logische Einleitung in die historischen Wissenschaften*》(1896~1902, 3·4판 1921)에서 취한 방법이다. 또한 나의 다음 논문을 참조하라. 〈역사철학Geschichtsphilosophie〉,《20세기 초반의 철학. 쿠노 피셔 기념 논문집*Die Philosophie im Beginn des 20. Jahrhunderts. Festschrift für Kuno Fischer*》(1905, 3판). 이 논문은 1924년에《역사철학의 문제들. 하나의 입문서*Die Probleme der Geschichtsphilosophie. Eine Einführung*》라는 단행본으로 출간되었다. 이 저술들도 과학의 *완전한* 체계의 전개를 의도하지는 않았다는 것, 따라서 여러 다양한 학과가 존재할 자리는 없게 될 것이라고 주장하는, 내 저술에 대한 모든 항의는 근거가 없다는 것을 강조하고 싶다. 나는 지금까지 과학론의 *체계*에 대한 책을 출간한 일이 없다.

22 (저자주) 이에 대해서는 나의 다음 논문을 참조하라. 〈철학의 방법과 직접적인 것. 하나의 문제 설정Die Methode der Philosophie und das Unmittelbare. Eine Problemstellung〉,《로고스》12권, 235쪽 이하. 특히 4절 '지각적·이해적 상태Wahrnehmbare und verstehbare Zustände'.

23 (저자주) 이에 대해서는 내가 쓴《자연과학적 개념 구성의 한계》3·4판에 새로 삽입된 절 '비실재적 의미 형상과 역사적 이해Die irrealen Sinngebilde und das geschichtliche Verstehen', 404~464쪽을 참조하라.

24 (저자주) 구분하기 매우 어려운 가치 타당성의 다양한 방식을 여기
     서 자세히 다룰 필요는 없다. 문화사의 객관성에 관한 이 책의 마지
     막 장을 참조하라. 마지막 장에 역사적 문화과학의 경험적 객관성
     을 이해하는 데 필요한 문화 가치의 타당성 개념이 전개되어 있다.

25 (옮긴이주) 분트Wilhelm Wundt(1832~1920)는 심리학의 아버지
     로 간주되는 인물로, 심리학을 직접적인 경험의 학문으로 정의하
     고, 의식의 내관內觀에 따라 분석적으로 포착되는 부분의 기술에 전
     념했다. 그는 철학과 심리학을 구분했으며, 물리학과 생리학과는
     다른 심리학의 독자성을 주장했다. 주요 저서로는《철학 체계System
     der Philosophie》(1889),《생리심리학 기초Grundzüge der Physiologischen
     Psychologie》(2권, 1873~1874, 3권 6판 1908~1911),《심리학 입문
     Einführung in die Psychologie》(1911),《민족심리학Völkerpsychologie》(10권,
     1900~1920) 등이 있다.

26 (저자주)《철학 개론Einleitung in die Philosophie》(1901).

27 (저자주) 오토 그라프Otto Graf,《역사과학 및 자연과학과의 관계에
     서 지리학의 개념Vom Begriff der Geographie im Verhältnis zu Geschichte und
     Naturwissenschaft》(1925)을 참조하라.

28 (저자주)《언어사의 원리Prinzipien der Sprachgeschichte》(3판), 6쪽 이하.

29 (저자주) 최근에 정신적인 것을 심리적인 것과 엄밀히 구분하려는
     경향이 더 많이 나타나고 있다. 그렇지만 가치 연관적인 현실과 가
     치와 무관한 현실 간의 구별이 결정적이라는 점을 이해하지 못하는
     한, 이러한 경향이 방법론에서 원리적인 명확성을 가질 수 없다.

30 (저자주)《역사의 고유한 연구 영역Das eigentliche Arbeitsgebiet der Ges-
     chichte》(1888),《역사와 문화사Geschichte und Kulturgeschichte》(1891).
     (옮긴이주) 셰퍼Dietrich Schäfer(1845~1929)는 베를린 대학의 역사
     학 교수로서 제1차 세계대전 당시 현실 정치에 활발히 참여했으며

여러 저술을 통해 무제한적인 잠수함 전쟁을 지지했다.

31 (저자주) 《문화사의 과제*Die Aufgaben der Kulturgeschichte*》(1889).

(옮긴이주) 고타인Eberhard Gothein(1853~1923)은 경제학 교수이
자 역사가로서 문화사와 경제사에 관한 책을 많이 썼다. 디트리히
셰퍼와의 문화사 논쟁은 유명하다. 주요 저서로는 《문화사의 과제》
외에 《종교개혁 전의 정치적·종교적 국민 운동*Politische und religiöse
Volksbewegungen vor der Reformation*》(1878), 《이그나티우스 폰 로욜라
와 반反종교개혁*Ignatius von Loyola und die Gegenreformation*》(1895) 등이
있다.

32 (저자주) 나는 《자연과학적 개념 구성의 한계》(3·4판), 24쪽 이하
에서 처음에는 좀 역설적으로 보일 수 있는 이 사상의 기초를 상세
히 정립하려 시도했다.

33 (저자주) 내가 현실적인 것의 '무한성'을 이야기하고 있는 것이 아
님을 확실히 말해둔다. 이 무한성과 함께 이미 직접적인 것에 대한
어떤 개념적 변형이 일어났다고 말할 수 있기 때문이다. 오직 중요
한 문제는, 직접적으로 주어진 실재가 사실상 *개관할 수 없는 것*임
을 명확히 알게 하고 그 근거를 보여주는 것이다. 물론 이것도 *개념*
의 도움을 통해서만 할 수 있는 일이다. 개념 없이 이해된 것은 어떤
것도 이야기될 수 없기 때문이다. 그러나 이때의 개념은 단지 *개념
화될 수 없는 것*의 개념에 불과할 것이다. 다시 말해 그것은 결코 개
념화될 수 없는 것을 해명해보려는 것이다. 그렇기 때문에 우리가
이질적 연속체로서의 현실적인 것에 대해 *개념*을 구성할 수 있다는
사실이 곧 현실적인 것의 인식 가능성을 보여주는 것이라고 생각해
서는 안 된다. 또한 인식 불가능한 것으로서의 현실적인 것에 대해
말하는 것이 무의미한 일이라고 생각해서도 안 된다. 개별 과학은
현실적 세계가 지닌 *내용*의 인식을 추구하는데, 이질적 연속성이

라는 형식적 개념이 이 내용에 관해 우리에게 말해주는 것은 이 내용이 남김없이 논구될 수 없는 것임을 깨닫게 만드는 것 이상은 아니라는 점이다. 그래서 이러한 형식적 개념을 구성해놓고 보면, 현실적인 것은 개별 과학의 경우 내용적으로 개념화될 수 없는 것이거나 혹은 내용에 입각해 개념을 구성하려 할 때 부딪치는 개별 과학의 한계인 것이다. 이로써 쿠르트 슈테른베르크Kurt Sternberg가 《역사과학의 논리에 대하여Zur Logik der Geschichtswissenschaft》(1914), 45쪽에서 내게 제기한 이의는 아마도 해결되었을 것이다.

34 (저자주) 이에 대해서는 나의 다음 논문을 참조하라. 〈일자, 통일, 그리고 일. 수 개념의 논리에 대한 논의Das Eine, die Einheit und die Eins. Bemerkungen zur Logik des Zahlbegriffes〉(1911), 《로고스》 2권, 26쪽 이하. 이 논문은《하이델베르크의 철학과 철학사에 관한 논문 Heidelberger Abhandlungen zur Philosophie und ihrer Geschichte》(1924)의 제 1권으로, 개정 2판이 나왔다.

35 (저자주) 이것도 잘못된 생각이라는 사실을 나중에 알게 될 것이다.

36 (저자주) 그러나 인식의 *재료*를 획득할 때 직관이 필수 불가결하다는 점에는 결코 의심의 여지가 없다.

37 (저자주) 프리슈아이젠-쾰러Max Frischeisen-Köhler, 〈리케르트의 역사 논리에 대한 몇 가지 논의Einige Bemerkungen zu Rickerts Geschicht-slogik〉, 《철학적 주간지 및 문예지Philosophische Wochenschrift und Litera-turzeitung》(1907) 8권.

38 (저자주) 나는 특히 릴Alois Riehl과 프리슈아이젠-쾰러에게 이 점을 강조해야만 한다. 프리슈아이젠-쾰러는 다수의 논문(《체계적 철학을 위한 논집Archiv für systematische Philosophie》 12·13권)과 《과학과 현실Wissenschaft und Wirklichkeit》(1912)이라는 저서에서 나의 《자연과학적 개념 구성의 한계》를 매우 자세히 비판했다. 그는 내가 정말로

자연과학을 '현실에서 도피하는 것'과 동일시했다고 믿고 있는데, 이것은 좀 이상한 일이다. 왜냐하면 그의 논문은 그 밖의 다른 점에서는 정확히 핵심을 찌르고 있고, 나는 그 논문의 날카로움을 기꺼이 인정하고 있기 때문이다. 그의 오해들마저 어떤 경우에는 내게 많은 것을 가르쳐주었다. 이런 오해들은 내가 두서너 가지 점에서는 주의 깊은 독자에게 충분히 상세하게 설명하지 못했음을 깨닫게 해주었기 때문이다. 그러므로 나는 이하에서, 너무 상세한 논리적 전문 연구는 피한다는 이 책의 성격과 부합되는 한에서, 몇 번 더 그의 비판을 인용하려 한다. 또한 나의 《자연과학적 개념 구성의 한계》(3·4판), 145쪽 이하도 참조하라.

(옮긴이주) 릴(1844~1924)은 초기 신칸트주의의 대변자이며 리케르트는 릴에게서 프라이부르크 대학의 철학 교수 자리를 넘겨받았다.

39 (저자주) 이 점에 대해서는 프리슈아이젠-쾰러, 《과학과 현실》, 158쪽 이하를 참조하라.

40 (옮긴이주) '파울'이나 '페터'는 독일인의 가장 흔한 이름으로 여기서는 '누구에게나 맞는'이라는 의미가 된다.

41 (저자주) 다른 방식으로도 물리적인 것과 심리적인 것을 구별할 수 있다. 예를 들면, 우리 모두가 공통적으로 체험하는 것을 물리적이라 부르고, 이와 반대로 각 개인이 *자기 혼자만* 갖고 있는 것을 심리적이라 부를 수 있다. 그러나 여기서는 이런 식의 구별은 배제하고, 다만 그 구별이 본문에서 논의된 구별과 일치하지 않는다는 것만 언급해둔다. 마찬가지로 물리적인 것과 심리적인 것이 *가치*와 맺는 관계와 연관된 제3의 구별도 고려하지 않는다. 이 구별은 심리적인 것의 개념과 다른 특정한 '정신'의 개념의 경우에 비로소 중요한 것이다.

42 (저자주) 이에 대해서는 리샤르트 크로너Richard Kroner, 《생물학에서 나타나는 목적과 법칙. 하나의 논리적 연구Zweck und Gesetz in der Biologie. Eine logische Untersuchung》(1913)를 참조하라.

43 (저자주) 《자연과학적 개념 구성의 한계》, 특히 456쪽 이하를, 3·4판은 311쪽 이하를 참조하라. 나는 여기서 몰가치적 목적론의 개념을 자세히 논할 수는 없다. 이것은 뒤에서 설명될 것들을 이해하는 데 꼭 필요한 것도 아니다.

44 (저자주) 《연역적·귀납적 논리학의 체계System der deduktiven und induktiven Logik》, 시엘의 독일어 번역본(4판, 1877) 2권, 6부 〈정신과학의 논리에 대하여Von der Logik der Geisteswissenschaften〉.

45 (저자주) 〈역사와 자연과학Geschichte und Naturwissenschaft〉(1894). 이것은 《입론들Präludien》 2권(5판, 1915), 136쪽 이하에 원문대로 수록되어 있다. 자연과학과 역사 사이에 존재하는 가장 보편적인 논리적 구별을 분명히 인식한 최초의 사람 중 한 명은 쇼펜하우어Arthur Schopenhauer였다. 그러나 그와 관련된 많은 사람처럼 쇼펜하우어 역시 역사에 대해 과학의 성격을 부인할 경우에만 이런 인식을 사용했다. 이러한 차이를 보다 적극적으로 다룬 저작들은 다음과 같다. 하름스Friedrich Harms, 《철학사에서의 철학 제1권, 심리학Die Philosophie in ihrer Geschichte I, Psychologie》(1878); 아드리앵 나빌Adrien Naville, 《과학의 분류에 대하여De la classification des sciences》(1888. 매우 확장되고 완전히 개정된 3판, 1920); 지멜Georg Simmel, 《역사철학의 문제들Die Probleme der Geschichtsphilosophie》(1892). 그러나 지멜의 저서에 나타난 주요 관점은 2판(1905)이 나온 뒤에야 비로소 완전히 분명해졌다. 상세한 내용은 나의 《자연과학적 개념 구성의 한계》(3·4판), 205쪽 이하를 참조하라.

46 (저자주) 《자연과학적 개념 구성의 한계》(1896), 255쪽과 3·4판,

173쪽.

47 (저자주) 물론 형식적인 구별을 앞세운다고 해서 나중에 다루어질 내용적인 차이의 고려를 *배제*하는 것은 아니다. 그렇다고 해서 과학이 형식적 관점이 아니라 *오히려* 내용적 관점에 따라서 분류되어야 한다고 말할 수는 없을 것이다. 형식적 관점과 내용적 관점은 그때마다 염두에 두고 있는 목표에 따라서 *똑같이* 정당한 것이다.

48 (옮긴이주) 이 저술은 베어Karl Ernst von Baer(1792~1876)의 《동물의 발생사. 관찰과 고찰*Üer Entwickelungsgeschichte der Thiere. Beobachtung und Reflexion*》(전 2권, Königsberg, 1828~1837)을 말한다. 베어는 귀족의 후예로 쾨니히스베르크 대학 교수였고(1819), 생물의 발생에 관한 여러 법칙을 발견하는 등 발생학의 영역에서 중요한 업적을 남겨 근대 발생학을 정초한 인물로 평가된다.

49 (옮긴이주) 이 저술은 랑케Leopold von Ranke(1795~1886)의 《16~17세기 로마의 교황, 교회, 국가*Die römischen Päpste, ihre Kirche und ihr Staat im 16. und 17. Jahrhundert*》(전 3권, Berlin, 1834~1836)를 말한다. '근대 역사학의 아버지'로 일컬어지는 랑케는, 역사 서술은 원사료原史料에 충실하면서 사실을 있는 그대로 기술해야 한다고 주장한다. 그리고 역사는 많은 사상事象이 상호 관련되어 발전된 그대로를 기술해야 하며, 또 각 시대에 존재하는 독자적인 개성을 객관적으로 파악해야 한다고 주장한다. 주요 저서로 《종교개혁 시대의 독일사*Deutsche Geschichte im Zeitalter der Reformation*》(전 6권, 1845~1847), 《프로이센사*Neun Bücher preußischer Geschichte*》(전 3권, 1847~1848) 등이 있다.

50 (옮긴이주) 투키디데스Thukydides(BC 460?~BC 400?)는 아테네에서 출생했으며, 아테네와 스파르타 사이의 전쟁인 펠로폰네소스 전쟁에서 장군으로 활약했고, 그리스의 역사가로서 30년 가까운 펠로

폰네소스 전쟁의 역사를 다룬《펠로폰네소스 전쟁사》(8권)를 썼다. 이 책은 엄밀하고 비판적인 사료 선택을 기초로 하여 펠로폰네소스 전쟁을 객관적이고 비당파적인 관점에서 서술하고 있으며 또한 인간 심리에 대한 깊은 통찰을 보여주기 때문에 고대의 역사서 중 가장 뛰어난 것의 하나로 평가된다.

51 (저자주)〈정신과학의 논리Logik der Geisteswissenschaften〉,《논리학 *Logik*》3권(3판, 1908), 2쪽.

52 (옮긴이주) 폴리비오스Polybios(BC 204~BC 125?)는 고대 헬레니즘 시대의 그리스 역사가이다. 로마의 세계 통일의 역사적 유래와 그 세계사적 의의를 밝히기 위해 제1 포에니 전쟁(BC 220)에서 BC 144년까지의 로마 역사를 기술했는데, 그 결과가 40권으로 이루어진《역사》이다. 그는 로마가 세계를 지배하게 된 것은 그 국가의 정치 체제 덕분이라고 결론 지었다.

53 (옮긴이주) 타키투스Publius Cornelius Tacitus(55?~117?)는 로마의 역사가이자 정치가이다. 이미 젊은 시절에 로마 제정의 암흑상을 체험했고, 따라서 제정을 비판한 역사서를 썼다. 그의 저술에는 시대 상황에 맞지 않아 불우한 일생을 보낸 위인 아그리콜라G. J. Agricola(그의 장인)의 생애를 기록한《아그리콜라의 생애》, 퇴폐한 로마와는 달리 건전한 사회를 이루었던 북방 민족을 묘사한《게르마니아》, 언론의 자유가 보장되었던 공화제 시대에 비해 제정 시대에는 웅변술이 쇠퇴했음을 비판한《웅변술에 대한 대화》등이 있다.

54 (옮긴이주) 흄David Hume(1711~1776)은 영국의 철학자로서 인간의 오성, 감정, 도덕을 다룬《인성론*A Treatise of Human Nature*》(3권, 1739~1740)을 썼고, 이어 당시의 사회, 경제, 정치를 다룬《도덕·정치철학*Essays Moral and Political*》(2권, 1741~1742)을 출간해 이후의 인식론과 도덕론에 지대한 영향을 미쳤다.

55 (옮긴이주) 기번Edward Gibbon(1737~1794)은 영국의 역사가로서
    《로마 제국 쇠망사The History of the Decline and Fall of the Roman Empire》
    (6권, 1776~1788)를 썼다. 이 책은 2세기부터 1453년의 콘스탄티
    노플 멸망까지 1,300년 동안의 로마 역사를 다룬 것으로 로마사 중
    에서 가장 조직적이고 계몽적이다.

56 (옮긴이주) 뮐러Johannes von Müller(1752~1809)는 스위스의 역사
    가로서 스위스 역사의 고전으로 평가되는《스위스 연방사Die Ges-
    chichte Schweizerischer Eidgenossenschaft》(5권, 1786~1808)를 썼다. 고전
    에 대한 깊은 조예와 문필력으로 명성을 떨쳤으며 낭만주의적 중세
    부흥의 선구자로 간주된다.

57 (옮긴이주) 티에리Augustin Thierry(1795~1856)는 프랑스의 역사가
    로서 1825년에《노르만족의 영국 정복사L'Histoire de la conquête de l'An-
    gleterre par les Normands》 3권을 출판했으며 체계적인 서술과 생동감
    있는 문체로 호평받았다. 이어 1827년에《프랑스 역사에 대한 공개
    서한Lettres sur l'histoire de France》을 통해 당시 역사학계의 주류를 이루
    었던 문헌 학파에 항의했다. 1835~1840년에 출간된 그의《메로빙
    거 왕조 시대의 이야기Récits des temps mérovingiens》(2권)는 아직까지도
    프랑스 국민의 필독서로 꼽히고 있다.

58 (옮긴이주) 게르비누스Georg Gottfried Gervinus(1805~1871)는 독
    일의 역사가이자 정치가로서 1848년 독일 3월 혁명 때의 대표적
    인 자유주의 사상가였다. 저서로는 최초로 역사의 발전 관점에서
    시를 다룬《독일 민족 문학의 역사Geschichte der deutschen Nationallitera-
    tur》(1835~1842)와 연방주의적·민주주의적 시대의 미래를 그린
    《19세기 역사 서설Einleitung in die Geschichte des 19. Jahrhunderts》(1853)
    이 있다.

59 (저자주) 〈역사의 이론에 대하여Zur Theorie der Geschichte〉(1902),

《체계적 철학을 위한 논집》 8권.

(옮긴이주) 독일의 사회학자인 퇴니스Ferdinand Tönnies(1855~
1936)는 인간의 의지를 '본질 의지'와 '관념 의지'로 나누고, '본질
의지'는 실재적·자연적 의지이며 '임의 의지'는 관념적·자의적 의지
라고 규정한다. 그리고 이 두 의지에 대응해 실재적·유기체적 공동
사회(게마인샤프트)와 관념적·기계적 이익 사회(게젤샤프트)라고
하는 사회적인 범주를 제시한다. 주요 저서로는 《공동 사회와 이익
사회Gemeinschaft und Gesellschaft》(1887), 《사회학 입문Einführung in die
Soziologie》(1931) 등이 있다.

60 (저자주) '이해' 심리학과 '설명' 심리학을 서로 대립시키고 이해가
역사적 과학의 기초라고 생각한 후부터 문제가 좀 복잡해진 것같
다. 그러나 정확한 의미에서 직접 '이해될 수 있는 것'은 실재적인
심리적 현상들이 아니라 비실재적인 의의와 의미 형상들이라는 점
을 통찰한다면, 실재과학으로서의 심리학에 관해 본문 안에 서술된
것은 논란의 여지가 없다. 《자연과학적 개념 구성의 한계》(3·4판),
424쪽 이하를 참조하라.

61 (저자주) 동일한 것에 귀착되는 견해를 한 심리학자에게서도 찾아
볼 수 있다. 카를 마르베Karl Marbe는 에른스트 엘스터Ernst Elster의
《문예학의 원리Prinzipien der Literaturwissenschaft》에 대한 서평에서 다
음과 같이 말했다. "문예사가의 흥미를 끄는 대상들을 손쉽게 심리
학적 제목 아래 가져올 수는 없다는 바로 이 사실이, 저자로 하여금
자기가 말하는 의미로써 적어도 심리학을 통해 문예학의 성과를 올
릴 수 없음을 깨닫게 했다고 말할 수 있다. 오늘날의 심리학자는 정
신적 삶을 단순한 요소나 사실의 복합으로 파악하려고 한다. 심리
적인 것을 이렇게 분석하는 것은 문예사가에게 별 효과가 없다. 문
예사가는 인간의 정신적 삶의 어떤 일정한 부분을 복잡성의 측면에

서 추체험하고 이해하려 한다." 물론 이렇게 말할 수도 있다. 나는 《자연과학적 개념 구성의 한계》에 관한 어떤 서평에서 나와 '본질적인 점에서' 일치할 수 '없다'고 주장했던 마르베가 앞의 설명을 통해 내 논의에 좀 더 접근한 것이 기쁘다. 왜냐하면 위에 인용한 그의 글의 기초에 놓여 있는 구별은 내가 매우 '본질적인 점'으로 아주 상세히 서술했던 것이고 또한 역사과학과 심리학의 관계에 명확히 응용했던 것이기 때문이다.

62 (옮긴이주) 람프레히트Karl Gottfried Lamprecht(1856~1915)는 독일의 역사가로, 라이프치히 대학의 동료 교수였던 심리학자 분트의 영향을 받아 인간 생활의 기초적 요인을 심리로 보았고 사회심리학적인 관점에서 정치, 경제, 사회, 문화 등의 총체적인 역사를 법칙적이고 체계적으로 파악하려 했다. 그는 법칙과학으로서의 역사학의 수립을 주창해 종래의 랑케적인 역사학을 비과학적이라고 비난함으로써 독일 사학계에 유명한 '문화사' 논쟁을 유발했다. 주요 저서로 《중세 독일의 경제 생활Deutsches Wirtschaftsleben im Mittelalter》(1885~1886), 《독일 역사Deutsche Geschichte》(1891~1909), 《역사학의 구경향과 신경향Alte und neue Richtungen in der Geschichtswissenschaft》(1896), 《문화사의 방법Die kulturhistorische Methode》(1900), 《역사적 사고 입문Einführung in das historische Denken》(1912) 등이 있다.

63 (옮긴이주) 키르히호프Gustav Robert Kirchhoff(1824~1887)는 19세기 후반의 탁월한 물리학자 중 한 사람으로 일컬어진다. 전자기학電磁氣學 분야에서 정상正常 전류에 대한 옴의 법칙을 3차원으로 확대하여 '키르히호프 법칙'을 확립했다. 또한 복사輻射의 흡수능吸收能과 반사능에 관한 '키르히호프 법칙'은 양자물리학을 뒷받침했다. 주요 저서로 《역학 강의Vorlesungen über Mechanik》(1876)가 있다.

64 (저자주) 《쾨니히 막스와의 관계에서 본 랑케와 지벨Ranke und Sybel

in ihrem Verhältnis zu König Max》(1895). 주로 역사적인 내용을 다룬《선집*Ausgewählte Schriften*》(1898), 191쪽 이하.

65 (저자주)《논리학과 인식론. 현대의 문화*Logik und Erkenntnistheorie. Die Kultur der Gegenwart*》1권(1907), 6부, 101쪽.

66 (저자주)《역사의 이론과 방법에 대하여*Zur Theorie und Methodik der Geschichte*》(1902).

67 (저자주)《자연과학적 개념 구성의 한계》, 325쪽; 3·4판, 224쪽 이하.

68 (옮긴이주) 카리브디스Charybdis는 그리스 신화에 나오는 여자 괴물이다. 해신海神 포세이돈과 대지의 여신 가이아의 딸로, 너무나 대식가大食家여서 제우스가 번개로 그녀를 때려 시칠리아 가까운 바다에 던져버렸다. 그녀가 하루에 세 번 바닷물을 마신 다음 그것을 토해낼 때 커다란 소용돌이가 일어난다고 한다. 영웅 오디세우스도 그 소용돌이에 휘말렸다가 겨우 목숨을 건진 바 있다. 후대에 와서 카리브디스는 이탈리아와 시칠리아 사이 메시나해협의 소용돌이와 동일시되었다.

69 (옮긴이주) 스킬라Skylla는 그리스 신화에 나오는 바다의 괴물이다. 호메로스의《오디세이아》에서는, 카리브디스와 함께 오디세우스의 항로를 방해한 바다의 괴물로 등장한다. 다리가 열두 개이고 치열齒列이 세 줄이고 머리가 여섯 개인 추악하기 이를 데 없는 모습이다. 바다의 큰 동물을 비롯해 무엇이든 닥치는 대로 먹어치우는데, 오디세우스의 용맹한 부하 6명도 이 괴물의 제물이 되었다.

70 (저자주)《문예 중앙 신문*Literarisches Zentralblatt*》2호(1899). 지난 수십 년 동안의 가치 문제에 대한 견해들의 변화의 특징은 빌브란트가 '막스 *베버*는 나의 문화과학의 이론을 근거로 국민 경제학에서 가치 평가를 제거하려 하고 오직 이론적 가치 연관만을 인정하려

한다'며 그를 비난한 일에서 잘 드러난다.

71　(저자주) 나는 이 관점을 《자연과학적 개념 구성의 한계》 2판이 나온 후부터 견지해왔다. 그러므로 사람들은 내가 역사의 방법을 '목적론적'이라고 부른다고 더 이상 말해서는 안 될 것이다. 나는 사람들이 흔히 말하는 '역사 목적론'을 거부하기 때문에 이 말은 문제를 밝히는 데 도움이 되지 못한다.

72　(저자주) *아들러*M. Adler, 《과학 논쟁에서의 인과성과 목적론*Kausal-ität und Teleologie im Streite um die Wissenschaft*》(1904)을 참조하라. 부분적으로 나의 견해를 공격하는 데 바쳐진 이 책은 그 밖의 경우에는 책 표제보다는 좋은 책이다.

73　(저자주) 세르기우스 *헤센*Sergius Hessen, 《개성적 인과성. 선험적 경험주의에 대한 연구*Individuelle Kausalität. Studien zum transzendentalen Empirismus*》(1909)를 참조하라. 이 책은 내가 제시한 역사적 인과성의 개념을 실마리로 하여 이를 흥미로운 방식으로 발전시키고 있다.

74　(저자주) 《역사의 이론과 방법》(1902).

75　(저자주) 《논리학과 인식론. 현대의 문화》, 101쪽.

76　(옮긴이주) 철학자이자 심리학자인 페히너Gustav Theodor Fechner (1801~1887)의 《정신물리학의 요소*Elemente der Psychophysik*》(전 2권, Leipzig, 1860)를 가리키고 있는 것으로 추측된다.

77　(저자주) 이러한 연구는 나의 《자연과학적 개념 구성의 한계》에 포함되어 있다. 특히 264쪽 이하, 480쪽 이하; 3·4판, 181쪽 이하, 330쪽 이하를 참조하라. 내 견해를 비판하고 반대하려는 사람은 *이 책*에서 개진된 사유의 과정을 고려해야만 할 것이다. 이 사유의 과정은 사람들이 흔히 일컫는 것처럼 결코 '타협'이 아니다. 오히려 이 속에는 바로 진정 *논리적*으로 *일관된* 경험적 개별 과학들의 방법론의 *요점*이 담겨 있다. 이 점에 주의하지 않는 사람은, 예컨대 나의

견해처럼 문화 객체의 모든 연구는 오직 역사적으로만 이루어져야
한다고 생각하는 사람은 여기에서 개진되는 사유를 오해하게 될 것
이다. 결국 모든 개별 과학을 자연과학과 정신과학의 구별과 같은
이분법적 도식 속에 집어넣을 수 있다는 생각은 버려야 할 것이다.

78 (옮긴이주) 영국의 의학자이자 생리학자인 하비William Harvey
(1578~1657)는 《동물의 심장과 혈액의 운동에 관한 해부학적 연
구Exercitatio Anatomica de Motu Cordis et Sanguinis in Animalibus》(1628)에
서 심장 박동을 원동력으로 하여 혈액이 순환된다는 새로운 생리학
설을 밝혀 갈레노스의 학설을 부정했다. 또한 동물의 발생에 관한
실험 연구인 《동물발생론Exercitationes de Generatione Animalium》(1651)
은 '모든 생물은 알에서 생겨난다'고 주장하여 중세 이래의 고전 의
학에 코페르니쿠스적 전환을 가져왔다.

79 (옮긴이주) 스팔란차니Lazzaro Spallanzani(1729~1799)는 이탈리아
의 박물학자로 실험동물학의 아버지이다. 정자에 의해 생물이 발
생함을 실험적으로 밝힘으로써 기존의 생물의 자연발생설을 비판
했다.

80 (옮긴이주) 볼프Kaspar Friedrich Wolff(1733~1794)는 독일의 생리
학자이자 현대 발생학의 정초자로서 1764년 《발생 이론Theoria gener-
ationis》이라는 책을 내놓았다.

81 (옮긴이주) 헤켈Ernst Haeckel(1834~1919)은 독일의 생물학자이자
철학자이다. 일찍이 다윈의 진화론을 수용해 유물론적 일원론의 자
연철학을 형성시켰으며 이를 통해 당시의 생물학계와 사상계에 많
은 영향을 끼쳤다. 그는 1866년에 '생물의 개체 발생은 그 계통 발
생을 되풀이한다'는 유명한 생물 발생 법칙을 제창했다. 주요 저서
로 《생물체의 일반 형태Generelle Morphologie der Organismen》(1866) 등
이 있다.

82 (옮긴이주) 바이스만August Weismann(1834~1914)은 독일의 발생
    학자이자 유전학자이다. 개체 중의 생식질生殖質은 체질의 영향을
    받지 않고 변하지 않으며 세대를 거듭해도 불변이라는 '생식질의
    독립과 연속의 이론'을 제창했으며, 이 이론을 통해 획득 형질이 유
    전된다는 기존의 이론을 거부했다. 주요 저서로《생식질: 하나의 유
    전 이론Das Keimplasma: Eine Theorie der Vererbung》(1892) 등이 있다.

83 (저자주) 방법론적인 내 연구와 관련해 국민 경제학이 역사적이고
    개성화하는 과학인지 또는 일반화하는 과학인지 하는 문제가 여러
    차례 논의되어왔기 때문에, 나는 이 문제에 대해 태도를 결정하려
    는 것이 아님을 분명히 말해둔다. 이 문제는 개별 과학 연구자의 결
    정에 맡겨둘 수밖에 없다. 논리적인 관점에서 볼 때 경제적 삶을 일
    반화하는 서술은 개성화하는 서술과 마찬가지로 정당하다. 다만 국
    민 경제학은 오로지 일반화하는 방법으로만 다루어져야 한다는 생
    각은 거부되어야 할 것이다. 개별 과학 연구의 다양한 '방향'을 포용
    하지 못하는 방법론은 옳지 못하다고 할 수 있다.

84 (옮긴이주) 라살Ferdinand Lassalle(1825~1864)은 독일의 사회주의
    자이자 헤겔 좌파의 투사이다. 프랑스 사회주의자와 마르크스의 영
    향을 받아 1845년경 사회주의자가 되면서 마르크스와 엥겔스의
    《신新 라인 신문》에 협력했으며, 독일 노동 운동을 지도해 1863년
    '독일 사회민주당'의 전신인 '전 독일 노동자 동맹'을 조직했다. 주
    요 저서로《에페소스의 은둔자 헤라클레이토스의 철학Die Philosophie
    Herakleitos des Dunkelen von Ephesos》(1858),《노동자 강령Das Arbeiterpro-
    gramm》(1862) 등이 있다.

85 (저자주) 〈라이프치히의 독일 노동자 총회 소집을 위한 중앙위원
    회에 부치는 공개 답장Offenes Antwortschreiben an das Zentralkomitee zur
    Berufung eines allgemeinen deutschen Arbeiterkongresses zu Leipzig〉(1863).

이 책 초판에서 '위胃의 이상理想'이라는 표현을 사용했을 때 나는 본문에 인용된 라살의 문장을 떠올렸다. *퇴니스*도 아마 이것을 짐작하고 있었을 것이라 생각되지만, 어쨌든 그는 "리케르트가 유물사관에 대한 독특한 서술을 어느 늪에서 끌어냈는지 모르겠다"(《체계적 철학을 위한 논집》 8권, 38쪽)고는 쓰지 말았어야 했다. 그 후 퇴니스는, 자신이 '날카롭게 들리는' 이런 말을 한 까닭은 "*불손한 말투로 말미암아 個인적으로* 격분을 금치 못했"(《체계적 철학을 위한 논집》 8권, 48쪽)기 때문이라고 해명하고 있으나, 이것은 다만 일정한 자연주의적 역사관들은 냉정한 과학적 정초를 문제 삼기보다 오히려 개인적이고 대부분은 감성적으로 주창되는 '신념'을 문제 삼고 있음에 대한 하나의 새로운 증거에 지나지 않는다. 본문 속의 문장들은 추호도 '불손한 것'이 아니며, 단지 '사적 유물론'은 모든 역사철학과 마찬가지로 일정한 *가치 설정*에 근거를 두고 있다는 사실을 확인하려 한다. 또는 '사적 유물론'이 이상주의에 대해 전적으로 조소하는 것은 낡은 이상을 새로운 이상으로 바꾸어놓은 것이지 결코 '이상' 일반을 제거해버리는 것은 아니라는 사실을 확인하려 한다. 유감스럽게도 퇴니스는 이것을 논박하려고 시도하지는 않았다. 물론 나는 많은 사람들이 예전 방식으로 머리와 가슴의 이상에 입각해 자연주의적 역사관을 신봉하기도 한다는 것을 부인하려 하지는 않는다. 그러나 이러한 방식은 이 사상가들을 '인간적으로' 더 높여줄 뿐이지 과학적으로 더 높여주는 것은 아니다. 왜냐하면 이러한 방식은 일관성이 없고, '이데올로기'로 전략할 것이기 때문이다.

86 (저자주) 이 책 87쪽 이하를 참조하라.

87 (저자주) 이러한 생리학적 관념론에 대해서는 나의 책《인식의 대상》(1892, 4·5판 1921), 63쪽 이하를 참조하라.

88 (옮긴이주) 뒤 부아 레몽·Emil Heinrich Du Bois-Reymond(1818~
   1896)은 독일의 동물 생리학자이자 유물론 철학자로서 과학을 널
   리 보급하기 위해 노력했다. 주요 저서로《동물 전기에 관한 연구
   Untersuchungen Über thierische Elektricität》(전 2권, 1848~1884) 등이
   있다.

89 (저자주) 프리슈아이젠-쾰러,《과학과 현실》, 150쪽 이하를 참조
   하라.

90 (저자주) 이 책 70쪽 이하; 오토 그라프의《역사과학 및 자연과학과
   의 관계에서 지리학의 개념》(1925)을 참조하라.

91 (저자주) 이것은 에리히 로타커Erich Rothacker가《정신과학의 논리
   학과 체계*Logik und Systematik der Geisteswissenschaften*》(1926)에서 매우
   명석하게 주장하고 있는 것처럼 '역사학파' 입장의 필연적인 귀결
   이다. 나는 그의 저작을 이 책을 인쇄하던 중에 비로소 알게 되었다.

92 (저자주) 나는 여기에 표명된 확신을《인식의 대상》에서 인식론적
   으로 정초하려 했다. 나는 이 책에서, 객관적으로 타당하거나 '초월
   적인' 가치의 상정이 순수한 논리적 근거에서 볼 때 불가피하다는
   것을 제시했다. 또한 1921년에《철학의 체계*System der Philosophie*》제
   1부로 나온《철학의 보편적 정초*Allgeine Grundlegung der Philosophie*》도
   참조하라.

93 (저자주) 이러한 철학 분과의 개념과 방법에 대해서는 여기서 더
   이상 문제 삼을 수 없다. 이 책은 *경험적* 과학을 분류하는 데 만족
   할 수밖에 없다. 역사의 *철학적* 취급에 대해서는 나의《역사철학의
   문제들》(3판, 1924)과 나의 역사철학적 시론인《근대 문화의 철학
   자로서의 칸트*Kant als Philosoph der modernen Kultur*》(1924)를 참조하기
   바란다. 여기서는 비판적인 이의들과 관련해, 나는 역사철학의 과
   제들을 역사*논리학* 속에서만 보지는 않는다는 것, 따라서 나는 단

순한 '형식적' 역사철학의 대표자 중 한 사람이 아니라는 것만을 말해두고 싶다. 에른스트 트뢸치는 고맙게도 몇 차례나 나의 역사철학적 견해들에 관해 고견을 말해주었다(〈현대의 역사철학Moderne Geschichtsphilosophie〉, 《신학적 조망 Theologische Rundschau》 6권(1904) 및 《전집》 2권(1913). 그 밖에 〈역사적 사물들의 평가 기준에 관하여Über Maßstäbe zur Beurteilung historischer Dinge〉(1916), 〈역사적 변증법의 개념에 관하여—빈델반트, 리케르트, 헤겔Über den Begriff einer historischen Dialektik—Windelband, Rickert und Hegel〉(1919), 《역사 잡지》, 3호, 23권). 나는 이 논문들에서 나의 역사철학이 일면적으로 다루어졌다고 생각한다. 물론 나는 역사논리학에서 형식적인 관점을 우선적으로 내세웠으나, 나 역시 "역사적 삶의 대상적 특성"을 의심하지 않고 실질적 역사철학을 거부하지 않는다. 오히려 나는 역사 방법의 형식적 구조가 역사적인 문화적 삶의 실질적 특성과 어떻게 필연적으로 관련을 맺는지를 상세히 제시하려고 시도했다 〔《자연과학적 개념 구성의 한계》(3·4판), 362~465쪽〕. 역사철학에 대한 나의 비판은 무엇보다 그때 개진된 역사적 중심이라는 개념에 결부되어 있는지도 모른다. 물론 나는, 예전의 의미에서 역사형이상학이 과학으로서는 가능하지 않다고 생각한다. 그러나 그럼에도 나는 (감성계의 경험적 실재와 비실재적인 타당한 가치 이외에) 제3의 왕국의 상정이 불가피하다고 생각한다. 그리고 우주라는 나의 개념에 입각할 때, 트뢸치가 실질적 역사철학에 정당하게 제시한 요구가 모두 충족될 수 있다고 생각한다. 트뢸치 자신도 숙지하고 있듯이, 초감성적 세계가 존재하기에 형이상학이 필요할 것이라는, 오늘날 사람들이 즐겨 내세우는 단정을 가지고서는 불충분하다. 오직 형이상학적인 것의 영역을 개념적으로 엄밀히 규정할 수 있을 경우에만 우리는 학적으로 촉진되는 법이다. 역사형이상학에는 *시간적*이고 실재적인 존재가 필요하다. 초감성적 세계가 시간적으로 파악되는 것일까? 감성적 세계를 넘어서는 데 가치의 무시간적 타당성과 이 가치에 의해 구성된 의미 형상을 거쳐서 가는 길 외에 다른 길이 있을까? 형이상학의 목표는 가치의 철학 없이 성취될 수 있을까? 문화적 삶의 *가치*에 대한 반성 없이는, 그리고 그 문화적 삶의 내용적으로 충실한, 우리가 이해하는 개성적 의미에 대한 반성 없이는, 우리는 그대로 '형식적인 것 속'에 정체해버리고 마는 것이 아닌가?

94 (저자주) 이에 대한 좀 더 상세한 내용은 나의 책《삶의 철학. 우리 시대의 철학적 유행 사조에 대한 서술과 비판*Die Philosophie des Lebens. Darstellung und Kritik der philosophischen Modeströmungen unserer Zeit*》(1920, 2판 1922)과 앞에서 언급한《철학의 체계》1부를 참조하라.

95 (저자주)《프리드리히 니체*Friedrich Nietzsche*》, 프롬만의 철학 고전 시리즈 6권(1897, 3판 1901), 170쪽.

96 리케르트의 전기에 관해서는 Hermann Glockner, "Heinrich Rickert. Betrachtungen zum Tode des Philosophen", *Zeitschrift für Kulturphilosophie 3*(Tübingen: Mohr, 1936), 1〜14쪽을 참조하라.

97 빈델반트Wilhelm Windelband(1848〜1915)는 철학사가로서 신칸트주의 서남학파의 창시자이다. 그는 철학을 보편타당한 가치에 대한 비판적 학문으로 규정한다. 그리고 보편 법칙에 따라 대상을 인식하는 법칙 정립적nomotheitisch 학문으로서의 자연과학과 특수하고 개성적이고 일회적인 것을 기술하는 개성 기술적idiographisch 학문으로서의 역사학을 구분한다. 주요 저서로《서양 근대철학사*Geschichte der neueren Philosophie*》(1878〜1880),《철학사 교본*Lehrbuch der Geschichte der Philosophie*》(1892),《역사와 자연과학*Geschichte und Wissenschaft*》(1894),《철학 입문*Einleitung in die Philosophie*》(1914) 등이 있다.

98 Herbert Schnädelbach, *Philosophie in Deutschland 1831~1933* (Frankfurt am Main: Suhrkamp, 5판 1994), 30쪽.

99 코헨Hermann Cohen(1842~1918)은 신칸트주의의 마르부르크학파를 창시한 사람이다. 코헨 철학의 기본적 특징은 논리적·도덕적·미적인 순수 의식의 선험적 기초를 연구하는 것이다. 그는 칸트의 선험적 방법을 철학의 중핵으로 높이 평가하고 학문적 인식 활동에만 관심을 두었다. 현실의 형이상학적 기초는 존재하지 않기 때문에 철학은 현실에 대한 직접적 인식에 관심을 둘 필요가 없다. 방법론으로서의 논리학의 사유가 곧 대상을 산출하는 기초가 된다. 주요 저서로 《칸트의 경험 이론*Kants Theorie der Erfahrung*》(1871), 《칸트의 윤리학의 정당화*Kants Begründung der Ethik*》(1877), 《철학의 체계*System der Philosophie*》(1902~1912) 등이 있다.

100 나토르프Paul Natorp(1854~1924)는 코헨의 제자로서 마르부르크학파의 대표적 철학자 중 한 사람이다. 칸트의 선험적 논리학을 근거로 하면서 자연과학의 방법론적 이상을 확립하려 했다. 이 방법론적 이상 속에서 이성과 경험, 자연과 인간 정신, 사회와 개인의 통일성을 획득하려고 노력했고 실천철학, 종교철학, 교육학에서 중요한 철학적 업적을 남겼다. 주요 저서로 《사회교육학*Sozialpädagogik*》(1899), 《정밀 과학의 논리적 기초*Die logischen Grundlagen der exakten Wissenschaften*》(1910) 등이 있다.

101 Friedrich H. Tenbruck, "Heinrich Rickert in seiner Zeit. Zur europäischen Diskussion über Wissenschaft und Weltanschauung", *Neukantianismus: Kulturtheorie, Pädagogik und Philosophie*, (Hrsg.) J. Oelkers·W. K. Schulz·H. E. Tenorth(Weinheim: Dt. Studien-Verl., 1989), 84쪽.

102 Helmut Holzhey, "Die Marburger Schule des Neukant-ianismus",

Erkenntnistheorie und Logik im Neukantianismus. Eine Textauswahl, (Hrsg.) Werner Flach · Helmut Holzhey (Hildesheim: Gerstenberg, 1980), 19쪽.

103 H. Homann, "Die 'Philosophie der Kultur': Zum Programm des Logos", *Neukantianismus. Perspektiven und Probleme*, (Hrsg.) Ernst Wolfgang Orth · H. Holzhey (Würzburg: Königshausen & Neumann, 1994), 88~112쪽; R. Malter, "Grundlinien Neu-kantianischer Kantinterpretation", *Neukantianismus. Perspektiven und Probleme*, 44~58쪽; Ernst Wolfgang Orth, "Die Einheit des Neu-kantianismus", *Neukantianismus: Perspektiven und Probleme*, 13~30쪽; Friedrich H. Tenbruck, "Heinrich Rickert in seiner Zeit. Zur europäischen Diskussion über Wissenschaft und Weltanschauung", *Neukantianismus. Kulturtheorie, Pädagogik und Philosophie*, 79~103쪽.

104 Wilhelm Dilthey, *Einleitung in die Geisteswissenschaften, Versuch einer Grundlegung für das Studium der Gesellschaft und Geschichte* (1883), *Gesammelte Schriften*, 1권 (Stuttgart · Göttingen: B. G. Teubner-Verlag · Vandenhoeck & Ruprecht, 1959~1962).

105 이 책 86쪽을 참조하라.

106 이 책 86쪽을 참조하라.

107 이 책 85쪽을 참조하라.

108 이 책 126쪽을 참조하라.

109 이 책 104쪽을 참조하라.

110 이 책 106쪽을 참조하라.

111 이 책 106쪽을 참조하라.

112 이 책 196쪽을 참조하라.

113 이 책 168쪽을 참조하라.

114 이 책 170쪽을 참조하라.

115 이 책 257쪽을 참조하라.

116 이 책 258쪽을 참조하라.

117 이 책 264쪽을 참조하라.

118 이 책 258쪽 이하를 참조하라.

119 이 책 271쪽을 참조하라.

120 리케르트의 철학을 파악하는 지름길은 리케르트의 모든 텍스트를 읽지는 못하더라도 최소한 바스트Rainer A. Bast가 리케르트의 중요한 철학 논문들을 모아 출판한《철학 논문집*Philosophische Aufsätze*》(Tübingen: Mohr Siebeck, 1999)을 직접 읽는 것이다.

121 리케르트가 논한 세계관으로서의 철학에 대해서는 Christian Krijnen, *Nachmetaphysischer Sinn. Eine probrematische und systematische Studie zu den Prinzipien der Wertphilosophie Heinrich Rickerts*(Würzburg: Königshausen & Neumann, 2001), 121쪽 이하를 참조하라.

122 Heinrich Rickert,《근대 문화의 철학자로서의 칸트*Kant als Philosoph der modernen Kultur*》(Tübingen: Mohr, 1924), 7쪽.

박순영, 〈리케르트의 문화과학 방법론(1)―사회과학에서의 개체 인식 이론을 중심으로〉, 《철학논집》 1(한양대학교 철학회, 1989), 251~288쪽

리케르트의 과학론에 대해 한국에서 출간된 매우 보기 드문 논문이다. 이 논문은 우선 신칸트주의가 지닌 문제의식과 칸트 철학에서 차용한 철학적 전제들을 서술한다. 그런 다음 리케르트의 철학적 위치를 조감하기 위해 리케르트와 실증주의, 신헤겔주의, 현상학 등과의 관계를 살핀다. 제목에서 알 수 있는 것처럼 이 논문은 문화과학의 방법론을 중요하게 다룬다. 특히 가치 및 가치 연관의 개념과 일반화 및 개성화의 방법에 대한 논의를 심층적으로 다루면서 리케르트의 문화과학 방법론의 내용과 특징을 잘 드러내준다. 리케르트의 과학론과 그의 철학적 입장을 이해하는 데 기본적인 방향을 제시하고 있어 읽어볼 가치가 있다.

헤르베르트 슈내델바하, 《헤겔 이후의 역사철학》, 이한우 옮김(문예출판사, 1986)

국내에서 리케르트의 과학론에 대한 설명을 담고 있는 유일한 번역서다. 헤겔 이후의 19세기 독일 역사철학을 역사주의라는 틀 속에서 살펴본 책으로, 랑케, 부르크하르트, 니체, 드로이젠, 딜타이, 빈델반트, 리케르트 등의 역사철학적 입장과 역사적 방법을 비판적으로 분석하고 각각

의 독자성과 차별성을 부각시키고 있다. 역사 인식이란 직접적으로 인간의 자기 인식과 동일하다는 전제하에 역사 인식의 여러 문제들을 거론하고, 이를 '역사주의의 극복'을 위한 재료로 제공한다. 사상가들을 간략하게 소개하면서도 각 사상가의 역사철학적 입장을 일목요연하게 보여주어, 19세기의 역사 인식의 관점과 방법의 다양한 스펙트럼을 이해하는 데 도움이 된다.

H. 리케르트, 《문화과학과 자연과학》, 윤명로 옮김(삼성문화재단출판부, 1973)

리케르트의 《문화과학과 자연과학》의 첫 번째 한국어 번역서인 이 책은 그동안 국내에 번역된 유일한 리케르트의 책이기도 했다. 리케르트 저작의 선구적인 번역서임에는 틀림없으나 몇 군데에서 오역이 발견되며, 많은 부분에서 모호한 해석이 눈에 띈다. 이 번역서를 제외하면 한국의 도서관에서는 일본어로 된 리케르트 번역서밖에 찾아볼 수 없었다.

Hartmut Böhme·Peter Matussek·Lothar Müller, Kulturwissenschaft(Hamburg: Rowohlt Taschenbuch Verlag, 2000)

문화과학은 1980년대 중반부터 독일에서 중점적으로 논의되고 있는 주제다. 독일에서는 독일 특유의 인문학 개념인 정신과학 개념의 관념성과 비현재성을 극복하기 위해 문화 연구의 관점과 방법을 체계적으로 정립하려는 일련의 경향이 생겨났다. 이런 경향을 반영하는 이 책은 리케르트의 문화과학론을 직접 다루지는 않지만 그의 문화과학론을 새로운 문화과학의 틀을 마련하는 데 가장 기초적인 고전으로 간주하고 있다. 이 책은 영국의 '문화 연구', 미국의 '신역사주의', 프랑스의 '심성사'가 각각 취하고 있는 문화 연구의 입장과 문화과학에 관한 독일의 논의 상황을 간략히 살펴보면서 문화과학의 필요성과 정당성을 논한다. 또한 아직 정립된 학문의 위상을 획득하지는 못했으나 문화과학적 문제 연관을 구성해냈던 19세기의 다양한 개념 및 이론의 전통을 '문화심리학', '문화사 기술', '문화철학', '상징 형식의 이론', '심리 분석', '비판 이론' 등으로 구분해 고찰한다. 그리고 문화과학이 앞으로 어떤 연구 영역과 방법을 통해 정립되어야 할지를 '학문 문화', '자연의 문화사', '역사적 인간학', '회상과 기억', '기술의 문화사', '매체적 실천 방식' 등과 같은 연구 영역을 통해 제시한다. 최근 체계를 갖추기 시작한 문화과학을 역사적으로 조망하고 그 미래의 방향을 파악하는 데 아주 유익한 책이다.

이상엽

1967년 서울에서 태어났으며, 성균관대학교 한국철학과에서 3학년을 마친 뒤 베를린 자유대학에서 철학, 정치학, 사회학을 공부하여 철학 학사·석사·박사 학위를 취득했다. 연세대학교에서 박사 후 과정을 밟았으며, 울산대학교 철학과에서 교수로 재직했다.

유학 초기부터 다문화 및 다원주의 사회에서의 윤리의 문제와 씨름했는데, 이에 대한 결과물이 겔렌Arnold Gehlen의 인간학을 토대로 한 석사학위 논문 〈다원주의의 윤리학Eine pluralistische Ethik in Bezug auf philosophische Anthropologie Arnold Gehlens〉이다. 이후 다원성, 분열, 갈등, 투쟁 등으로 표현되는 현대 문화의 기원에 대해 관심을 갖게 되었고, 현대 다원성의 발생 원인을 깊이 있게 천착한 니체를 연구 주제로 삼아 그의 허무주의를 분석한 논문 〈허무주의와 극복인Nihilismus und Übermensch–Nietzsches Versuch eines neuen menschlichen Lebens ohne Transzendenz〉으로 박사학위를 받았다.

이후 니체전집 번역 작업에 참여해 《유고(1872년 여름~1874년 말)》《문화학이란 무엇인가》(공역), 《문화철학이란 무엇인가》를 번역했고, 《니체철학의 키워드》, 《니체의 역사관과 학문관》, 《오늘 우리는 왜 니체를 읽는가》(공저), 《니체의 문화철학》을 썼다. 이 밖에도 다수의 니체 관련 논문과 〈매체의 변화와 해석학의 변형 필요성〉 등의 해석학 분야 논문, 그리고 〈아놀드 겔렌의 기술지배적 보수주의에 대한 연구〉, 〈문화인문학—인문학의 문화학적 기획〉 등의 문화철학 분야 논문을 발표했다.

문화과학과 자연과학

초판 1쇄 발행 2004년 1월 15일
개정 1판 1쇄 발행 2023년 5월 4일

지은이 하인리히 리케르트
옮긴이 이상엽

펴낸이 김현태
펴낸곳 책세상
등록 1975년 5월 21일 제2017-000226호
주소 서울시 마포구 잔다리로 62-1, 3층(04031)
전화 02-704-1251
팩스 02-719-1258
이메일 editor@chaeksesang.com
광고·제휴 문의 creator@chaeksesang.com
홈페이지 chaeksesang.com
페이스북 /chaeksesang   **트위터** @chaeksesang
인스타그램 @chaeksesang   **네이버포스트** bkworldpub

ISBN 979-11-5931-947-1 04080
        979-11-5931-221-2 (세트)